Monika Windisch
Behinderung – Geschlecht – Soziale Ungleichheit

Gesellschaft der Unterschiede | Band 17

Monika Windisch (Mag., Dr. phil.) lehrt an den Instituten Primar- und Sekundarpädagogik der Pädagogischen Hochschule Tirol. Ihre Forschungsschwerpunkte sind Inklusive Pädagogik und Intersektionalität im Bildungsbereich.

Monika Windisch

Behinderung – Geschlecht – Soziale Ungleichheit

Intersektionelle Perspektiven

[transcript]

Bibliografische Information der Deutschen Nationalbibliothek
Die Deutsche Nationalbibliothek verzeichnet diese Publikation in der Deutschen Nationalbibliografie; detaillierte bibliografische Daten sind im Internet über http://dnb.d-nb.de abrufbar.

Umschlagkonzept: Kordula Röckenhaus, Bielefeld
Druck: Majuskel Medienproduktion GmbH, Wetzlar
Print-ISBN 978-3-8376-2663-6
PDF-ISBN 978-3-8394-2663-0

Gedruckt auf alterungsbeständigem Papier mit chlorfrei gebleichtem Zellstoff.
Besuchen Sie uns im Internet: *http://www.transcript-verlag.de*
Bitte fordern Sie unser Gesamtverzeichnis und andere Broschüren an unter: *info@transcript-verlag.de*

Inhalt

Vorwort

Auch wenn dieser Text ein Ergebnis der theoretischen Auseinandersetzung mit Ansätzen der Gender- und Disability Studies darstellt, wäre er ohne meine beruflichen Erfahrungen als Pädagogin im schulischen Bereich nicht denkbar gewesen. Mein Dank gilt deshalb in erster Linie jenen Kindern und Jugendlichen, die ich im Rahmen meiner Berufstätigkeit über Jahre hinweg begleiten durfte und die – über eine Veränderung meines Professionsverständnisses weit hinausreichend zu einer Erweiterung meines persönlichen Horizonts beigetragen haben. Ebenso wichtig für die Fertigstellung dieser Arbeiten waren zweifellos all jene Diskussionen und Kontroversen, die mir in verschiedenen Kontexten und aus unterschiedlichen Perspektiven die ›Logik des Politischen‹ nahe gebracht und verständlich gemacht haben. Sie – und damit unzählige Begegnungen, Denkanstöße, Gespräche und Konflikte – haben mein politisches Denken und Handeln entscheidend beeinflusst und gefestigt.

Mein besonderer Dank richtet sich aber an all jene, die mich in der langen Zeit des Schreibens in vielfacher Hinsicht unterstützt und bestärkt haben. Ich danke Gela Hula für ihre Freundschaft und Begleitung – und dafür, dass es mit ihrer Hilfe immer wieder gelingt, selbst in turbulenten Zeiten ein Mehr an Humor, Realismus und Gelassenheit zu leben; Edith Futscher und Birge Krondorfer für unzählige Gespräche, bekräftigende Gesten und kritische Einwände und Katharina Pewny für ihre motivierenden Nachfragen und Rückmeldungen. Auch ohne das sorgsame und umsichtige Lektorat von Brigitte Oesterle, die Wertschätzung und Anerkennung von Michaela Ralser und die ermutigende Begleitung durch Volker Schönwiese hätte diese Arbeit keinen Abschluss gefunden.

Einleitung

Vor dem Hintergrund gegenwärtiger gesellschaftlicher Veränderungsprozesse stehen wissenschaftliche Auseinandersetzungen und politisches Handeln vor der Herausforderung, soziale Ungleichheitslagen auf eine Art und Weise zu reflektieren, die ihren vielfältigen Dimensionen gerecht wird. Denn nicht bloß Einkommen und Besitz oder die Möglichkeiten, das Leben nach eigenen Vorstellungen und Interessen zu gestalten, beeinflussen Prozesse sozialer Privilegierung und Diskriminierung, sondern auch soziale Ungleichheiten, die sich durch gesellschaftsstrukturierende Kategorien wie Rasse/Ethnie, Klasse, Geschlecht ergeben. Sozialwissenschaftliche Diskurse antworten auf die damit verbundenen Fragestellungen zunehmend mit dem, von Kimberlé Crenshaw entwickelten, Modell Intersektionalität, das die Verknüpfungen, Überkreuzungen und Wechselwirkungen strukturell verankerter Macht- und Ungleichheitsverhältnisse thematisiert. Auf der politischen Ebene hingegen vervielfältigen sich die unterschiedlichsten Strategien des Mainstreamings, in dessen Rahmen politische Reformen, Verordnungen und gesetzliche Veränderungen dazu beitragen, Diskriminierung zu vermeiden und Gleichberechtigung zu gewährleisten.

Die Frage, ob und inwiefern ›dem Körper‹ und/oder der sozialen Kategorie ›Behinderung‹ gesellschaftsstrukturierende Bedeutung zukommt, ist im Rahmen der Auseinandersetzung mit Intersektionalität alles andere als geklärt. Während Cornelia Klinger und Gudrun-Axeli Knapp (2007) die sozialen Kategorien Rasse, Klasse und Geschlecht als die wesentlichen strukturierenden Bestandteile der gesellschaftlichen Organisation sehen, wird die Kategorie Körper nur von wenigen als solche wahrgenommen (Walgenbach 2007; Winker/Degele 2009) und nur einzelne (Raab 2007, 2010) versuchen, sich vor dem Hintergrund einer intersektionalen Perspektive der spezifischen Bedeutung von ›Behinderung‹ zu nähern.

Intersektionale Ansätze sind im Rahmen sozialer Bewegungen und vor dem Hintergrund einer Reflexion von (anti-)rassistischen und feministischen Politikformen und Strategien entstanden. Mit dem (politischen) Ziel, Fragestellungen zu beantworten, die sich im Zusammenhang mit spezifischen Ungleichheitslagen ergeben, widmen sie sich (auch) der gesellschaftlichen Bedeutung komplexer Macht- und Herrschaftsverhältnisse und kritisieren darüber hinausreichend simplifizierende Sichtweisen, die mit homogenisierenden Identitätsentwürfen und generalisierenden politischen Sichtweisen einhergehen. Auf das analytische Potenzial der Auseinandersetzungen mit Differenzen zwischen Frauen greift die vorliegende Arbeit zurück, der es darum geht, sich auf unterschiedlichen Ebenen dem Zusammenhang zwischen *Behinderung, Geschlecht und sozialer Ungleichheit* zu widmen.

Zentral für die Begründungszusammenhänge des Textes sind die gesellschaftspolitisch höchst relevanten Diskurse der Disability Studies, die – von zwei unterschiedlichen Perspektiven ausgehend – neue Möglichkeiten eröffnen, ›Behinderung‹ zu thematisieren. Dem Motto *›Behindert ist man nicht, behindert wird man‹* folgend, geht es explizit nicht darum, individuelle Beeinträchtigungen als therapeutische, pädagogische, rehabilitative oder medizinische Aufgabe oder als Schicksalsschlag zu thematisieren, vielmehr liegt der Fokus darauf, die gesellschaftsstrukturierende und kulturelle Bedeutung von ›Behinderung‹ als sozialer Kategorie zu erfassen. Mit der Absicht, ein ›Mehr‹ an gesellschaftlicher Anerkennung für Menschen mit Behinderungen zu erreichen, steht einerseits der Kampf gegen jene gesellschaftlichen Barrieren, Begrenzungen und Mechanismen im Zentrum der Auseinandersetzung, die Menschen mit Behinderungen an gleichberechtigter gesellschaftlicher Partizipation und Teilhabe hindern. Darüber hinausreichend stellen kulturwissenschaftlich orientierte Zugangsweisen im Rahmen der Disability Studies in Frage, ob die Forderung nach einer rechtlichen Gleichstellung von behinderten Personen tatsächlich in der Lage ist, stigmatisierungstheoretische Erklärungszusammenhänge zu überschreiten. Sie beziehen deshalb diskurs- und differenztheoretische Überlegungen mit ein und widmen sich der Analyse gesellschaftlicher und kultureller Prozesse, die sich auf Deutungsmuster, (Alltags-)Theorien und auf die kulturelle Repräsentation von ›Behinderung‹ und ›Normalität‹ beziehen.

Wegweisend für das *erste Kapitel* des vorliegenden Textes waren zunächst die Fragen nach der Bedeutung des Körpers in sozialwissenschaftlichen Diskursen und im gesamtgesellschaftlichen Zusammenhang. Orientiert an soziologischen Diskursen und an jenen der Disability- und Gender-Studies reflektiert er – freilich nur innerhalb eines begrenzten Rahmens – Gemeinsamkeiten und Unterschiede der Auseinandersetzung und versucht dabei, der Spezifität der sozialen Kategorien ›Behinderung‹ und Geschlecht gerecht zu werden. Als maßgeblich hat sich in diesem Zusammenhang die Suche nach je spezifischen gesellschaftlichen Mechanismen, Herrschaftsverhältnissen und Machtdynamiken erwiesen, die es ermöglichen, körperbezogene Differenzmerkmale mit sozialen Ungleichheiten relativ dauerhaft zu verknüpfen.

Das *zweite Kapitel* dieser Arbeit präsentiert die Grundannahmen der gegenwärtig relevantesten ungleichheitssoziologischen Konzepte, die sich auf Klasse/Schicht, Lebensstil/Milieu und auf die Wechselwirkungen zwischen gesellschaftlichen Bedingungen, individuellen Lebensstilen und Handlungsorientierungen beziehen. Vor dem Hintergrund, dass körperbezogene Differenzmerkmale wie Behinderung – aber auch Geschlecht – in der Diskussion um soziale Ungleichheiten eine untergeordnete Rolle spielen, greift der Text einzelne Aspekte der mit diesen sozialen Kategorien zusammenhängenden Diskussion auf. Die Auseinandersetzung mit der doppelten Vergesellschaftung von Frauen, dem Leistungsprinzip und mit den Mechanismen sozialer Exklusion soll dazu beitragen, das Verständnis von sozialen Ungleichheitsverhältnissen zu vertiefen und ansatzweise zeigen, inwiefern ›Behinderung‹ ein besonderes Risiko für gesellschaftliche Benachteiligungen darstellt.

Dabei geht der Text davon aus, dass transnationale Vereinbarungen, politische Kommentare, Verordnungen und gesetzliche Regelungen in gewisser Weise die Verdichtungen politischer Auseinandersetzungen und gesellschaftlicher Verständigungsprozesse darstellen. Deshalb beziehe ich mich im *dritten Kapitel* der Arbeit auf die UN-Behindertenrechtskonvention, die im Dezember 2006 mit dem Ziel verabschiedet wurde, die gleichberechtigte gesellschaftliche Teilhabe für Menschen mit Behinderungen sicherzustellen und Chancengleichheit, Diskriminierungsfreiheit und Selbstbestimmung zu gewährleisten. Skizziert werden die zentralen behinderungspolitischen Grundannahmen, Forderungen und Zielvorstellungen der Konvention, die vor allem durch das Prinzip des Disability Mainstreamings umgesetzt werden sollen. Neue Politikformen, die die Beteiligung behinderter Personen an politischen Entscheidungsprozessen nicht nur ermöglichen, sondern zunehmend fordern, werden vor allem dahingehend befragt, ob im Rahmen der Konvention die Perspektiven und Anliegen aller beeinträchtigten Personengruppen hinreichend berücksichtigt wurden.

Das *vierte Kapitel* widmet sich einerseits der Frage, ob ›Behinderung‹ in ähnlicher Weise wie Rasse/Ethnie, Klasse und Geschlecht als gesellschaftsstrukturierende soziale Kategorie interpretiert werden kann und klärt andererseits, wie die Europäischen Antidiskriminierungsgesetze auf Benachteiligungen im Zusammenhang mit Behinderungen antworten. Dabei verdeutlicht der Text, in welchen gesellschaftlichen Teilbereichen Menschen mit Behinderungen vor Benachteiligungen geschützt werden sollen und welche Strategien, Vorkehrungen und Maßnahmen die Europäische Antidiskriminierungspolitik in diesem Zusammenhang vorsieht.

Als besonders relevant für das Thema dieser Arbeit haben sich jene Auseinandersetzungen mit Intersektionalität erweisen, die sich auf gesellschaftliche Herrschafts-und Machtformen beziehen und sich den Wechselwirkungen und Zusammenhängen zwischen interdependenten sozialen Kategorien, gesellschaftlichen Strukturen, Diskursen und Identitäten konzentrieren. Im *fünften Kapitel* werden die Grundannahmen unterschiedlicher intersektionaler Perspektiven vorgestellt, in deren Rahmen ausdrücklich auf die systemstabilisierende Bedeutung der Wechselwirkungen zwischen Ökonomie, Politik und Kultur hingewiesen wird.

Das *sechste Kapitel* geht der Frage nach, ob und in welcher Form sich diese Zusammenhänge und Interdependenzen auch im Prozess der Implementierung behinderungspolitischer Vereinbarungen im europäischen Raum wiederfinden. Ein Blick auf die Aktionspläne der Europäischen Gemeinschaft – die im Anschluss an die UN-Behindertenrechtskonvention entworfen wurden – verdeutlicht, welche der formulierten Vereinbarungen als besonders relevant bewertet und umgesetzt werden. Diskutiert wird einerseits, ob sich politische Vereinbarungen im Rahmen transnationaler Verständigungsprozesse sukzessive verändern, andererseits aber auch, ob Disability Mainstreaming – das zweifellos für veränderte Handlungsbedingungen sorgt – auch als Bestandteil der neo-liberalen Gesellschaftsentwicklung (um)interpretiert werden könnte, der mit neuen sozialen Risiken für Menschen mit Behinderungen (und für deren Angehörige) verbunden ist.

Die abschließende Zusammenschau der gewonnenen Einsichten schlägt weiterführende Analyseschwerpunkte vor und versteht sich als Beitrag, der darauf abzielt, das Spektrum der Fragestellungen bezogen auf den Zusammenhang zwischen *Behinderung, Geschlecht* und *Sozialer Ungleichheit* zu erweitern. Unverzichtbar für die Diskussion ist nicht nur die konsequente Reflexion der bereits erarbeiteten Interpretationen und Sichtweisen, sondern auch die Herausforderung, Zugangsweisen zum Thema zu eröffnen, die den gegenwärtigen gesellschafts- , sozial- und kulturwissenschaftlichen Diskursen gerecht werden und sich gezielt und kontextorientiert um transdisziplinäre Bündnisse bemühen. Freilich erhebt dieser Text weder den Anspruch, der Diskussion innerhalb der Disability Studies noch dem Potenzial feministischer Auseinandersetzung bezogen auf die Diskussion um Differenz und soziale Ungleichheit gerecht geworden zu sein. Wenn es ihm aber gelingt, einen Rahmen zu eröffnen, der ein Weiterdenken ermöglicht und dazu beiträgt, Diskussionen anzuregen, hätte er seine Absicht erfüllt.

1. Der Körper und die Soziologie

Während sich die Klassiker der Soziologie[1] vor allem für die Strukturen und Gesetzmäßigkeiten des sozialen Handelns, für soziale Beziehungen und die Gesellschaft als ökonomisches System interessierten, räumten sie der Auseinandersetzung mit dem Körper bis in die 1970er und 80er-Jahre keinen systematischen Platz ein. Die seither, vorwiegend in Ländern des westlichen Kulturkreises (vgl. Gugutzer 2004: 34), vermehrt zu beobachtende Berücksichtigung des Körpers in sozialwissenschaftlichen Diskursen lässt sich auf mehrere Faktoren zurückführen. Vor dem Hintergrund gesellschaftlicher Veränderungen im Allgemeinen – im Bereich der Erwerbsarbeit im Besonderen – betonen soziologische Sichtweisen nicht mehr vorwiegend die (sozial ungleiche) Verteilung von Ressourcen, sondern gehen zunehmend von der Bedeutung individueller Lebensziele, Interessen und Wertorientierungen aus. Verbunden mit der gesellschaftlichen Aufwertung von Freizeit und Konsum kommt dem Körper – insbesondere dem jungen, schlanken, schönen, fitten und gesunden – als Referenzpunkt von Identität und als Mittel der Selbstdarstellung besondere Aufmerksamkeit zu. Der ei-

1 Auguste Comte, Èmile Durkheim, Herbert Spencer, Karl Marx, Vilfredo Pareto, Ferdinand Tönnies, Georg Simmel und Max Weber gelten als ›Gründerväter‹ und Klassiker der Soziologie. Sie befassten sich vor allem mit makrosoziologischen Wandlungsprozessen im Zusammenhang mit der Entstehung kapitalistischer Gesellschaft und setzten sich hauptsächlich mit gesellschaftlichen Strukturveränderungen, der nationalstaatlichen Ordnung, mit Arbeitsteilung, Klassengegensätzen und/oder mit der ›sozialen Frage‹ auseinander. Der Körper wurde von ihnen meist als vor-soziales, natürliches Phänomen konzipiert, das außerhalb des Gesellschaftlichen steht. (Vgl. Gugutzer 2004: 20)

genverantwortliche Umgang *mit* ihm und die Arbeit *am* Körper werden mehr und mehr als persönliche Leistung betrachtet, die Wohlbefinden, Wohlstand, Gesundheit und Glück verspricht. Gleichzeitig werden körperliche ›Unzulänglichkeiten‹, Störungen und Krankheiten zunehmend als persönliches Versagen interpretiert (vgl. Schroer 2005: 20) und als Makel, der durch eine ›angemessene‹ – also vorbeugende – Lebensweise vermeidbar gewesen wäre.

Versuche, den Körper zu perfektionieren – sei es durch Sport, Body-Building, Mental-Training, Yoga, durch Diäten oder Schönheitsoperationen – vermitteln vor allem die Botschaft, dass er »so wie er ist, nicht mehr hingenommen, nicht mehr als Schicksal akzeptiert werden muss, sondern verändert werden kann.« (Ebd.: 35) Die damit häufig verbundene Illusion, Kontrolle über den Körper und seine Verletzlichkeit gewinnen zu können, verkennt vor allem die Bedeutung körperlicher Geschichtlichkeit: Denn insbesondere sein Geworden-Sein und Werden konfrontiert jede und jeden mit der Möglichkeit – altersbedingt sogar mit der sehr hohen Wahrscheinlichkeit – ›am eigenen Leib‹ mit Beeinträchtigungen, Funktionsstörungen und Vergänglichkeit konfrontiert zu werden. Das Bewusstsein darüber, dass Erfahrungen des ›Behindert-Werdens‹ und ›Beeinträchtigt-Seins‹ nicht nur Andere betreffen, sondern jederzeit zu einem wesentlichen Teil der eigenen Lebensrealität werden können, stellt Vorstellungen in Frage, die Glück, Selbstakzeptanz und das persönliche Konzept des ›guten‹ Lebens an Werte wie Jugendlichkeit, Schönheit und Leistungsfähigkeit binden.

»Realizing that aging is disabling helps non-disabled people to see that people with disabilities are not ›Other‹, that they are really themselves at a later time. Unless we die suddenly, we are all disabled eventually. Most of us will live part of our lives with bodies that hurt, that move with difficulty or not at all, that deprive us of activities we once took for granted, or that others take for granted – bodies that make daily life a physical struggle. We need understandings of disability and handicap that do not support a paradigm of humanity as young and healthy. Encouraging everyone to acknowledge, accommodate, and identify with a wide range of physical conditions is ultimately the road of self-acceptance as well as the road to increasing the opportunities of those who are disabled now.« (Wendell 1996: 18)

Der insbesondere in der US-amerikanischen Behindertenbewegung häufig verwendete Begriff *temporarily abled* weist darauf hin, dass wir, lebensgeschichtlich gesehen, über unsere volle Leistungs- und Funktionsfähigkeit nur im sehr begrenztem Ausmaß verfügen können. Vor diesem Hintergrund kann die – vor allem in Alltagstheorien dominierende – dichotome Entgegensetzung von behinderten und nichtbehinderten, passiven und aktiven, abhängigen und unabhängigen Personengruppen grundsätzlich nicht aufrecht erhalten werden.

›Behinderung‹ ist auch kein ›Sonderfall‹, sondern stellt primär eine menschliche Erfahrung dar, die ›Anderssein‹ repräsentiert. Gesellschaftliche Normen und kulturelle Deutungsmuster bilden dabei den Hintergrund für die Interpretation und Bewertung (körperbezogener) Differenzmerkmale und gelten als entscheidende Bezugspunkte für die Fixierung und Stabilisierung von Normalitätsfeldern und -grenzen. Umgekehrt beeinflussen auch (alltags-)theoretische Auseinandersetzungen mit ›Abweichung‹ und/oder ›Behinderung‹ das jeweils dominierende Verständnis von ›Normalität‹. Anders formuliert: ›Normalität‹ und ›Behinderung‹ sind konstitutiv aufeinander verwiesen, auch wenn »diese Interdependenz [...] im Diskurs zum Verschwinden gebracht wird.« (Tervooren 2002: 35] Mit dem Ziel, »eine Auffassung von Differenz zu entwickeln, die dem Allgemeinen inklusiv ist« (ebd.: 42) schlägt Anja Tervooren deshalb vor, nicht von beeinträchtigten oder behinderten, sondern von *verletzlichen Körpern* (ebd.: 41) zu sprechen, da dieser Begriff in seiner relativen Uneindeutigkeit ein Kontinuum zwischen den Polen ›Behinderung‹ und ›Normalität‹ nahelegt und in gewisser Weise auf die protonormalistische[2] Festlegung von Normalitätsgrenzen verzichtet.

Auch in den Auseinandersetzungen mit Geschlecht findet sich in gewisser Hinsicht der Gedanke eines ›Kontinuums‹ wieder, wenn es darum geht, die binäre Unterscheidung zwischen ›weiblichen‹ und ›männlichen‹ Körpern – und damit auch das hierarchisch strukturierte gesellschaftliche System der Zweigeschlechtlichkeit – in Frage zu stellen. Normative Vorgaben und Klassifikationssysteme erscheinen aus dieser Perspektive als Effekte

---

2 Jürgen Link (vgl. 1999: 75f) beschreibt mit dem Begriff *Protonormalismus* eine (inter-)diskursive, gesellschaftliche (Macht-)Strategie, die einerseits auf die Fixierung und Stabilisierung von Normalitätsfeldern abzielt und andererseits dazu dient, eindeutige Normalitätsgrenzen festzuschreiben. Normalitätsvorstellungen stehen häufig in engem Zusammenhang mit Ansprüchen auf kulturelle Hegemonie. Sie werden nicht individuell festgelegt, sondern konstituieren sich meinst im Rahmen medizinischer und psychiatrischer Wissenschaften.

einer gesellschaftlichen Macht, die Normalitätsvorstellungen hervorbringt, sie gesellschaftlich verankert und ›zwingende‹ Kriterien für gesellschaftliche Regulierungen bereitstellt. Personen, deren Identitätsentwürfe die gesellschaftlichen Bestimmungen des Frau- oder Mann-Seins überschreiten und/oder die sich für queere, inter- und transsexuelle Lebensweisen entscheiden, befinden sich aus diskurstheoretischer Sicht allerdings nicht grundsätzlich ›außerhalb der Macht‹, sondern sind im erhöhten Ausmaß dazu aufgefordert, gesellschaftliche Normen und Konventionen zu hinterfragen.

1.1 DER KÖRPER, DER LEIB UND DAS SOZIALE

Soziale Bewegungen – insbesondere die Disability-, Gender- und Queer Studies – gehen davon aus, dass der Körper »nicht« als »ein von der Gesellschaft unberührtes biologisches Substrat« (Schmincke 2007: 11) interpretiert werden kann. Auch wenn die erkenntnistheoretischen Gemeinsamkeiten der Sichtweisen und die Unterschiede zwischen den – sehr spezifischen – Ansätzen weitgehend ungeklärt sind, kann die systematische Kritik an Modellen, die soziale Ungleichheiten auf ›naturgegebene‹ Unterschiede zurückführen, als ihr geteiltes Anliegen bezeichnet werden. Die Politisierung des Körpers und der damit verbundenen kulturellen (Be-)Deutungen verbindet sich durchgängig – aber mit unterschiedlichen Schwerpunktsetzungen – mit Fragen nach sozialer Ungleichheit, Macht und Herrschaft. In diesem Zusammenhang werden Geschlecht, Sexualität und ›Behinderung‹ als Elemente bzw. Effekte komplexer Machtphänomene interpretiert, die individuelle Lebensmöglichkeiten, soziale Positionen und das Ausmaß gesellschaftlicher Partizipation und Teilhabe wesentlich beeinflussen.

Körpersoziologische Analysen hingegen thematisieren erstaunlicherweise weder soziale Ungleichheiten (vgl. Schmincke 2009: 11) noch die körperlichen Effekte von Marginalisierungsprozessen. (Vgl. Waldschmidt 2007a: 29)[3]. Da der Körper in soziologischen Diskurszusammenhängen war

3 Selbst in der soziologisch orientierten Thematisierung von Behinderung scheint der Körper keine eigenständig zu analysierende Kategorie darzustellen. »Im Wesentlichen wird er als einfache Tatsache vorausgesetzt und davon ausgegangen, dass die quasi natürliche Verkörperung von Behinderung keiner weiteren Problematisierung bedarf; allenfalls deren Effekte, die gesellschaftlichen

als soziale, aber weitgehend als natürliche und vollendete Tatsache gilt, konzentrieren sich Analysen im Wesentlichen auf die Fragen, *wie* er durch gesellschaftliche Prozesse beeinflusst wird und *welche Funktionen* ihm in der (Re-)Produktion des Sozialen zukommen.

»Der menschliche Körper ist *Produkt von Gesellschaft* insofern, als die Umgangsweisen mit dem Körper, das Wissen und die Bilder von ihm sowie das Spüren des Körpers von gesellschaftlichen Strukturen, Werten und Normen, Technologien und Ideensystemen geprägt sind. *Produzent von Gesellschaft* ist der menschliche Körper dergestalt, dass soziales Zusammenleben und soziale Ordnung entscheidend von der Körperlichkeit sozial handelnder Individuen beeinflusst sind: Insofern soziale Wirklichkeit aus sozialem Handeln resultiert und soziales Handeln immer körperliches Handeln ist, tragen körperliche Handlungen zur Konstruktion sozialer Wirklichkeiten bei.« (Gugutzer 2004: 6f)

Ausgehend von der »*wechselseitigen Durchdringung von Körper und Gesellschaft*« (ebd.: 7) beziehen sich Forscher_innen in diesem Zusammenhang vor allem auf Prozesse der Verkörperung von gesellschaftlichen Normen und Handlungserwartungen. Die Re- und Dekonstruktion der dahinter liegenden Werte und Deutungsmuster und die kritische Auseinandersetzung mit Wissenssystemen und sozialen Praxisformen sollen helfen, die Frage zu klären, wie gesellschaftlich verankerte ›Gewissheiten‹ das Wissen über, den Umgang mit und das Verhältnis zu Körperlichkeit beeinflussen. Da sich soziologische Diskurse gegenwärtig hauptsächlich mit dem Körper als Mittel der Selbstdarstellung auseinandersetzen, geraten Analysen, die sich auf (körperliche) Abweichungen und die damit verbundenen stigmatisierenden gesellschaftlichen Mechanismen beziehen, zunehmend in den Hintergrund. Ins Zentrum hingegen rückt die Auseinandersetzung mit Interaktionsformen, die als »der soziale Ort« gelten, »an dem gesellschaftliche Strukturen und individuelles Handeln zusammentreffen.« (Gugutzer 2004: 143) Dabei zeigt sich deutlich, welche gesellschaftlichen Werte in konkreten Begegnungen aktualisiert und stabilisiert, kritisiert und verworfen werden. Gerade weil die damit verbundenen Prozesse nicht – oder ausgesprochen selten – expliziten Regeln folgen, die kognitiv erlernt werden könnten, treten in ih-

Regulierungs- und Umgangsweisen werden der Untersuchung für wert befunden.« (Waldschmidt 2007a: 28)

rem Rahmen immer wieder Störungen und Irritationen auf: vor allem dann, wenn soziale Erwartungshaltungen enttäuscht, ästhetische Normen überschritten und normabweichende Körperpraktiken beobachtet werden. (Vgl. Gugutzer/Schneider 2007: 42)

Insbesondere die (Selbst-)Zuschreibungen sozialer und personaler Identitätsmerkmale und deren Bewertung – Prozesse, die mit sozialen Interaktionen immer verbunden sind – machen die Wirksamkeit sozial typisierter Normalitätsvorstellungen deutlich. Wie konflikthaft deren Überschreitung erlebt werden kann und wie häufig Situationsdefinitionen deshalb misslingen, ist möglicherweise darauf zurück zu führen, dass Differenzen und Abweichungen in der konkreten Begegnung nicht nur abstrakt, sondern vermittelt über den Körper als ›Bedeutungsträger‹ auch sinnlich erfahrbar werden. Angesichts der Tatsache, dass Interaktionsordnungen, Darstellungsweisen und gesellschaftliche Narrative im hohen Ausmaß affektiv besetzt sind, stellt sich die Frage, ob damit verbundene Leiberfahrungen als weitgehend ›konstruiert‹ interpretiert werden können, oder als unmittelbar und authentisch zu bewerten sind.

»Allerdings ist dieses ›mehr‹ des Leibes, das über seine Kontextgebundenheit und Zeichenhaftigkeit hinaus geht, nicht unmittelbar zugänglich. Es gibt keinen unmittelbaren Zugang zum Leib – weder alltagsweltlich noch wissenschaftlich-analytisch, weil jegliches Denken und Sprechen über den Leib bereits eine Konfiguration des Leiblichen ist. Der Leib kann selber nicht ›sprechen‹, der Leib kann sich nicht mitteilen oder kommunizieren [...] wir können nur *über* den Leib kommunizieren. Eine Empfindung wie Schmerz oder Lust ist als Empfindung nicht mittelbar, denn jeder sinnhafte Ausdruck ist bereits eine Beschreibung und damit eine Interpretation des Affekts, die auf einer anderen Ebene, nämlich der sprachlichen oder mimischen, geschieht.« (Villa 2006: 216f)

Ebenso wie leibliche Erfahrungen nur durch den Bezug auf Diskurse, Werte und Normen interpretiert und vermittelt werden können, ist auch das (Selbst-)Verständnis von Individuen und ihr – in gewisser Weise ›intimes‹ – Wissen über den eigenen Körper eng mit kulturabhängigen Bedeutungen verwoben und von gesellschaftlichen Institutionen, Praxisformen und Technologien beeinflusst. Aufgrund der gesellschaftlichen und kulturellen Prägung des Körperwissens und des leiblichen Erlebens, Fühlens und Spürens wäre es deshalb mehr als fragwürdig, Körperlichkeit als den Ort einer ›authentischen‹ Erfahrung zu interpretieren.

Wie das Individuum auf kulturelle und gesellschaftliche Einflüsse antwortet, ist allerdings in keinster Weise festgelegt und letztlich (auch) von seinen sozialen Bezügen abhängig. Denn soziale Kontexte konfrontieren ständig mit unterschiedlichsten Werten und Körpernormen, mit Vorannahmen über die ›Natur‹ des Menschen und spezifischen Metaphern und Narrationen. Im Umgang mit Körperlichkeit, der in sozialen Beziehungen erprobt und durch normative Vorstellungen beeinflusst ist, geht es allerdings um mehr, als die affektive Verinnerlichung sozialer Normen oder um deren Zurückweisung. Selbst die rein persönliche Art und Weise der Lebensgestaltung kann nicht als entscheidend interpretiert werden. Denn Körperlichkeit ist darüber hinausreichend immer mit Wissens- und Machtsystemen verbunden, die als wesentliche Grundlagen gesellschaftlicher Regulierungen gelten und stellt ein relevantes Kriterium für die Stabilität und Veränderbarkeit sozialer Ordnungen dar.

1.2 Der Körper, das Wissen und die Macht

Vor dem Hintergrund eines historisch und kulturell spezifischen ›Archivs des Wissens‹ – das gesellschaftlich vermittelt wird und sich laufend verändert – agieren Individuen »als mehr oder weniger eigen-willige Interpreten dieser Wissensvorräte« (Keller 2005: 216) Erst als *Handelnde*, die Regeln interpretieren, Diskurse produzieren und (kritisch) auf sie zurückgreifen, sind Personen in der Lage, eigene Interessen zu verfolgen, gesellschaftliche Strukturen kritisch zu reflektieren und sie zu verändern. Dementsprechend können Wissensordnungen und Diskurse nicht einfach nur als »semantische Strukturelemente der gesellschaftlich-symbolischen Ordnung« (Bublitz 1999: 78) interpretiert werden. »Sie sind zugleich [...] Muster der Erzeugung von Subjektivität mit bestimmten Handlungsorientierungen und Ethiken« (ebd.: 79), steuern gesellschaftliche Prozesse und beeinflussen die Regeln, Formen und Inhalte individueller und kollektiver Sichtweisen in entscheidendem Ausmaß. Und mehr als das:

»Sie konstituieren die ›Natur‹ des Körpers, das unbewusste und bewusste Denken und das emotionale Leben der Subjekte, die sie zu beherrschen suchen. Weder der

Körper, noch die Gedanken und Gefühle haben außerhalb ihrer diskursiven Artikulation eine Bedeutung, aber die Art, wie der Diskurs die Gedanken und Körper der Individuen konstituiert, ist immer Teil eines umfassenderen Netzes von Machtbeziehungen, die oft institutionell begründet sind.« (Weedon zit. nach Bublitz 1999: 88)

Die Art und Weise, wie gesellschaftliche Realitäten problematisiert und (wissenschaftlich) beschrieben werden können, die damit verbundenen Erkenntnisprozesse und das produzierte Wissen selbst, sind »eingebettet in den institutionellen Rahmen einer Gesellschaft« und eng verbunden mit »deren Machtpraktiken.« (Bublitz 1999: 119) In diesem Sinne und im Hinblick darauf, dass Wissensfelder eng mit ökonomischen Prinzipien und gesellschaftlichen Regulierungen verbunden sind, betont Michel Foucault die enge Beziehung zwischen Macht, Wissen und Politik. Indem er das Politische »weniger von einem privilegierten Gegenstand aus (Produktionssphäre, Staat)« definiert, »sondern durch einen bestimmten kollektiven Handlungsmodus, der auf die Produktionssphäre ebenso zielen kann wie auf die Geschlechterbeziehungen oder die Wohnverhältnisse« (Lemke 1997: 61), entwickelt er das Konzept der *strategischen Macht*. Dabei fragt er ausdrücklich nicht danach, wer Macht besitzt oder wo sie konzentriert ist – und ebenso wenig beschäftigt ihn, wie ›die‹ Macht Wissen anwendet, sie nutzt oder institutionalisiert. Sein Erkenntnisinteresse gilt vielmehr der Frage, wie Macht in komplexen Situationen funktioniert.

»Es geht also darum, sich einer Machtkonzeption zuzuwenden, die das Privileg des Gesetzes durch den Gesichtspunkt der Zielsetzung ablöst, das Privileg des Verbotes durch den Gesichtspunkt der taktischen Effizienz, das Privileg der Souveränität durch die Analyse eines vielfältigen und beweglichen Feldes von Kraftverhältnissen, in denen sich globale aber niemals völlig stabile Herrschaftsverhältnisse durchsetzen.« (Foucault zit. nach Ruoff 2007: 151)

Die Verschränkung von Wissensformen und Machtprozessen – die nur erfolgreich sein kann, wenn sie »beweglich« bleibt und »auf ständige Veränderung und Erweiterung des Wissens, des Subjekts und der Macht ausgerichtet ist« (Bublitz 1999: 162) – zeigt sich im Zusammenhang mit Körperlichkeit nicht durch Repression und Unterdrückung. Strategische Macht wirkt nicht ›von außen‹ auf das Subjekt – und auf seinen Körper – ein, sondern bezieht sich vor allem auf Wirklichkeitsentwürfe und Sinnhorizonte.

»Eine das Individuum totalitär beherrschende oder durchdringende Macht wäre eine modernen Gesellschaften völlig unangemessene Machtform, nämlich eine, die statisch operiert und funktioniert. Dagegen wendet sich eine strategisch operierende Machtstrategie, die nicht von außen auf das Subjekt einwirkt. Das Subjekt ist von der Macht durchdrungen; dies ist die Voraussetzung seiner Konstitution.« (Bublitz 1999: 163)

Vor allem durch die gesellschaftliche Verankerung alltagstheoretischer und wissenschaftlicher Erkenntnisse werden die mit dem Körper verbundenen Deutungsmuster zu wesentlichen Elementen strategisch operierender Machtstrategien. Sie beeinflussen das Bewusstsein und die Möglichkeiten der Selbsterkenntnis von Personen im erheblichen Ausmaß und gelten sowohl als Ausgangspunkte für Prozesse der gesellschaftlichen Normierung, als auch als Grundlage institutioneller Handlungsvorgaben.

Im Rahmen gegenwärtiger Diskurse beziehen sich Körpervorstellungen vorwiegend auf den ›normalen‹, den gesunden, fitten und zu perfektionierenden Körper und stellen die Sorge um ihn, seine bestmögliche Nutzung und Präsentation als individuelle und kulturelle Leistung dar. Die damit verbundenen Machtwirkungen zeigen sich (u.a.) darin, dass sich die Vorstellung, Krankheit, Beeinträchtigung und Vergänglichkeit wären grundsätzlich kontrollier- bzw. vermeidbar, gesellschaftlich zunehmend durchsetzt und als Teil moderner Identitätsvorstellungen interpretiert werden kann. Auch wenn die dahinterliegenden Werte und Normen der (ästhetischen) Perfektion, der permanenten Leistungssteigerung und Unverletzlichkeit – mehr oder weniger – gesellschaftlich verankert sind, können individuelle Handlungsorientierungen nicht als zwingende ›Effekte‹ sozialer Diskurse, gesellschaftlicher Mechanismen und Machtdynamiken gesehen werden: Denn Individuen sind aufgefordert, sich aktiv handelnd auf kulturelle Deutungsrahmen zu beziehen und können – bis zu einem bestimmten Grad – entscheiden, mit welchen Körpernormen und -idealen sie sich identifizieren, welche sie übernehmen und welche sie zurückweisen.

Abgesehen davon, dass sich (beispielsweise) im Rahmen der Auseinandersetzung mit ›Behinderung‹ grundsätzlich die Frage stellt, in welchen Ausmaß (körperliche) Differenzmerkmale tatsächlich ›frei‹ gewählt und verändert werden können: Fragestellungen im Zusammenhang mit der ungleichen Verteilung von Lebenschancen und sozialen Ressourcen sind durch den Bezug auf Prozesse der Identifizierung mit gesellschaftlichen und sozialen Werten und Normen nicht hinreichend zu beantworten. Zwar gilt die Hinterfragung und Zurückweisung von Zuschreibungen und gesellschaftlichen Erwartungshaltungen als *eine* der wesentlichen Grundlagen politischen Handelns, darüber hinausreichend muss die Auseinandersetzung mit sozialen Ungleichheiten aber in der Lage sein, politische Diskurse, strukturelle gesellschaftliche Rahmenbedingungen, soziale Regulierungen und Dominanzverhältnisse zu problematisieren.

Um der Spezifität des Themas: *Behinderung, Geschlecht und soziale Ungleichheit* gerecht zu werden und die Komplexität der damit verbundenen Sichtweisen zu verdeutlichen, wird es deshalb zunächst nötig sein, sich ausführlich der sozialen Kategorie Begriff ›Behinderung‹ zu widmen. Als Begriff, dessen Deutung gegenwärtig kontrovers diskutiert wird und (politisch) hoch umstritten ist, steht ›Behinderung‹ im engen Zusammenhang mit medizinischen, therapeutischen, sozial-politischen und kulturwissenschaftlich orientierten Ansätzen, die – jeweils für sich – in Anspruch nehmen, die individuelle und gesellschaftliche Situation von Menschen mit Behinderungen ausreichend analysieren und verbessern zu können. Vor dem Hintergrund dieses gemeinsamen Anliegens ist die Heftigkeit der damit verbundenen Kontroversen – die sich häufig mit einer konsequenten Nicht-Wahrnehmung divergierender Begründungs- und Praxiszusammenhänge verbindet – mehr als befremdlich. Im Zentrum des Konflikts steht meist die Frage, *auf welche Art und Weise* die größtmögliche gesellschaftliche Partizipation und Teilhabe von Menschen mit Behinderungen verwirklicht werden kann. Dabei stehen die Erfahrungen beeinträchtigter Personen den Einsichten jener gegenüber, die professionell mit dem Thema ›Behinderung‹ arbeiten – eine sozial höchst asymmetrische Beziehung, die nicht erst seit Beginn der Behindertenbewegung als problematisch und spannungsreich gilt.

1.3 Behinderung

Mit dem Ziel, das Thema ›Behinderung‹ durch interdisziplinäre, theoretisch und methodologisch anspruchsvolle Forschungsprogramme aus seiner Randlage zu holen und (damit) ein Gegengewicht zu den dominierenden medizinisch-therapeutischen und pädagogisch-fördernden Sichtweisen zu etablieren (vgl. Waldschmidt 2005: 13), gründete der amerikanische Soziologe Irving Kenneth Zola im Jahr 1982 die *Society for the Study of Chronic Illness, Impairment and Disability.* Die dort tätigen Forscher_innen konzentrierten sich in ihren Analysen vor allem auf die kulturellen, sozialen, ökonomischen, historischen und rechtlichen Aspekte des Phänomens ›Behinderung‹ und stellten darüber hinausreichend die Frage nach der allgemein gesellschaftlichen Bedeutung der gewonnen Erkenntnisse. Daraus ergab sich ein breit gefächertes und komplexes Spektrum an Themenbereichen und Anliegen, das – notgedrungen verkürzt – hier zusammengefasst wird.

»Die Disability Studies rücken gesellschaftliche und kulturelle Wandlungsprozesse im Umgang mit den grundlegenden Erfahrungen menschlicher Vergänglichkeit, Krankheit, Gebrechlichkeit und Abhängigkeit in den Blick; sie untersuchen, wie, unter welchen Bedingungen und mit welchen Folgen Deutungsmuster, Theorien und Modelle von körperlicher, geistiger, wahrnehmungs- und verhaltensbezogener, moralischer und kultureller Abweichung, von Abnormität, Andersheit oder Fremdheit entstehen; sie untersuchen ferner, welche Praxen sich um ›widersinnige‹ Formen des Wahrnehmens, Erlebens und Denkens, um erwartungswidrige Formen der Kommunikation, des Verhaltens, des Aussehens und des körperlichen und intellektuellen Funktionierens organisieren. Schließlich fragen sie, wie Gesellschaften Normen herausbilden, und unter welchen Umständen und Voraussetzungen sie Normalitäten produzieren: starre oder flexible Grenzen, die im gesellschaftlichen Feld eine Mitte und einen Rand, aber auch ein Innen und ein Außen erzeugen. Offensichtlich ist die Analyse solcher Fragen für die Erforschung der Gesellschaften und Kulturen insgesamt bedeutsam.« (Dederich 2007: 19f)

Aus der Sicht der Disability Studies wäre völlig unsinnig, Menschen mit und ohne Behinderungen als binär entgegengesetzte und strikt voneinander getrennte soziale Gruppierungen zu verstehen. Sie konzentrieren sich in Abgrenzung dazu, auf die Auseinandersetzung mit ›Behinderung‹ und ›Normalität‹ und problematisieren dabei vor allem die Tatsache, dass soziale Ungleichheiten und Prozesse der Benachteiligung *und* Privilegierung in diesem Zusammenhang häufig »mit Rückgriff auf biologische Phänomene naturalisiert werden.« (Tervooren 2003: 43). Dieser Perspektivenwechsel ist nur durch die Verknüpfung von geistes- bzw. kulturwissenschaftlichen Sichtweisen mit sozialwissenschaftlichen Ansätzen möglich. Er führt zu einer deutlichen Erweiterung der Fragestellungen und zu kontrovers diskutierten Positionen, die eines gemeinsam haben: die deutliche Zurückweisung von Modellen, die ›Behinderung‹ ausschließlich mit körperlichen, kognitiven und psychischen Störungen und Beeinträchtigungen in Verbindung bringen.

Das individualisierende Modell von Behinderung

In seiner alltäglichen Verwendung bezieht sich der Begriff ›Behinderung‹ auf eine Gruppe von Menschen, die aufgrund unterschiedlichster Beeinträchtigungen nicht in der Lage sind, an ›normalen‹ sozialen und gesellschaftlichen Prozessen teilzunehmen. Als ›behindert‹ im erziehungswissenschaftlichen Sinn gelten also

»alle Kinder, Jugendlichen und Erwachsenen, die in ihrem Lernen, im sozialen Verhalten, in der sprachlichen Kommunikation oder in den psychomotorischen Fähigkeiten so weit beeinträchtigt sind, dass ihre Teilhabe am Leben der Gesellschaft wesentlich erschwert ist. Deshalb bedürfen sie besonderer pädagogischer Förderung.« (Deutscher Bildungsrat zit. nach Sander 1988: 102)

Im Unterschied zu Krankheit, beschreibt der Begriff ›Behinderung‹ – der sonderpädagogischen Systematik folgend – eine schwere, umfängliche und langfristige Beeinträchtigung[4] (vgl. Bach 1975: 9) und erklärt die damit verbundenen ›Defizite‹ zu objektiv beschreibbaren und individuellen (Wesens-)Merkmalen einer Person. Abgesehen davon, dass insbesondere die Dauerhaftigkeit und das Ausmaß der Einschränkungen meist als unveränderliche persönliche ›Tragödien‹ und als ›Schicksalsschläge‹ beschrieben werden, legt dieser Ansatz nahe,

»that disabled people`s problems stem mainly or exclusively from their impairment, that rehabilitation – or restoration to as near as normal functioning as possible – must be the desired goal, and that people with impairment are dependent, limited, objects of pity.« (Thomas zit. nach Waldschmidt 2005: 16)

---

4 Von ›Behinderung‹ spricht Bach, wenn Beeinträchtigungen als ›schwer‹ bezeichnet werden können: also »graduell mehr als ein Fünftel unter dem Regelbereich« (Bach 1975: 9) liegen. Sie gelten als ›umfänglich‹, weil sie mehrere Lernbereiche betreffen und als ›langfristig‹, weil sie voraussichtlich innerhalb von zwei Jahren nicht dem Regelbereich angeglichen werden können.

Die medizinische Klassifikation von (Funktions-)Störungen bzw. Beeinträchtigungen und darauf abgestimmte therapeutische und rehabilitative Maßnahmen verfolgen primär das Ziel, Menschen mit Behinderungen zu befähigen, ihr individuelles ›Schicksal‹ zu meistern und ihnen weitgehend ›normale‹ Lebensumstände zu ermöglichen[5]. Um weltweit ein gemeinsames Begriffsverständnis zu etablieren und dadurch die Kommunikation innerhalb des Gesundheits- und Sozialwesens zu erleichtern[6], legte die Weltgesundheitsorganisation im Jahre 1980 die *International Classification of Impairments, Disabilities and Handicaps* vor. Mentale, physische oder anatomische (Funktions-)Störungen (impairment) werden in diesem Zusammenhang als Ursache von Beeinträchtigungen und/oder Leistungsminderungen (disability) interpretiert und systematisch mit sozialen Benachteiligungen bzw. Diskriminierungen (handicap) in Verbindung gebracht[7]. Als Handicap gilt vor allem die eingeschränkte oder fehlende Möglichkeit, soziale Rollen auf eine Art und Weise zu gestalten, die – abhängig vom Alter,

5 Dieses Ziel gilt in der Arbeit mit beeinträchtigten Personen seit den 1950er-Jahren als handlungsleitend. Das Normalisierungsprinzip geht davon aus, »dass man richtig handelt, wenn man für alle Menschen mit geistigen oder anderen Beeinträchtigungen oder Behinderungen Lebensmuster und alltägliche Lebensbedingungen schafft, welche den gewohnten Verhältnissen und Lebensumständen ihrer Gemeinschaft oder Kultur entsprechen oder ihnen so nahe wie möglich kommen.« (Nirje 1994: 13)

6 Auf der gesellschaftspolitischen Ebene ist ein gemeinsames Verständnis von ›Behinderung‹ vor allem im Zusammenhang mit Fragestellungen entscheidend, die sich auf das Versicherungswesen, auf soziale Sicherheit, Arbeit, Erziehung/Bildung, Wirtschaft, Sozialpolitik und auf die Gesetzgebung beziehen.

7 »Impairment [...] is any loss or abnormality of psychological, physiological or anatomical structure or function. Disability [...] is any restriction or lack (resulting from an impairment) of ability to perform an activity in the manner or within the range considered normal for a human being. Handicap [...] is a disadvantage for a given individual, resulting from an impairment or a disability, that limits or prevents the fulfillment of a role that is normal (depending on age, sex, and social and cultural factors) for that individual.« (WHO 1980 zit. nach Sander: 103f)

vom (biologischen) Geschlecht und von sozialen bzw. kulturellen Bedingungen – als ›normal‹ beschrieben werden.[8]

Um die Wechselwirkungen zwischen individuellen Beeinträchtigungen und gesellschaftlichen Bedingungen näher zu erläutern und damit die Reduktion von Personen auf Schädigungen und Beeinträchtigungen zu vermeiden, wurde das Modell im Jahre 2000 durch die *International Classification of Functioning, Disability and Health (ICF)* erweitert[9]. ›Behinderung‹ gilt hier als mehrdimensionales Phänomen, das aus der dynamischen Interaktion zwischen Menschen und ihrer materiellen und sozialen Umwelt resultiert. (Vgl. ICF 2005: 171) Gesellschaftliche und kulturelle Bedeutungen des Begriffs ›Behinderung‹, Einflüsse aus dem privaten Bereich, dem Arbeitsplatz, der Schule; gesetzliche Regelungen und der Zugang zu sozial wertvollen Gütern und Leistungen (Umweltfaktoren) werden im Rahmen der ICF ebenso berücksichtigt wie persönliche Faktoren (Rasse/Ethnie, Klasse, Geschlecht, Bildungshintergrund, Beruf, Lebensstil, ...). Vor diesem Hintergrund gilt es, entwicklungsfördernde oder -hemmende Bedingungen zu identifizieren und Fördermaßnahmen zu planen, die auf die größtmögliche gesellschaftliche Teilhabe und Partizipation beeinträchtigter Personen abzielen.

Aus dieser Perspektive resultiert, dass Prozesse der Benachteiligung nicht als ›zwangsläufige‹, sondern als *mögliche* Folge von gesundheitlichen Problemen und Beeinträchtigungen interpretiert werden können. Trotzdem rückt die Frage, wie Diskriminierungen auf der gesellschaftlichen Ebene verhindert werden können, in den Hintergrund. Denn, wie auch immer das Hauptproblem einer Person charakterisiert wird – »sei es nun durch die Umwelt, durch ihre Barrieren oder fehlende Förderfaktoren, die eingeschränkte Leistungsfähigkeit des Individuums selber oder eine Kombination verschiedener Faktoren« (ICF 2005: 172) – vorrangig geht es immer darum, gezielte medizinische, pädagogische und therapeutische Maßnahmen

8 Der Verweis und die Orientierung auf soziale Rollen und Normalitätsvorstellungen erweist sich als höchst problematisch, wenn die dahinter liegenden Werte und Normen nicht hinreichend in Frage gestellt und problematisiert werden.

9 In diesem Prozess war der WHO die Beteiligung von Menschen mit Behinderungen von Anfang an ein besonders Anliegen. Die Mitarbeit von beeinträchtigten Personen wurde wiederholt als höchst produktiv bewertet und ausdrücklich wertgeschätzt. (Vgl. ICF 2005: 171)

zu ergreifen, die auf eine Vergrößerung der persönlichen Möglichkeiten beeinträchtigter Personen abzielen, auf die gesellschaftlichen und strukturellen Bedingungen ihres Handelns aber kaum Einfluss nehmen (können).

Auch wenn die ICF durch die Berücksichtgung vielfacher Faktoren, die Reichweite bisheriger Klassifikationssysteme entscheidend erweitert hat, bleiben konkrete Handlungsmöglichkeiten letztlich doch ausschließlich auf das Individuum bezogen. Problematisch wird dieser Ansatzpunkt vor allem dann, wenn in der Arbeit mit behinderten Personen »all das, was in Bezug auf Entwicklung, Fühlen, Denken, soziales Verhalten, Lernen, leibliche Gestalt und körperliche Funktionen als regelwidrig und somit abweichend gedeutet wird, als biologisch fundiertes medizinisches Problem wahrgenommen wird.« (Dederich/Greving/Mürner/Rödler 2009: 8) Dieser Mechanismus, der als *Medizinisierung* bezeichnet wird, verstellt nicht nur den Blick auf die gesellschaftlichen und politischen Aspekte gesundheitsbezogener Phänomene, sondern verunmöglicht es auch, die Reflexion über Prozesse des ›Behindert-Werdens‹ und das politische Bemühen um gesellschaftliche Veränderung systematisch in die Arbeit mit Menschen mit Behinderungen einzubeziehen.

»Die Gesellschaft kommt bei diesem Modell lediglich als Rahmenbedingung ins Spiel, und zwar insofern, als vom Sozialstaat die Bereitstellung entsprechender Dienstleistungen erwartet und allgemein vorhandene Vorurteilsstrukturen als hinderlich für das individuelle Anpassungsverhalten betrachtet werden. Pointiert formuliert: Auf der Basis einer klinischen Grundorientierung tragen Theorie und Praxis des Rehabilitationssystems zur Naturalisierung der Differenzierungskategorie ›Behinderung‹ wesentlich bei; postuliert wird nämlich die Kongruenz von ›Behinderung‹ und medizinisch-biologischer Schädigung oder Beeinträchtigung.« (Waldschmidt 2010: 42)

Die durch das individualisierende Modell von Behinderung beförderte ›Naturalisierung‹ und ›Medizinisierung‹ von sozialer Differenz wird innerhalb der Behindertenbewegung und aus sozialwissenschaftlicher Perspektive entschieden kritisiert. Diese Kritik generalisierend an Personen zu richten, die professionell mit Menschen mit Behinderungen arbeiten, wird den ›fortschrittlicheren‹ Positionen in pädagogischen, psychologischen und psychiatrischen Berufsfeldern allerdings nicht gerecht. Denn die Heterogenität der gegenwärtigen Diagnose- und Therapieverfahren zu vernachlässigen und

Versuche zu ignorieren, die – von dialogischen und kompetenzorientierten Ansätzen ausgehend – das Ziel verfolgen, die Handlungs- und Partizipationsmöglichkeiten beeinträchtigter Personen zu erweitern, käme aus meiner Sicht einer entscheidenden Verkürzung professioneller Praxis gleich. Die, in der Behindertenbewegung vehement formulierten, Vorbehalte Unterstützungssystemen gegenüber machen allerdings mehr als deutlich, dass die Vorannahmen professionellen Wissens nicht immer mit den Lebenserfahrungen von Menschen mit Behinderungen übereinstimmen (müssen). Nicht nur, dass sich mit dem Begriff ›Behinderung‹ homogenisierende und defizitorientierte Merkmalszuschreibungen verbinden, die häufig weder den subjektiven noch den sozialen Realitäten von Menschen mit Behinderungen gerecht werden, auch fürsorgerische und wohlfahrtsstaatliche Maßnahmen konfrontieren beeinträchtigte Personen wiederholt mit der grundlegenden Asymmetrie zwischen Professionellen und ›ihren‹ Klientinnen und Klienten. Und mehr als das:

»The cognitive and social authority of medicine to describe our bodies affects how we experience our bodies and our selves, how our society describes our experiences and validates/invalidates them, how our society supports or fails to support our bodily sufferings and struggles, and what our culture knows about the human body. It also affects profoundly the relationship of medical providers to patients and the quality of medical care. The authority of medicine tends to delegitimize our experiences of our bodies as sources of knowledge about them, because the authoritative, that is, the medical and scientific, descriptions of our bodies are third person descriptions of physical conditions. For example, our own, phenomenological descriptions are at best treated as weak evidence for the truth of medical and scientific descriptions. They are almost never treated as even weak evidence against a medical or scientific description of our bodies.« (Wendell 1996: 119).

Die Art und Weise, wie Körperlichkeit in medizinischen Wissenssystemen beschrieben und bewertet wird, beeinflusst Prozesse der Identitätsbildung und (Selbst-)Erfahrung in erheblichem Ausmaß. Dabei wird Menschen mit Behinderungen häufig vermittelt, ›natürlich‹ gegebene Faktoren, biologische Begrenzungen und gesellschaftliche Regulierungen würden ihre Lebenschancen zur Gänze bestimmen, während ihr persönliches Potenzial zur Gestaltung von Lebensrealitäten weitgehend in den Hintergrund rückt. Eine kritisch reflektierte medizinische und soziale Praxis hingegen orientiert sich an Werten der Selbst- und Mitbestimmung. Daraus ergibt sich die

Aufgabe, Formen der Beratung und Begleitung zu entwickeln, die es beeinträchtigten Klientinnen und Klienten – vor dem Hintergrund ihrer Kompetenzen und mit Hilfe persönlicher Assistenz – ermöglichen, selbstbestimmt Entscheidungen zu treffen und sie auch umzusetzen. Dieser Prozess hin zu geteilter Macht und Verantwortung erfordert die Anerkennung von Menschen mit Behinderungen als ›Expertinnen‹ und ›Experten‹ ihres Lebens, scheitert aber häufig an strukturellen gesellschaftspolitischen Rahmenbedingungen und an der Begrenzung der dafür notwendigen Ressourcen.

Die politische (Alltags-)Relevanz des medizinischen Modells von Behinderung erklärt sich nur zu einem geringen Teil durch die Einsichtigkeit und Plausibilität klinischer Zugänge und durch deren Verankerung in therapeutischen und rehabilitativen Handlungsfeldern. Von größerer Bedeutung ist die Verknüpfung des Konzepts mit Regierungsentscheidungen, mit der Praxis von Versicherungen und Gerichten und mit institutionalisierten Handlungsvorgaben von Bildungseinrichtungen, dem Arbeitsmarkt und sozialen Sicherungssystemen. Denn rechtlich begründete, individuelle Ansprüche auf Sozial- und Dienstleistungen, auf Assistenz und Unterstützung können in den meisten europäischen Staaten[10] ausschließlich durch den Bezug auf medizinische Diagnosen geltend gemacht werden. Zu problematisieren, dass die zuerkannten Leistungen den individuellen Bedarf beeinträchtigter Personen häufig nur bedingt abdecken können und für eine selbstbestimmte und existenzsichernde Lebensgestaltung kaum ausreichen,

10 Michael Maschke (vgl. 2008: 42) hat in seiner Auseinandersetzung mit der Behindertenpolitik der Europäischen Gemeinschaft differenziert herausgearbeitet, dass sich das Verständnis von Behinderung, die Art und das Ausmaß der damit verbundenen Unterstützungsleistungen in den EU15-Mitgliedstaaten teilweise erheblich voneinander unterscheiden. Grundsätzlich differenzieren die meisten Staaten ›Behinderung‹ nach dem Schweregrad, der Ursache oder der Art der Beeinträchtigung. Alle Mitgliedstaaten legen ihren behinderungspolitischen Schwerpunkt auf die Vermeidung bzw. Minimierung von Barrieren und Einschränkungen am Arbeitsmarkt. Dabei unterstützt Dänemark beispielsweise alle Personen mit Beeinträchtigungen, die Hilfe benötigen, Österreich hingegen, »[a]lle EU- und EWR-Bürger, sowie Asylanten, mit einem Grad der Behinderung von mindestens 50%.« (Ebd.) Griechenland wiederum bezieht sich in seinen politischen Initiativen ausschließlich auf die Altersgruppe der 15-65 - jährigen behinderten Personen.

ist ein Anliegen der Behindertenbewegung. Konfrontiert mit den individuellen und politischen Handlungsnotwendigkeiten, die sich im Zusammenhang mit gesellschaftlichen Regulierungen ergeben, stoßen Forderungen nach einer bedarfsgerechten Flexibilisierung sozialpolitischer Arrangements allerdings häufig an strukturell legitimierte finanzielle Grenzen.

Das soziale Modell von Behinderung

Das soziale Modell von Behinderung[11] stellt die Kritik an gesellschaftlichen Strukturen, Organisationsformen und Machtverhältnissen in den Vordergrund der Auseinandersetzung und interpretiert ›disability‹ als einen *Effekt* gesellschaftlicher Verhältnisse. Ausgehend von einer entschiedenen Kritik an medizinischen Erklärungsversuchen, die individuelle ›Defizite‹ in den Vordergrund der Auseinandersetzung stellen, problematisiert das Konzept, dass sich gesellschaftliche Strukturen, Werte und Normen grundsätzlich an den Bedürfnissen und Möglichkeiten nichtbehinderter Menschen orientieren. Die daraus folgenden Begrenzungen der gesellschaftlichen Organisation setzen einen Prozess des ›Behindert-Werdens‹ in Gang, der nicht nur einzelne, sondern systematisch *alle* Menschen mit Beeinträchtigungen betrifft und sie mit gesellschaftlicher Diskriminierung und mit eingeschränkten gesellschaftlichen und sozialen Zugangs- und Teilhabemöglichkeiten konfrontiert.

»Menschen ›sind‹ nicht zwangsläufig auf Grund ihrer gesundheitlichen Einschränkungen ›behindert‹, sondern sie ›werden‹, indem Barrieren gegen ihre Partizipation errichtet werden ›zu Behinderten gemacht‹. Aus einem vorhandenen Körperschaden, einer Verhaltensauffälligkeit oder kognitiven Störung, also objektiv feststellbaren ›impairments‹, folgt nicht unabwendbar eine ›Behinderung‹ (disability), vielmehr ist der institutionalisierte Prozess der sozialen Benachteiligung entscheidend für die Randgruppenexistenz. Mit anderen Worten: Nach dem sozialen Modell ist weder ›disablement‹ (der Prozess des Behindertwerdens) eine notwendige Konsequenz von

11 Das soziale Modell von Behinderung wurde in den 1970er- Jahren von der *Union of the Physically Impaired Against Segregation (UPIAS)* formuliert, die sich an den Erfahrungen, Zielsetzungen und Handlungsentwürfen feministischer, antirassistischer und homosexueller Bürgerrechtsbewegungen orientierte. (Vgl. Snyder/Mitchell 2004: 86)

›impairment‹, noch stellt diese eine hinreichende Bedingung für ›disability‹ dar.« (Waldschmidt 2007: 57)

Im Zentrum des sozialen Modells von Behinderung stehen die Auseinandersetzung mit strukturell verankerten sozialen Ungleichheiten und das politische Anliegen, gesellschaftliche und soziale Institutionen zu verändern, ökonomische Verhältnisse zu verbessern und die Möglichkeiten der gesellschaftlichen Partizipation und Teilhabe beeinträchtigter Personen zu erweitern. Die Thematisierung und kritische Analyse persönlicher Erfahrungen wird innerhalb des sozialen Modells allerdings weitgehend vermieden, weil – so die Befürchtung – soziale und gesellschaftliche Aspekte des Themas ›Behinderung‹ dadurch in den Hintergrund geraten könnten. Die gewählten Handlungsstrategien sind vorwiegend durch den Bezug auf Antidiskriminierungsgesetze zu charakterisieren und untrennbar mit einer Kritik an Leistungsorientierung, Effizienzsteigerung und Profitmaximierung verbunden.

Das widerständige Handeln innerhalb der Behindertenbewegung hat unbestreitbar einen gesellschaftlichen Prozess initiiert, der eine Flexibilisierung des Verständnisses von ›Normalität‹ und ›Behinderung‹ mit sich brachte und zu einer – zwar zögerlichen, aber dennoch deutlich wahrnehmbaren – Erweiterung der Handlungsmöglichkeiten von Menschen mit Behinderungen führte. Allerdings sind das soziale Modell von Behinderung und seine (politischen) Implikationen von Anfang an (auch) kritisch diskutiert worden. Dabei ist das soziale Modell von Behinderung als weitgehend geteilter Ausgangspunkt der Disability Studies »gleichermaßen an wissenschaftliche Diskurse und private Lebenspraxis anschlussfähig« (Waldschmidt 2005: 20) und bietet die Möglichkeit, sich mit gesellschaftsverändernden politischen Strategien zu identifizieren und entsprechend zu handeln. Nicht ›Fürsorge‹ und ›Wohlfahrtsstaatlichkeit‹ stehen im Vordergrund der Diskussion, sondern ein politisches Konzept, das mit den Rechten und Pflichten von Menschen mit Behinderungen als selbstbestimmte und -verantwortliche Bürgerinnen und Bürgern in Verbindung steht.

»Aus der Sicht des sozialen Modells sind behinderte Menschen keine passiven Empfänger von Sozialleistungen, sondern mündige Bürgerinnen und Bürger, die zu Selbstbestimmung und Partizipation fähig sind. Entsprechend erhält Behindertenpolitik den Rang von Bürgerrechts- und Menschenrechtspolitik; sie wird zur Aufgabe des Verfassungsstaates.« (Waldschmidt 2005: 19)

Um der politischen Forderung nach einer Veränderung gesellschaftlicher Strukturen und Organisationsformen Nachdruck zu verleihen, schlägt das soziale Modell von Behinderung eine identitätspolitische Perspektive vor, die für sich in Anspruch nimmt, von ›den‹ Anliegen behinderter Personen zu sprechen. Dieser Ansatz legt nahe, dass es möglich sei, behinderungspolitische Forderungen als gemeinsame Interessen einer relativ homogenen Randgruppe zu repräsentieren, blendet dabei aber Differenzen zwischen den Lebensrealitäten ›der‹ Menschen mit Behinderungen systematisch aus. Dass sich insbesondere komplex behinderte Personen[12] nach wie vor – und vielleicht sogar mehr denn je – mit scheinbar unverrückbaren gesellschaftlichen Barrieren konfrontiert sehen, die ihre Möglichkeiten zur gesellschaftlichen Teilhabe weitgehend verhindern, könnte als ein – freilich nicht intendierter – Effekt identitätspolitischer Diskussion interpretiert werden, die Unterschiede zwischen Menschen mit Behinderungen, die sich aus der Art und dem Ausmaß der Beeinträchtigungen ergeben, vernachlässigt. Auch Differenzmerkmale wie Rasse/Ethnie, Klasse, Geschlecht und Staatsbürgerschaft außer Acht zu lassen, bringt das Risiko mit sich, im Rahmen der Behindertenbewegung ausschließende Mechanismen weiter zu führen, die auf der gesamtgesellschaftlichen Ebene verhindert werden sollen.

Die Bedeutung und Besonderheit des sozialen Modells von Behinderung liegt ohne Zweifel in seiner entschiedenen Kritik an medizinischen Begründungszusammenhängen und in der konsequenten Politisierung gesellschaftlicher Verhältnisse. Bei näherer Betrachtung stellt sich allerdings die Frage, ob die – in den 1970er-Jahren formulierten – Grundannahmen des politischen Handelns dem gesellschaftlichen Wandel gerecht werden können und das wachsende gesellschaftliche Problembewusstsein im Zusammenhang mit Prozessen des ›Behindert-Werdens‹ bzw. die steigende Bereitschaft gesellschaftliche Barrieren beseitigen zu wollen, hinreichend berücksichtigen. Denn, im Rahmen des sozialen Modells von Behinderung – das von der systematischen und strukturell verankerten Benachteiligung

12 Darunter versteht man Personen, mit mehrfachen und/oder schweren Beeinträchtigungen, mit herausforderndem Verhalten bzw. psychischen Störungen, die meist nicht in der Lage sind, zu sprechen und als erheblich behindert gelten.

von behinderten Personen durch die Mehrheitsgesellschaft ausgeht – ist es schwierig anzuerkennen, dass ›die‹ Gesellschaft nicht als Ganzes diskriminiert, sondern (mittlerweile) »auch Brücken und Sprungbretter« bietet, »die eine vorteilhafte Persönlichkeitsentfaltung von Menschen mit Behinderungen begünstigen.« (Wocken 2009: 7) Kurz: weder die Homogenisierung der (Mehrheits-)Gesellschaft als ausschließlich diskriminierende, noch generalisierende Aussagen über ›die‹ Lebensrealitäten beeinträchtigter Personen entsprechen einer gesellschaftlichen Realität, die gegenwärtig durch Prozesse der Pluralisierung, die zunehmende funktionale Differenzierung der Gesellschaft und den Einfluss neoliberaler Politikformen zu charakterisieren ist.

Das kulturelle Modell von Behinderung

Die kulturwissenschaftlich orientierte Kritik am sozialen Modell von Behinderung geht davon aus, dass gesellschaftliche Veränderung nicht ausschließlich durch politische Artikulation und widerständiges Handeln möglich ist, sondern auch durch eine Modifikation kultureller Praktiken und Repräsentationsformen erreicht werden kann. ›Behinderung‹ wird in diesem Zusammenhang weder als ›natürliche‹ Tatsache noch als sozialpolitisches Problem einer Randgruppe verstanden, sondern in ihrem Eingebunden-Sein in kulturelle Prozesse analysiert.

> »Einfach gesagt: In welcher Kultur wir leben, welche kulturellen Praktiken wir verwenden, welche kulturellen Formen wir der Realität auferlegen oder in sie eintragen, hat Folgen für die Art, in der die Realität organisiert und gelebt wird. Kulturelle Praktiken tragen zur Produktion des Kontexts als Organisation von Macht bei und konstruieren den Kontext als gelebte Alltagserfahrung von Macht.« (Grossberg 2002: 55f)

Die politische Relevanz von Kultur im Zusammenhang mit ›Behinderung‹ und/oder ›Normalität‹ zu verdeutlichen, ist das erklärte Anliegen des kulturellen Modells. Die kulturell geprägten Bedeutungshintergründe der beiden Begriffe gelten als Grundlagen für die (alltagsweltliche, politische und wissenschaftliche) Wahrnehmung von Menschen mit Behinderungen und für eine gewisse Standardisierung des Empfindens, Denkens und Handelns beeinträchtigten Personen gegenüber. (Vgl. Dederich 2007: 37) Die damit verbundenen kulturellen Muster – die als wesentliche Bestandteile gesellschaftlicher Verbindlichkeiten gelten und dem individuellen Denken und Handeln immer vorausgehen (vgl. Wimmer 2005: 36) – ermöglichen Orientierung, Sinnstiftung und Stabilität.

Die Vermittlung von Deutungen, Wertungen und Vorstellungen geschieht allerdings nicht unabhängig von, sondern im Rahmen gesellschaftlicher Strukturen (vgl. Dederich 2007: 40f) und ist immer mit Machteffekten verbunden. Ausgangspunkt für eine kulturwissenschaftlich orientierte politische Auseinandersetzung mit ›Abweichung‹, ›Behinderung‹ und/oder ›Normalität‹ kann daher nicht gesellschaftliche Differenz an sich sein, sondern vor allem die Frage danach, welche Haltungen, kulturellen Muster und inhaltlichen Positionen gesellschaftlich als relevant gelten und wie sie im Zusammenhang mit Macht- und Ungleichheitsverhältnissen wirksam werden. Die Auseinandersetzung mit der affektiven, moralischen und politischen Bewertung von sozialer Differenz ist dabei ebenso bedeutsam, wie die Analyse von Diskursen, medialen Darstellungen, (politischen) Debatten, Gesetzestexten und institutionalisierten Praxisformen. Denn beides – die Reflexion politischer Prozesse, die ›Abweichung‹, ›Behinderung‹ und/oder ›Normalität‹ thematisieren *und* ein kritisches Nachdenken über die dadurch etablierte symbolische Ordnung – ist erforderlich, wenn es darum geht, gesellschaftliche Wirklichkeiten und kulturelle Regelsysteme zu hinterfragen und nachhaltig zu verändern.

In diesem Prozess beeinflussen die sozialen Perspektiven und Interessen *aller* beteiligten Personen, welche Aspekte des Themas für bedeutsam gehalten und im Anschluss daran (um-)interpretiert werden können. Es geht dabei um

> »eine *durchgesetzte* Ver-Rückung der öffentlichen Bedeutung von Behinderung, nicht nur um eine administrativ verordnete Umwertung. Es geht so gesehen nicht mehr nur darum, Gleichstellung zu gewährleisten und Selbstbestimmung zu ermöglichen, um die Forderung nach Toleranz und Integrationsbereitschaft, um einen Appell an Verständnis und Einfühlungsvermögen. Denn all diese Kategorien können nur von einer Position der Überlegenheit aus artikuliert werden.« (Bruner 2005: 19)

Die sozialen und politischen Verständigungsprozesse, die das kulturelle Modell von Behinderung als gesellschaftsverändernde Strategie vorschlägt, grenzen sich dezidiert davon ab, »homogene Gruppen zu bilden und diese auf der Basis normativer Bewertungen zu hierarchisieren.« (Waldschmidt 2005: 27) Ausgehend von der Anerkennung und Wertschätzung der sozialen Heterogenität beeinträchtigter Personen werden Vereinbarungen angestrebt, »an denen eine größere Anzahl von Personen und Institutionen aufgrund eines historisch entstandenen Wissens beteiligt sind.« (Schönwiese 1995: 1) Die in diesem Zusammenhang entwickelten Diskurse sind von den Wissensbeständen der beteiligten Fachdisziplinen und von institutionalisierten gesellschaftlichen Handlungsformen ebenso beeinflusst, wie von subjektiven Sichtweisen und den – politischen und kulturellen – Artikulationen von Menschen mit Behinderungen selbst. Die große Bandbreite an Bedeutungen, Praktiken und Interessen rund um die Themen ›Abweichung‹, ›Behinderung‹ und ›Normalität‹ spiegelt sich in der Gestaltung des politischen und des alltäglichen Lebens ebenso wider wie in sozialen Interaktionen und kulturellen Repräsentationsformen und kann in ihrer Vielfalt als entscheidend für die Konstitution von ›Behinderung‹ als soziale Kategorie gesehen werden.

»Aus kulturwissenschaftlicher Sicht genügt es nicht, Behinderung als individuelles Schicksal oder diskriminierte Randgruppenposition zu kennzeichnen. Vielmehr geht es um ein vertieftes Verständnis der Kategorisierungsprozesse selbst, um die Dekonstruktion der ausgrenzenden Systematik und der mit ihr verbundenen Realität. Nicht nur Behinderung, sondern auch ihr Gegenteil, die gemeinhin nicht hinterfragte ›Normalität‹ soll in den Blickpunkt der Analyse rücken. Denn behinderte und nicht behinderte Menschen sind keine binären, strikt getrennten Gruppierungen, sondern einander bedingende, interaktiv hergestellte und strukturell verankerte Komplementaritäten.« (Waldschmidt 2005: 25)

Mit dem Ziel, ein vertieftes Verständnis für die kulturelle und gesellschaftsstrukturierende Bedeutung von Prozessen der Kategorisierung und Klassifikation zu entwickeln, wird ›Behinderung‹ ausdrücklich nicht als Negativ- oder Defizitkategorie verstanden, sondern als Bedeutungsphänomen interpretiert. (Vgl. Dederich 2007: 41) Als Effekt von Wissenssystemen, die durch historische und kulturelle Muster und institutionalisierte Handlungsformen entscheidend mit beeinflusst wurden, gilt sie als soziale Kategorie, deren Bedeutungshintergründe grundsätzlich veränderbar sind.

»Sie ist ein ›Produkt‹ oder ›Effekt‹ eines historisch wandelbaren und kulturell bedingten, durch Kommunikation, Kollektivität und Standardisierung verfestigen Wissens, in das Glaubensvorstellungen, Grundüberzeugungen und affektive Gestimmtheiten von Kollektiven eingehen. Behinderung muss in ihrer Abhängigkeit von Kommunikation, Interaktion und sozialen Praktiken, institutionellen Kontexten, medialen Repräsentationen und historisch und kulturell wandelbaren Wahrnehmungs-, Denk- und Handlungsmustern gesehen werden.« (Ebd.)

Insbesondere von der Veränderung kultureller Repräsentationssysteme – also von der Art und Weise, wie ›Behinderung‹ dargestellt und sichtbar wird – versprechen sich kulturwissenschaftliche Ansätze politische Präsenz und Durchsetzungskraft. Dies umso mehr, als ›Bilder‹ von beeinträchtigten Personen und ihren Lebenswelten höchst selten in direkten sozialen Begegnungen entstehen, sondern vorwiegend durch Medien vermittelt werden. Zweifellos kann die gesellschaftliche Perspektive auf Menschen mit Behinderungen nicht ausschließlich als Resultat ihrer marginalen (Medien-) Repräsentanz gelten, bedeutsam aber ist die Frage, *welche* Bilder von ›Behinderung‹ in Erzählungen und visuellen Medien gezeichnet werden. Immer wiederkehrende und sich ständig wiederholende Darstellungen von Schicksalsschlägen, Leidenszuständen und Ausgrenzungs- bzw. Diskriminierungserfahrungen werden kaum in der Lage sein, eine positive Wahrnehmung von Menschen mit Behinderungen zu ermöglichen. Ein affirmativer Bezug zu ›Behinderung‹ und die Betonung der Kompetenzen und Leistungen beeinträchtigter Personen können allerdings durchaus als eine Art des ›Widerstands‹ gegenüber diskriminierenden und geringschätzenden gesellschaftlichen Einstellungen gelesen werden.

Auch wenn jeder der hier geschilderten Ansätze auf spezifische Weise davon ausgeht, dass ›Behinderung‹ ein Problem sei, das – auf unterschiedlichen Ebenen – einer Lösung bedarf, haben sich die damit verbundenen Perspektiven ebenso vervielfältigt wie weit voneinander entfernt. Schon die grundlegende Fragestellung, ob ›Behinderung‹ als ein vorwiegend medizinisches bzw. therapeutisches, ein gesellschaftliches *oder* ein kulturelles Phänomen zu interpretieren sei, legt nahe, dass nur strikt voneinander getrennte Auseinandersetzungen zu ›wahren‹ und privilegierten Erkenntnissen führen könnten. Die unterschiedlichen Zugänge, Grundannahmen und Zielvorstellungen des individualisierenden, sozialen und kulturellen Modells von Behinderung haben jedenfalls zu so großen Kontroversen geführt, dass die gewonnenen Einsichten – so plausibel sie für sich genommen auch sein mögen – aus der jeweils anderen Perspektive nicht mehr ohne weiteres nachvollziehbar sind und demzufolge auch nicht umstandslos geteilt werden können.

»Weder lässt sich im medizinischen Modell die soziokulturelle und historische Erfahrung operationalisieren, noch erlaubt es der Diskurs der Disability Studies, die Natürlichkeit von Behinderung außerhalb soziokultureller und historischer Prozesse und Strukturen zu verorten. Beiden Modellen unterliegt somit die Unterscheidung von Natur und Kultur von Behinderung, die sich gegenseitig ausschließen. Dadurch bleibt die Identität der jeweils eigenen Perspektive gewährleistet: Das medizinische Modell verschreibt sich der exklusiven [...] Natur von Behinderung und gewinnt dadurch kulturelle Bedeutung, und der Diskurs der Disability Studies positioniert sich in Opposition dazu, indem er Behinderung ebenso exklusiv innerhalb und nicht auch außerhalb sozialer Praxis verortet.« (Schillmeier 2007: 81)

Die Tendenz, sich im Rahmen der vorgeschlagenen Blickwinkel auf die Erklärungs- und Lösungsansätze *eines* Modells zu fokussieren, verkennt, dass ›Behinderung‹ ebenso wenig ausschließlich durch gesellschaftliche Verhältnisse und soziale Bedingungen verursacht wird, wie durch individuale oder kulturelle Faktoren. Es handelt sich im Gegenteil um einen Prozess der Wechselwirkung von körperlichen, psychologischen, kulturellen, sozialen und politischen Aspekten – und um einen Prozess, der wesentlich von Menschen mit Behinderungen (mit)gestaltet werden sollte.

1.4 GESCHLECHT

Im Bewusstsein darüber, dass die Erkenntnisse und Argumentationslinien feministischer Forschung und Politik nicht umstandslos auf die Analyse von ›Behinderung‹ übertragen werden können, wird im Rahmen der Disability Studies wiederholt auf das politische Potenzial feministischer Ansätze hingewiesen. Sie könnten – so die erklärte Hoffnung – zu erweiterten Perspektiven, ›neuen‹ Methoden und differenzierteren Einsichten beitragen. Umgekehrt würde auch die Problematisierung der gesellschaftlichen (Macht-)Mechanismen, die behinderte Frauen (und Männer) systematisch mit sozialen Ungleichheiten konfrontieren, einen produktiven Wandel feministischer Theorie- und Praxisentwürfe mit sich bringen. Fokussiert auf die Fragen, wie die zentralen Kriterien sozialer Differenz – Rasse/Ethnie, Klasse und Geschlecht – mit der Kategorie ›Behinderung‹ in Verbindung stehen, wie sie ineinander greifen, sich wechselseitig beeinflussen und zur Verdichtung von Machtbeziehungen bzw. zur Stabilisierung von gesellschaftlicher Benachteiligung *und* Privilegierung beitragen, soll die vertiefte Auseinandersetzung mit ›disability‹ einen Beitrag leisten, um sich der kulturellen, sozialen und gesellschaftlichen Funktion nicht-normativer Lebensweisen systematisch zu nähern.

»In talking about feminist disability theory, I am not proposing yet another discrete feminism but suggesting instead some ways of thinking about disability transforms feminist theory. Integrating disability does not obscure our critical focus on the registers of race, sexuality, ethnicity, or gender, nor is it additive. Rather, considering disability shifts the conceptual framework to strengthen our understanding of how these multiple systems intertwine, redefine, and mutually constitute one another. Integrating disability clarifies how this aggregate of systems operates together, yet distinctly, to support an imaginary norm and structure the relations that grant power, privilege, and status to that norm. Indeed, the cultural function of the disabled figure is to act as synecdoche for all forms that culture deems non-normative« (Garland-Thomson 2004: 76).

Der kritische Bezug auf kulturelle und gesellschaftliche Deutungsmuster, Erwartungshaltungen und Gewohnheiten – in dessen Zentrum das Argument steht, nicht bio-logische Gegebenheiten, sondern kulturelle Muster, gesellschaftliche Organisationsformen, Diskurse und Interaktionsprozesse würden soziale (Ungleichheits-)Verhältnisse entscheidend beeinflussen – gilt als Gemeinsamkeit beider Ansätze. Da die damit verbundenen politischen Auseinandersetzungen meist getrennt voneinander geführt werden und im Bewusstsein, dass nur die wechselseitige Wahrnehmung und Wertschätzung der letztlich doch sehr unterschiedlichen Perspektiven zu erweiterten Erkenntnis- und Handlungsmöglichkeiten führen können, zeichnet der folgende Abschnitt zunächst die zentralen Argumentationslinien feministischer Diskussionen in ihren wesentlichen Zügen nach.

Die Trennung von sex und gender

»Man kommt nicht als Frau zur Welt, man wird es« (de Beauvoirs 1951: 265), schreibt Simone de Beauvoirs – und weiter: »Kein biologisches, psychisches, wirtschaftliches Schicksal bestimmt die Gestalt, die das weibliche Menschenwesen im Schoß der Gesellschaft annimmt.« (Ebd.) Damit wendet sie sich (u.a.) gegen Deutungsmuster, die davon ausgehen, die ›Natur‹ der Frau bestimme in gewisser Weise zwangsläufig ihre gesellschaftliche Stellung und die damit verbundenen Handlungsmöglichkeiten. Das, was Frau- und Mann-Sein in einer Gesellschaft bedeutet, betont de Beauvoirs, sei nicht vom bio-logischen Unterschied zwischen den Geschlechtern abhängig, sondern letztlich von gesellschaftlichen Normen und Werten, geschlechtsspezifischen Erwartungshaltungen und gesellschaftlichen Verhältnissen. Damit weist sie jeden Kausalzusammenhang zwischen Natur und Kultur zurück und begreift soziale Ungleichheit (zwischen den Geschlechtern) als gesellschaftlich bedingt und grundsätzlich als kritisier- und veränderbar. Im Rahmen der Frauenbewegung und -forschung der 1970er und 80er-Jahre findet sich diese Argumentation wieder, wenn *sex* (als anatomisch-biologisch zugeschriebener Status einer Person) und *gender* (als gesellschaftlich geprägter Geschlechtscharakter)[13] analytisch voneinander getrennt werden. Gesellschaftliche Verhältnisse im Allgemeinen – das Geschlechterverhältnis[14] im Besonderen – werden damit nicht mehr als Folge

13 Der Begriff *gender* stammt ursprünglich aus dem medizinischen Kontext und wurde 1956 an der Johns Hopkins University in Baltimore erstmals verwendet, um - im Zusammenhang mit Intersexualität - zu beschreiben, dass nicht das biologische Geschlecht (*sex*) für das Gefühl der Geschlechtszugehörigkeit verantwortlich ist. Wesentliche Bedeutung kommt dabei aber den sozialen und kulturellen Vorstellungen zu, die in gewisser Weise ›bestimmen‹, was unter Frau- und Mann-Sein verstanden wird und Geschlechtsmerkmale und -rollen (gender) ›festlegen‹. (Vgl. Soiland 2007: 48)

14 Der Begriff Geschlechterverhältnis beschreibt »das Ensemble von Arrangements [...], in denen Frauen und Männer durch Formen der Arbeitsteilung, soziale Abhängigkeitsverhältnisse und Austauschprozesse aufeinander bezogen sind. In diesem Insgesamt wird ihnen durch Abgleichung ihrer soziokulturellen Wertschätzung gesellschaftlicher Status und soziales Ansehen zugemessen. Der Modus dieser Relationalität, der angesichts sozialer Ungleichheitslagen zwischen

›natürlicher‹ Differenzen interpretiert, sondern gelten als (veränderbare) politische und kulturelle Effekte der Gesellschaftsorganisation.

Sex

Die Unterscheidung von ›weiblichen‹ und ›männlichen‹ Körpern, von psychologischen Merkmalen und ›Eigenheiten‹ – also sex – wird in feministischen Konzepten zwar kritisiert und als generalisierend zurückgewiesen, grundsätzlich aber bleibt die binäre Unterscheidung der Geschlechter ein – in unserer Kultur – entscheidender, kategorialer Rahmen des (alltagsweltlichen) Denkens und Wahrnehmens, der individuelle und soziale Handlungsorientierungen in hohem Ausmaß beeinflusst. (Vgl. Gildemeister 1992: 61)

»Ohne jede bewusste Überlegung wird davon ausgegangen, dass jeder Mensch entweder weiblich oder männlich sein müsse, was im Umgang erkennbar zu sein hat (Eindeutigkeit); dass die Geschlechtszugehörigkeit körperlich begründet sein müsse (Naturhaftigkeit); und dass sie angeboren ist und sich nicht ändern könne (Unveränderbarkeit).« (Hagemann-White 1988: 30)

So brüchig und zweifelhaft die Annahme einer eindeutigen, naturhaften und unveränderlichen Geschlechtszugehörigkeit – angesichts von Inter-, Transsexualität und Androgynität[15] – auch sein mag: Zweigeschlechtlichkeit ist

---

den Genus-Gruppen auf zentralen Ebenen gesellschaftlicher Partizipation (Verteilung von bezahlter und unbezahlter, hoch dotierter und niedrig vergüteter Arbeit, soziale Sicherung, Prestige, Macht) als nicht egalitär zu charakterisieren ist, strukturiert private Lebenswelten, den Arbeitsmarkt, das Beschäftigungssystem, kulturelle Öffentlichkeiten und politische Arenen.« (Becker-Schmidt 2004: 66)

15 Ethnomethodologische Untersuchungen haben schon in den 1960er Jahren auf Kulturen aufmerksam gemacht, die drei oder mehrere Geschlechter kennen und/ oder einen Wechsel der Geschlechtszugehörigkeit ermöglichen. Auch Judith Lorber weist auf Gesellschaften hin, die mehrere Geschlechter - Männer, Frauen und Berdachen, Hijras oder Xanith - anerkennen: »Berdachen, Hijras und Xaniths sind biologische Männer, die sich als soziale Frauen verhalten und kleiden, als Frauen arbeiten und in fast jeder Hinsicht als Frau behandelt werden; sie sind daher keine Männer, auch keine weiblichen Frauen; sie sind, in unserer Sprache,

ein gesellschaftlich »irreduzibles Faktum« (Gildemeister 1992: 60), das zwar mit vielfältigen sozio-kulturellen Überzeugungen verbunden ist, aber dennoch an den Körper und seine Merkmale gebunden bleibt.

Heteronormativität gilt dabei gleichzeitig als Grundlage und Effekt sozial verankerter Machtverhältnisse und darüber hinausreichend als entscheidend für die Stabilität gesellschaftlicher Ordnungssysteme. Der Begriff benennt »Heterosexualität als Norm der Geschlechterverhältnisse, die Subjektivität, Lebenspraxis, symbolische Ordnung und das Gefüge der gesellschaftlichen Ordnung strukturiert. Die Heteronormativität drängt die Menschen in die Form zweier körperlich und sozial klar voneinander unterschiedener Geschlechter, deren sexuelles Verlangen ausschließlich auf das jeweils andere gerichtet ist.« (Wagenknecht 2007: 17) Damit verbundene normative Ideale und Lebensweisen werden gesellschaftlich und kulturell häufig als ›zwingende‹ Kriterien eines ›gelingenden‹ Lebens interpretiert. Die Reflexion über und der Einspruch gegen die damit verbundenen sozialen Gewissheiten bilden den Ausgangspunkt für die Zurückweisung von Körpernormen und sozialen Konventionen. Auch wenn dies sowohl individuell, als auch auf der gesellschaftlichen und sozialen Ebene meist mit einem hohen transformativen Potenzial in Zusammenhang steht (vgl. Butler 2009: 52), bleiben auch Lebensentwürfe jenseits der heteronormativen Ordnung mit gesellschaftlich dominierenden Machtverhältnissen verknüpft und sind darüber hinausreichend einem kontextbezogenen »Standard der Normalisierung« (Butler 2004: 46) unterworfen.

›männliche Frauen‹. Bestimmte afrikanische und indianische Gesellschaften haben einen gender-Status, der Frauen mit Männerherz heißt - biologische Frauen, die als Männer arbeiten, heiraten und Eltern sind; ihr sozialer Status ist ›weibliche Männer‹ [...] Um die sozialen Pflichten und Vorrechte von Ehemännern und Vätern zu haben, müssen sie sich nicht wie Männer verhalten oder kleiden; was sie zu Männern macht, ist genügend Reichtum, um sich eine Frau zu kaufen.« (Lorber 1999: 60f) In westlichen Gesellschaften findet sich die Überschreitung von Gender-Grenzen in den Erfahrungen mit Transsexualität, Transgender und Intersexualität wieder, die deutlich machen, dass Zweigeschlechtlichkeit weder als eindeutig oder naturhaft noch als unveränderbar konzipiert werden kann.

Gender

Dass Gender – also all das, was innerhalb einer Kultur als ›typisch weiblich‹ und ›typisch männlich‹ gilt – als veränderbares soziales Konstrukt und als Effekt gesellschaftlicher Strukturbedingungen interpretiert werden kann, ist mittlerweile anerkannter Teil des (feministischen) Alltagsverständnisses. Geschlecht – als »a hierarchical division betweeen women and men embedded in both social institutions and social practices« (Jackson/Scott zit. nach Winker/Degele 2009: 44) – mag im Zuge gesellschaftlicher Veränderungsprozesse zwar relativ an Bedeutung verloren haben, die gesellschaftliche Relevanz von männlich und weiblich konnotierten Arbeitsfeldern und die vertikale und horizontale Segregation der damit zusammen hängenden Berufsrealitäten allerdings, stehen auch gegenwärtig außer Zweifel. (Vgl. ebd.: 46)

»Mit diesen strukturellen Differenzierungen entlang der Kategorie Geschlecht lassen sich Lohndifferenzierungen und verschiedene Zugangsmöglichkeiten zu beruflichen Tätigkeiten begründen. [...] Gleichzeitig steht die Kategorie Geschlecht für eine weitgehende Zuordnung von Reproduktionsarbeit an Frauen. Dominierte in den 1960er Jahren [...] primär die Trennung zwischen männlicher Erwerbsarbeit und weiblicher Familienarbeit, ist heute *die Erwerbstätigkeit aller erwerbsfähigen Personen* – unabhängig vom Geschlecht – zum gesellschaftlichen Reproduktionserfordernis schlechthin geworden [...]. Gleichzeitig führen aber – trotz Diskussionen um Krippenplätze und Beteiligung von Vätern an der Kindererziehung – weiterhin vor allem Frauen die überwiegenden Teile der Reproduktionsarbeiten als unbezahlte Zusatzarbeit aus.« (Ebd.)

Den »Verpflichtungscharakter der Geschlechtlichkeit« (Hagemann-White 1988: 28) und die daraus resultierenden sozialen Ungleichheitsverhältnisse zwischen den Geschlechtern in Frage zu stellen, war (und ist) zentrales Thema der Zweiten Frauenbewegung. Dabei steht insbesondere die Kritik an historisch ›gewordenen‹ und gesellschaftlich institutionalisierten Handlungsbedingungen und an geschlechtsspezifischen Erwartungshaltungen im Vordergrund.

»Das soziale Geschlecht ist nicht nur etwas Gemachtes, d.h. etwas durch soziale Agenturen ›Fabriziertes‹, sondern auch etwas Gewordenes, d.h. es ist Resultat historischer Strukturierungsprozesse, die als geschichtlicher Überhang gegenüber dem menschlichen Handeln ihr Eigengewicht und ihre Eigengesetzlichkeit haben. Diese gesellschaftliche Objektivität tritt den Handelnden als sozialer Zwang in Form von institutionalisierten Handlungsbedingungen gegenüber. [...] ›Geschlecht‹ ist nicht einfach eine soziale Konstruktion, sondern vielmehr etwas geschichtlich und gesellschaftlich Konstituiertes.« (Becker-Schmidt 1993: 42)

Perspektiven feministischer Forschung und Politik

Die theoretischen Grundannahmen feministischer Forschung und Politik, die primär auf die Veränderung gesellschaftlicher Strukturen und geschlechtlicher Hierarchien abzielen, haben sich im Laufe der letzten vier Jahrzehnte vervielfältigt und differenziert. Während sich strukturorientierte Perspektiven vorwiegend der Frage widmen, welche gesellschaftlichen Organisationsformen und Bedingungen soziale Ungleichheiten zwischen den Geschlechtern bewirken, sie steuern und beeinflussen, liegt der Fokus (de-) konstruktivistischer Ansätze auf der Analyse von sozialen Diskursen, Repräsentationsformen und normativen Regelsystemen. Interaktionistische Perspektiven hingegen beziehen sich auf intersubjektive Prozesse, die Geschlecht durch soziales Handeln[16] herstellen. Aufgrund der ›leidenschaftlich‹ geführten politischen Kontroversen zwischen den genannten Positionen mag zuweilen der Eindruck entstehen, dass die Ansätze sich wechselseitig ausschließen. Der Versuch, die Auseinandersetzungen mit Geschlecht als Resultat unterschiedlicher – sich wechselseitig beeinflussender – Erkenntnisinteressen zu lesen, die gewählten Analyseebenen (Struktur, Diskurs, Repräsentation, Interaktion und Identität) in Beziehung zu setzen und sie für die Auseinandersetzung mit Macht- und Herrschaftsverhältnissen nutzbar zu machen, gilt als ein Ausgangspunkt intersektionaler Analysen.

---

16 Soziales Handeln gilt als der Gegenstandsbereich der Soziologie. Die wesentliche Frage im unmittelbaren Austausch mit anderen Personen ist die nach den Grundlagen des sozialen Verhaltens und nach den Bedingungen seiner Kontinuität. Sozialen Gruppen, Organisationen, Institutionen oder ›der‹ Gesellschaft im Allgemeinen kommt in dieser Auseinandersetzung eine ebenso große Bedeutung zu wie gesellschaftlichen Normen, Werten und Sinngebungsprozessen. (Vgl. Schäfers 2006: 26)

Strukturorientierte Gesellschaftskritik

Geschlecht gilt im Rahmen gesellschaftskritischer Analysen als zentrales Prinzip sozialer Strukturierung, das in den Bereichen Ökonomie, Politik, Staatlichkeit und in der Privatsphäre verankert und mit sozialen Ungleichheiten untrennbar verbunden ist. Im Rahmen der damit verbundenen Macht- und Kräfteverhältnisse – die systematisch Privilegierungen *und* Benachteiligungen hervorbringen – wird Geschlecht als ein wesentliches Kriterium gesehen, das die Zugangsmöglichkeiten zu sozial wertvollen Gütern, gesellschaftliche Positionen sowie individuelle Lebenschancen und Handlungsmöglichkeiten entscheidend mit beeinflusst. Analytisch stehen weder individuelles Handeln noch die Frage, *ob* und *wie* die soziale Kategorie ›Geschlecht‹ konstruiert ist, im Zentrum der Aufmerksamkeit. Vielmehr fragen strukturorientierte Analysen nach den Prinzipien der gesellschaftlichen Organisation, in deren Rahmen nicht nur die Verteilung der Erwerbsarbeit und des Reichtums erfolgt, sondern auch der Bereich der Reproduktion reguliert wird. Die Besonderheiten weiblicher Lebenszusammenhänge werden allerdings erst dann sichtbar, wenn sie mit den Lebensrealitäten – und sozialen Positionen – von Männern verglichen werden.

»Wir versuchen [...] die verschiedenen Ebenen im Verhältnis zwischen Frauen und Männern zu berücksichtigen: Rollenzuweisungen, geschlechtsspezifische Zuschreibungen, Verhaltensnormierungen und Handlungsorientierungen innerhalb eines bestimmten kulturellen Kontextes, aber auch welcher Platz den Geschlechtern gesellschaftlich zugewiesen wird und wie dies institutionell festgeschrieben wird. Dabei legen wir den Fokus immer auf die Frage danach, wie gesellschaftliche Verhältnisse und individuelles bzw. soziales Verhalten zusammenwirken.« (Becker-Schmidt/Knapp 1995: 36)

Die Auseinandersetzung mit *Relationen* – beispielsweise zwischen individuellem Verhalten und sozioökonomischen Bedingungen, zwischen Diskursen und institutionalisierten Regulierungen, zwischen ökonomischen Strukturen und der sozialen Verortung von Personen und nicht zuletzt auch zwischen Mann und Frau – ist im Zusammenhang mit strukturorientierter Gesellschaftskritik das zentrale und erkenntnisleitende Anliegen. Frauen sind, diesem Ansatz folgend, in spezifischer Art und Weise auf soziale Zusammenhänge bezogen und gelten aufgrund ihrer Geschlechts und Klassenzugehörigkeit als *doppelt vergesellschaftet*.[17] (Vgl. Becker-Schmidt 2003: 2) Da sie (meist) den Großteil der privaten Versorgungsarbeit und Kindererziehung leisten und gleichzeitig am Arbeitsleben teilhaben, wird ihr Arbeitsvermögen in zweifacher Weise gesellschaftlich genutzt. Dabei erfahren sie systematisch strukturbedingte Benachteiligungen und haben – insbesondere in Bereichen, in denen politisch-ökonomisch und soziokulturell wichtige Entscheidungen getroffen werden – deutlich geringere Chancen auf Anerkennung und gesellschaftliche Teilhabe.

»Da geschlechtliche Hierarchisierungen alle sozialen Bereiche durchziehen, erfahren Frauen sowohl im privaten wie im öffentlichen Bereich Diskriminierungen – ihre Existenzmöglichkeiten sind insgesamt im Durchschnitt eingeschränkter als die der Männer.« (Becker-Schmidt/Knapp 1995: 38f)

Geschlechterverhältnisse – also »das Ensemble von Geschlechterarrangements [...], in denen Frauen und Männer durch Abgleichung ihrer gesellschaftlichen Wertigkeit sozialer Status und gesellschaftliches Ansehen zugemessen wird« (Becker-Schmidt 2003: 15), gelten als primäre Bezugspunkte strukturorientierter feministischer Gesellschaftskritik. Sie stellt dichotome und hierarchisierende soziale Konstruktionen in Frage, die in privaten Lebenswelten, im Bereich des Arbeitsmarkts und des Beschäftigungssystems, in kulturellen Öffentlichkeiten und politischen Arenen stereotype Vorstellungen von Weiblichkeit und Männlichkeit hervorbringen und damit hegemoniale Machtverhältnisse zwischen den Geschlechtern stützen. Über Geschlechterdifferenzen hinausreichend beziehen sich feministische Analysen zunehmend auch auf soziale Ungleichheiten *zwischen* Frauen und weisen in diesem Zusammenhang ungleichheitsrelevanten Ka-

---

17 Der Begriff der Vergesellschaftung bezeichnet den hoch komplexen Prozess, »der aus Individuen Gesellschaftsmitglieder macht.« (Becker-Schmidt 2003: 2) Die gesellschaftliche Einbindung von Personen in soziale Zusammenhänge, Kommunikations-, Interaktions- und Kooperationsprozesse »vollzieht sich klassen-, ethnie- und geschlechtsspezifisch; [...] unterliegt sich verändernden sozialhistorischen Bedingungen;« und »ist durch Wissensformen, Arbeit, kulturelle Praktiken, Generativität und politische Partizipationsmöglichkeiten vermittelt.« (Ebd.)

tegorien wie Rasse/Ethnie, Klasse und sexueller Orientierung besondere Bedeutung zu.

Geschlecht als interaktives Handeln

Während ›Gender‹ in strukturorientierten Gesellschaftsanalysen für den Versuch steht, Geschlechterverhältnisse als Machtverhältnisse zu thematisieren, verstehen sozialkonstruktivistische Modelle die Herstellung und Validierung von Geschlecht als interaktive Leistung. Die Ausgangspunkte der beiden Ansätze sind allerdings durchaus miteinander vergleichbar: Beide kritisieren das (alltagstheoretische) Verständnis, das davon ausgeht, Geschlecht sei als bio-logisch gegebenes, identitätsstiftendes Merkmal von Personen zu interpretieren, das die gesellschaftlichen Position und die Lebensmöglichkeiten von Frauen und Männern determiniere. Im Unterschied zu strukturorientierten Analysen fokussiert das, von West und Zimmermann entwickelte, Modell des ›doing-gender‹ die Aufmerksamkeit allerdings auf die Bedeutung kultureller Regelsysteme und intersubjektiver Interaktionen. Geschlechtlichkeit wird diesem Ansatz folgend in komplexen und mehrdimensionalen sozialen Prozessen durch routiniertes, interaktives Handeln immer wieder neu hergestellt.

»Zuweisung und Darstellung von Geschlechtszugehörigkeit und Geschlechtsidentität ist insofern Voraussetzung *und* Ergebnis jeder Interaktion. Wir stellen uns mit unserer Stimme, unserer Gestik, unserem Sprechen, unserer Erscheinung als männlich oder weiblich dar und erwarten, dass diese Darstellung vom Anderen, von den Interaktionspartnern validiert und zurückgespielt wird. Das ›doing gender‹, wie dieser Prozess genannt wurde, ist daher eine permanente, andauernde Praxis von Zuschreibungs-, Wahrnehmungs- und Darstellungsroutinen, die sich lebensgeschichtlich niederschlägt, verfestigt und identitätswirksam wird.« (Gildemeister 2001: 173)

Abhängig von konkreten Situationen und Kontexten müssen Geschlechtszugehörigkeiten und -identitäten einerseits sozial angemessen dargestellt, andererseits aber auch ›gelesen‹ werden können. Im Rahmen sozialer Interaktionen stellt Zweigeschlechtlichkeit ein grundlegendes und handlungsorientierendes Deutungsmuster zur Verfügung, das alltagstheoretisch verankert ist. Der immer wiederkehrende und meist eindeutige Bezug auf die mit Geschlecht assoziierten sozialen Zuordnungen und Geschlechtscharaktere macht deutlich, »dass die prinzipielle Kontingenz der Zweigeschlechtlichkeit zugunsten einer empirischen Stabilität eingeschränkt wird.« (Villa 2006: 122) Denn ausgehend von individuellen Erfahrungen, von der Orientierung am gesellschaftlich geprägten Wissen um Geschlechterdifferenz und abgesichert durch eine Vielzahl von gesellschaftlichen Arrangements, sind die mit Geschlecht verbundenen sozialen Deutungen ein bemerkenswert ›stabiles‹ Produkt des intersubjektiven und alltagsweltlichen Handelns, das in sich hierarchisch strukturiert und untrennbar mit sozialer Ungleichheit verbunden ist.

»Wie interaktiv konstruierte Geschlechter*differenz* und Geschlechter*verhältnis* zueinander stehen, das deuten die sozialen Orte an, in denen konstruiert wird: Institutionelle Arrangements, semiotische Zeichensysteme, Normalisierungsinstanzen wie Wissenschaft und Medizin und schließlich die individuelle Fixierung durch soziale Erinnerungen an das eigene Geschlecht sind Orte der Konstruktionen. Allerdings sind diese von Ungleichheiten und strukturellen Asymmetrien geprägt, die jenseits der verhandelten Geschlechterdifferenz liegen. Dadurch, dass die Konstruktion der Geschlechterdifferenz immer und nur innerhalb sozialer Orte stattfindet, sind sowohl die einzusetzenden Ressourcen wie die sozialen Beziehungen auch von sozialer Ungleichheit betroffen.« (Villa 2006: 134)

»Doing gender is unavoidable« betonen West und Zimmermann (1987: 137) und weisen – sowohl im Zusammenhang mit der Gestaltung persönlicher Beziehungen als auch in Verbindung mit der Verteilung von Macht und Ressourcen – auf die zentrale Bedeutung von Geschlechtskategorien und -charakteren hin. Dabei gilt Geschlecht als gesellschaftliche Institution, »die die Erwartungsmuster für Individuen bestimmt, die sozialen Prozesse des Alltagslebens regelt, in die wichtigsten Formen der sozialen Organisation einer Gesellschaft, also Wirtschaft, Ideologie, Familie und Politik, eingebunden und außerdem eine Größe an und für sich ist.« (Lorber 1999: 41) Im Zusammenhang mit Analysen zu den Themen soziale Ungleichheit und gesellschaftliche Asymmetrien sollte deshalb die interaktive Dimension des ›doing-gender‹ beispielsweise durch eine Auseinandersetzung mit Ökonomie, Gesellschaft und Politik erweitert werden. Die daraus resultierende Sichtbarkeit der Komplexität von Wechselwirkungsprozessen zwischen mikro-, meso- und makrosozialen Ebenen macht die hohe gesellschaftliche

Relevanz von kulturellen und sozialen Regelsystemen, dominierenden Deutungsmustern und von Interaktionen deutlich.

Ausgehend davon, dass nicht nur Geschlecht, sondern auch andere Differenzmerkmale als ungleichheitsrelevant zu interpretieren sind, richtet das Modell des ›doing difference‹ die Aufmerksamkeit auf gesellschaftliche Über- und Unterordnungsverhältnisse, die sich aufgrund von Rasse/Ethnie, Klasse und Sexualität ergeben. Das Argument, Mechanismen der sozialen Differenzierung bzw. Positionierung würden gleichermaßen durch alltägliche, interaktive Leistungen wie durch Macht-und Herrschaftsverhältnisse hervorgebracht, stabilisiert oder verändert, ist auch in diesem Kontext plausibel – ungeklärt bleibt aber, *wie* und *in welchen gesellschaftlichen Bereichen* sich die damit verbundenen sozialen Prozesse zeigen und *mit welchen konkreten Effekten* sie verbunden sind. Und vor allem: wie sie – trotz aller Unvermeidbarkeit – verändert werden könnten.

Diskursorientierte Positionen

Während Modelle des ›doing-gender‹ davon ausgehen, dass sowohl die Darstellung und Interpretation von Geschlecht als auch deren gesellschaftliche Verankerung als Effekte von Interaktionsprozessen zu interpretieren sind, weisen diskurstheoretische Ansätze darauf hin, dass (institutionalisierte) Diskurse der gesellschaftlichen Realität zugrunde liegen und der konkreten, individuellen Erfahrung vorausgehen. Geschlecht gilt in diesem Zusammenhang nicht als vorsozialer, unberührter Teil der Natur oder als gegebene, ursprüngliche und authentische Wirklichkeit, sondern wird – wie jede andere soziale Kategorie auch – mit Wissenssystemen, Wahrnehmungsweisen und der Repräsentation sozialer Wirklichkeiten in Verbindung gebracht.

»Repräsentation ist also nicht die Darstellung oder Vertretung *von etwas*, vielmehr wird Repräsentation […] verstanden als Darstellung im Sinne einer *Herstellung*, einer Produktion, in der das Dargestellte erst in der Darstellung Gestalt annimmt. Repräsentation ist also Konstruktion, sie schafft Wirklichkeit und Wahrnehmungsweisen von Welt *als so und nicht anders gegebene*.« (Hark 2007a: 167)

Die kulturelle und gesellschaftliche Repräsentation von Geschlecht ist aus dieser Perspektive als soziale Konstruktionsleistung zu verstehen, die in der

Lage ist, die ›Natürlichkeit‹ des Körpers diskursiv herzustellen und sie zu objektivieren. Nur durch den kritischen Bezug auf soziale ›Gewissheiten› ist es möglich, dem (vermeintlich) ontologischen Charakter einer ›Natur‹ der Geschlechterdifferenz entgegenzutreten. Zu problematisieren, wie das Verständnis von ›Frau- und Mann-Sein‹ konstruiert wird und woraus die gesellschaftliche Stabilität der damit verbundenen Handlungsorientierungen resultiert, erfordert die ständige Auseinandersetzung mit Wissenssystemen, gesellschaftlichen Normen und Ordnungsmustern, mit Begründungszusammenhängen und Repräsentationsformen. In diesem Zusammenhang werden vor allem jene Körperkonzepte und Geschlechtsvorstellungen hinterfragt, die »die Wirklichkeit und Körperlichkeit, in der das Individuum lebt, vorgeben« und »dem Subjekt vorgängig sind und von diesem ›verkörpert‹ werden.« (Bublitz 2002: 29). Auch wenn die mit Geschlecht assoziierten normativen Vorgaben immer mehrere Deutungsmöglichkeiten enthalten und nicht als determinierend für Verkörperungsprozesse zu verstehen sind, resultiert deren gesellschaftliche Relevanz daraus, dass sie eine Art ›Maßstab‹ vorgeben, an dem sich Individuen orientieren, an dem sie gemessen werden und der als Grundlage ihrer sozialen Anerkennung dient.

Geschlecht und Sexualität gelten als zentrale Ansatzpunkte für Normalisierungsprozesse, die strategisch eng mit Gesetzen, sozialen Regeln und Praktiken verbunden sind. Erst wenn Körper (*sex*), Geschlechtsidentität (*gender*) und Begehren auf eine Art und Weise dargestellt, inszeniert und gelebt werden können, die den kulturspezifischen, sozialen Normen entspricht – sich also im Rahmen des heteronormativen Modells bewegen – gilt Geschlechtlichkeit als ›richtig‹, ›authentisch‹, anerkannt, sinnhaft und ›intelligibel‹. Geschlecht wird in diskurstheoretischen Modellen deshalb nicht als Ursache, sondern – so Hannelore Bublitz in Bezug auf Judith Butler – als *Effekt* und *Wirkung* eines »gegebenen Regimes der (Hetero-)Sexualität« (Bublitz 2002: 64) interpretiert. Die ihm zugrunde liegenden Vorstellungen und Ideale können zwar angenommen, kritisiert, variiert und/oder abgelehnt werden, sind aber eng mit Prozessen der Disziplinierung, Normalisierung und mit gesellschaftlichen Mechanismen des Ein- und/oder Ausschlusses verbunden.

Damit verbundene Selbsttechnologien – »die die Einzelnen in ihrem Glücksstreben, ihren Selbstdefinitionen und Wahrnehmungsweisen [...] steuern« (Bublitz 2001: 265) – können demzufolge nur als Tätigkeit und Improvisation »im Rahmen des Zwangs« (Butler 2009: 9) interpretiert werden. Dabei dienen Prozesse der ›selbstbestimmten‹ Annahme von (geschlechtsspezifischen) Identitätsvorstellungen und Rollenmustern dazu, die gesellschaftliche Ordnung zu stabilisieren. Sie sind eng mit den »Machtwirkungen einer gesellschaftlichen Rationalität und Normativität« (Bublitz 2002: 25) verbunden, die sich vor allem im Inneren der Subjekte manifestieren. Personen, die traditionelle Geschlechterrollen und Geschlechtsidentitäten unterwandern und/oder sie dezidiert zurückweisen und die sich von heteronormativen Geschlechterordnungen kritisch distanzieren, haben sich Wege erarbeitet, um »die subversiven Möglichkeiten von Sexualität und Identität im Rahmen der Macht selbst neu zu überdenken.« (Butler 1991: 57) Subversive Wiederholungen von gesellschaftlichen Normen und die Vervielfältigungen von Geschlechtsidentitäten bieten strategische Möglichkeiten, sozial dominierende Vorstellungen zu verschieben, sie neu zu codieren und letztlich auch, sie zu destabilisieren. Jenseits von Versuchen, gesellschaftliche Strukturen und Lebensverhältnisse durch konkretes Handeln verändern zu wollen, liegt die politische Option diskurstheoretischer Ansätze deshalb vorwiegend auf der sprachlich-symbolischen Ebene: denn das normative System der Zweigeschlechtlichkeit soll vor allem durch subversive Bezeichnungspraxen und Diskurse umgestaltet werden. Ausgehend von der gesellschaftlichen Relevanz der, mit Geschlecht und Heteronormativität verbundenen, sozialen Verständigungsprozesse haben Strategien der Umdeutung, Verschiebung und Vervielfältigung von Diskursen, Normen und sozialen ›Gewissheiten‹ tatsächlich politische Wirkkraft. Ob die damit verbundenen hoch theoretischen und abstrakten Auseinandersetzungen allerdings ausreichen werden, um gesellschaftlichen Diskriminierungsverhältnissen und sozialen Ungleichheiten politisch wirksam entgegenzutreten, ist eine völlig andere Frage.

Da Geschlecht als grundlegendes Prinzip sozialer Strukturierung gilt, können Muster gesellschaftlicher Privilegierung *und* Benachteiligung als Teil einer kulturellen Praxis interpretiert werden, die sich auf mehreren Ebenen zeigt. Diskurse, gesellschaftliche Strukturen, soziale Interaktionen und Selbstverständnisse etablieren ein (kulturspezifisches) Arrangement von miteinander verbundenen und sich wechselseitig beeinflussenden Machtsystemen. Die damit verbundenen sozialen Prozesse führen zu relativ stabilen, gesellschaftlichen Asymmetrien und stehen mit einer ungleichen Verteilung von ökonomischen Ressourcen sowie mit unterschiedlichen Partizipations- und Teilhabemöglichkeiten in Verbindung. Auch wenn sich gegenwärtig eine gesellschaftliche Situation abzeichnet, in der Frauen zwar nach wie vor strukturell benachteiligt sind, sich im sozialen Vergleich aber durchaus in privilegierten Positionen befinden können, werden soziale Ungleichheiten, Statusunterschiede und geschlechtsspezifische Arbeitsteilungen immer noch mit der ›natürlichen Bestimmung der Frau‹ legitimiert. Im Rahmen sozialer Bewegungen und in gesellschaftskritischen Analysen wird dieser Mechanismus der Naturalisierung sozialer Differenz – der sich im Zusammenhang mit ›Behinderung‹ grundsätzlich wiederholt, sich aber auf Beeinträchtigungen bzw. Leistungseinschränkungen und nicht (primär) auf Rollenerwartungen bezieht – entschieden in Frage gestellt und zurückgewiesen. Nicht Biologie, sondern gesellschaftliche Organisationsformen, Machtverhältnisse, Diskurse und Interaktionen gelten vor dem Hintergrund dieser Perspektive als grundlegend für soziale Ungleichheiten zwischen Frauen und Männern und/oder zwischen behinderten und nichtbehinderten Personen. Sie tragen, sich wechselseitig beeinflussend dazu bei, Macht- und Herrschaftsverhältnisse zu stabilisieren. Die Frage, wie diese Faktoren ineinandergreifen, um Personen möglichst ›nutzbringend‹ gesellschaftlich einzuordnen greift der folgende Abschnitt des Textes auf.

1.5 ›Behinderung‹, Normativität und Macht

»Both gender and disability have traditionally been seen as a product of biology« schreibt Meekosha (2004: 11) und distanziert sich anschließend von gesellschaftlichen Mechanismen, die soziale Positionen und Prozesse der Privilegierung bzw. Benachteiligung durch bio-logische Unterschiede legitimieren.

> »Gender as a result of biology has been thought to determine all manner of social behaviours on the part of men and women. In a similar way disability as biology has been seen as determining disabled people's choices and behaviours. In the 1970s feminists attempted to differentiate gender from sex (the social from the biological) to counter the argument of women being naturally inferior and weak. So too disability theorists attempted to separate disability from impairment [...].« (Meekosha 2004: 11)

Der, dem Muster der Unterscheidung von sex/gender folgende Versuch, den bio-logischen Aspekt von ›Behinderung‹ getrennt von den damit verbundenen sozialen Folgen zu thematisieren, soll verdeutlichen, dass ›Behinderung‹ kein naturgegebenes soziales Differenzierungsmerkmal darstellt, sondern eng mit institutionalisierten gesellschaftlichen Organisationsformen und Konventionen verbunden ist. Diese setzen systematisch einen Prozess des ›Behindert-Werdens‹ in Gang, der die sozialen Positionen, konkreten Lebenschancen und die Möglichkeiten der gesellschaftlichen Teilhabe und Partizipation beeinträchtigter Personen negativ beeinflusst.

Die Naturalisierung von Differenz

Während sich die Unterscheidung von sex und gender durch den ihr immanenten Bezug auf physiologische Unterschiede zwischen ›Frau‹ und ›Mann‹ nicht endgültig von biologischen Begründungszusammenhängen lösen konnte (vgl. Villa 2006: 69f), beansprucht das soziale Modell von Behinderung für sich, (kausale) Beziehungen zwischen diagnostizierbaren Schädigungen/Beeinträchtigungen (impairment) und sozialen Benachteiligungen bzw. gesellschaftlichen Barrieren (disability) überwunden zu haben. (Vgl. Waldschmidt 2010: 44)

»The potential for impairment to limit activities is not denied«, betont Carol Thomas in diesem Zusammenhang, »but such restrictions do not constitute *disability*.« (Thomas 2002: 43) Damit weist sie deutlich darauf hin, dass individuelle Lebenserfahrungen zwar untrennbar mit den Folgen körperlicher, mentaler und kognitiver Normabweichungen und Beeinträchtigungen – also mit ›impairment effects‹ – in Verbindung stehen, daraus aber weder die ›Zwangsläufigkeit‹ gesellschaftlicher Verhältnisse abgeleitet werden könne noch Prozesse des ›Behindert-Werdens‹ zu legitimieren seien. Diesen Gedanken greift das soziale Modell von Behinderung auf und verweist mit dem Slogan *»disabled by society not by our bodies«* (Shakespeare/Watson 2002, 6) auf politische Zielsetzungen, in deren Zentrum der Kampf für gesellschaftliche Veränderungen steht. Während sich das politische Handeln der Behindertenbewegung meist darauf konzentriert, gesellschaftliche Strukturen zu reformieren, institutionalisierte soziale Prozesse umzugestalten und diskriminierende Mechanismen bzw. soziale Barrieren zu beseitigen, bleiben Prozesse der Deutung, Bewertung, Kategorisierung und Behandlung des ›beeinträchtigten‹ Körpers – zumindest in öffentlichen

Auseinandersetzungen[18] – weitgehend der Autorität der medizinischen Wissenschaften überantwortet.

»If impairment was the opposite of disability, and disability was socially constituted, then impairment must be biologically constituted. Impairment must, therefore, be taken to refer to that palpable and pathological fleshy object that constitutes the subject matter of medical science. It follows that impairment must be devoid of social meaning and separate from the self. As such, impairment could make claim to epistemological validity only as a form of biological dysfunction, and could be identified solely by the authority of the medical gaze.« (Hughes 2002: 67).

Die Möglichkeit, körperliche, mentale, kognitive Abweichungen durch biotechnologische und medizinische Verfahren zu diagnostizieren, wird in diesem Zusammenhang als vermeintlich (wert)neutrales Instrument der Klassifizierung interpretiert. Dabei unreflektiert von der ›Objektivität‹ medizinischer Erkenntnisse auszugehen, verkennt allerdings die politische Bedeutung der – »im Wesentlichen (noch) unumstrittenen« (Waldschmidt 2007: 59) – Diskursmuster, die Körperdifferenzen meist unabhängig von soziokulturellen Bedingungen und Einflüssen thematisieren. Tatsächlich orientieren sich medizinische Klassifikationssysteme nach wie vor weitgehend an individuellen Defiziten. Aufgrund der Autorität der damit verbundenen Wissenssysteme erweisen sie sich als weitgehend immun gegen kritische Einwände (Vgl. Waldschmidt 2010: 48), die unter anderem darauf hinweisen, dass soziale Ungleichheitsverhältnisse auf diese Art und Weise dethematisiert und ›erfolgreich‹ naturalisiert werden.

»Indeed, it seems politically naive to suggest, that the term ›impairment‹ is value-neutral, that is ›merely descriptive‹, as if there could ever be a description which was not also a *prescription* for the formulation of that to which it is claimed innocently to

18 Shakespeare und Watson weisen darauf hin, dass Vertreter_innen der Disability Studies die Argumentationsmuster des sozialen Modells von Behinderung in öffentlichen Diskursen zwar ›konsequent‹ verwenden, ›behind closed doors‹ die Relevanz leiblicher Erfahrung und individueller Beeinträchtigungen aber durchaus problematisieren und kontrovers diskutieren. (Vgl. Shakespeare/Watson 2002: 6)

refer. Truth-discourses which purport to describe phenomena contribute to the construction of their objects.« (Tremain 2002: 34)

Medizinische Diagnosen und Klassifikationssysteme sind mehr als bloße Beschreibungen persönlicher Merkmale, Auffälligkeiten und Abweichungen. Aus der Perspektive diskurstheoretischer Ansätze gelten sie als soziale Konstruktionen, die untrennbar mit historisch und kulturell spezifischen Wahrnehmungsweisen, Bedeutungszuschreibungen und sozialen Auseinandersetzungen in Verbindung stehen. Insbesondere in den medizinischen Wissenschaften etablieren sich Ordnungssysteme, die für sich beanspruchen, den Körper ›vollständig‹ erfassen zu können. Indem diese ein Wissen über die Regeln der Abweichung entwickeln, konstituiert sich das, was gesamtgesellschaftlich als ›Norm‹ gilt. Normalitätsvorstellungen wiederum beeinflussen die Wahrnehmungsweisen und Handlungsformen der Medizin, der Rehabilitationswissenschaften und der Pädagogik und darüber hinausreichend auch institutionelle Strukturen und gesellschaftliche Regulierungen in hohem Ausmaß. Darüber hinausreichend bleiben sie auch der/dem Einzelnen nicht äußerlich: Denn »die Menschen selbst« werden »von der Klassifikation beeinflusst – und wenn man so will, als eine bestimmte Art von Person sozial konstruiert.« (Hacking 1999: 27)

Die Materialität von Körperlichkeit

Judith Butler geht – bezogen auf Geschlecht – nicht ›bloß‹ davon aus, dass gesellschaftliche Normen, Vorstellungen und Konstruktionen Prozesse der Selbstwahrnehmung und -beschreibung beeinflussen. Ihrem Verständnis nach ist selbst das *biologische* Geschlecht (sex)

»nicht einfach etwas, was man hat, oder eine statische Beschreibung dessen, was man ist: Es wird eine derjenigen Normen sein, durch die ›man‹ überhaupt erst lebensfähig wird, dasjenige, was einen Körper für ein Leben im Bereich kultureller Intelligibilität qualifiziert.« (Butler 1995: 22)

Eng mit sozio-kulturellen Vorstellungen, medizinischen Diskurse und gesellschaftlichen Regulierungen verbunden, kann das biologische Geschlecht demzufolge »nicht [...] als ein körperlich Gegebenes ausgelegt« werden, »dem das Konstrukt des sozialen Geschlechts künstlich auferlegt wird, sondern als eine kulturelle Norm19, die die Materialisierung von Körpern regiert.« (Ebd.: 22f) Die bio-logische Unterscheidung von Frau und Mann ist – dieser Sichtweise folgend – nicht als die Essenz der Geschlechtsidentität (vgl. Gugutzer 2004: 130) zu interpretieren, sondern gilt als *Effekt* und *Wirkung* diskursiv erzeugter ›Gewissheiten‹ und als »regulierendes Ideal«, das durch seine ständige Wiederholung »mit der Zeit zwangsweise materialisiert wird.« (Butler 1995: 21)

»Die Geschlechterdifferenz entwickelt ihre normative Kraft, weil sie als ›Natur des Körpers‹ gilt, und gewinnt ihren Zwangscharakter dadurch, dass sie nur schwerlich einen anderen Blick auf geschlechtlich relevante Phänomene zulässt als eben diesen binär strukturierten. Menschliche Körper werden vergeschlechtlicht, werden zu Geschlechterkörpern, weil wir Körper durch das Raster der Geschlechterdifferenz wahrnehmen: An unseren Blick auf menschliche Körper ist zwangsläufig die Vorstellung der Zweigeschlechtlichkeit gebunden; es gehört zu unserer Idee von Körper, dass er genau ein von zwei möglichen Geschlechtern besitzt.« (Gugutzer 2004: 127)

Die »Macht des Diskurses, diejenigen Phänomene hervorzubringen, welche sie reguliert und restringiert« (Butler 1995: 22), bezeichnet Judith Butler mit dem Begriff *Performativität*. Dieser Prozess der Herstellung sozialer Wirklichkeiten – der nicht als »vereinzelter oder absichtsvoller ›Akt‹ verstanden werden« darf, sondern als eine sich »ständig wiederholende und zitierende Praxis« (ebd.) – ist eng mit gesellschaftlichen Normen und Werten, sozialen Praxisformen und Wissenssystemen verbunden.

---

19 Judith Butler weist darauf hin, dass gesellschaftlichen und/oder kulturellen Normen einerseits eine regulative oder normalisierende Funktion zugeschrieben werden kann, dass sie andererseits aber genau das sind, »was Individuen verbindet, weil sie die Grundlage ihrer ethischen und politischen Ansprüche bilden.« (Butler 2009: 348) Als solche sind sie ein wesentlicher Teil gesellschaftlicher und politischer Verständigungsprozesse, »der jegliche Sozialordnung bedingt und der dieser Ordnung ihren Zusammenhang verleiht.« (Ebd.: 349) Dem entsprechend gelten normative Vorgaben nicht unbedingt als ›regulatives‹ Ideal, das zwangsweise materialisiert werden muss, sondern können jederzeit in Frage gestellt, diskutiert und verändert werden.

»Indem jeder, der/die über Körper und Geschlecht spricht, diese Binarität [zwischen Frau und Mann – Anmerkung MW] zitiert und dies immer wieder tut, gewinnt die Zweigeschlechtlichkeit quasi-ontologischen Status. [...] Butlers De-Ontologisierung des Geschlechterkörpers zielt deshalb darauf zu zeigen, dass der vermeintlich natürliche Geschlechterkörper (*sex*) das Resultat des Diskurses der sozialen Geschlechterdifferenz (*gender*) ist, das biologische Geschlecht mit anderen Worten immer schon ein soziales Geschlecht oder noch kürzer: *sex* das Ergebnis von *gender* ist.« (Gugutzer 2004: 129)

Die ständige Wiederholung von Erklärungsmustern und der fortwährende Bezug auf gesellschaftlich dominierende Vorstellungen und soziale Gewissheiten gelten in der Konzeption Judith Butlers als zentrale Voraussetzungen für die Verkörperung sozialer Normen. Die Genese geschlechtlicher Identitäten ist daher zum Teil entscheidend von alltagstheoretischen und wissenschaftlichen Diskursen und von institutionalisierten Praxisformen abhängig – im selben Ausmaß aber auch von (psychologischen) Prozessen der Identifikation mit normativen Vorgaben und mit deren Annahme oder Zurückweisung. Vor allem Heteronormativität und – damit verknüpft – die diskursiven Mittel, »durch die der heterosexuelle Imperativ bestimmte sexuierte Identifizierungen ermöglicht und andere Identifizierungen verwirft und/oder leugnet« (Butler 1995: 23), gelten in diesem Zusammenhang als entscheidende Bezugspunkte individueller Entwicklung und als Dreh- und Angelpunkt der dominierenden Geschlechter- und Gesellschaftsordnung.

In diesem Zusammenhang ist die, im Rahmen der medizinischen Wissenschaften, immer noch übliche diagnostische Bewertung ›abweichender‹ Lebensentwürfe als höchst ambivalent zu interpretieren. Homosexualität, Transvestitismus und Transsexualität werden im Rahmen der *Internationalen Klassifikation der Krankheiten (ICD-10)* der Rubrik ›Sexuelle Verhaltensabweichungen und -störungen‹ zugeordnet[20]. Als Voraussetzung für die Beanspruchung von Versicherungsleistungen, von medizinischen Behandlungen und finanziellen Unterstützungen sind diese ›Diagnosen‹ zweifellos ›hilfreich‹ und notwendig, allerdings steht mehr als in Frage, ob und inwiefern die beschriebenen Lebensformen – und damit auch der Versuch, ein

20 Entscheidend für die klinische Relevanz von Homosexualität, Transvestitismus und Transsexualität gelten ein erhebliches Ausmaß an persönlichem Leid und die langfristig ›gestörte‹ soziale Funktionsfähigkeit der betroffenen Person.

›selbstbestimmtes‹ Verständnis von Gender zu verwirklichen – als klinisch relevant interpretiert werden können. Zweifellos aber bedeutet der performative – also wiederholte – Bezug auf die ›Störungswertigkeit‹ dieser Lebensformen, »in gewisser Weise für krank befunden zu werden, für unnatürlich, nicht richtig, abweichend, unnormal«. (Butler 2009: 124). Er produziert im Gegenzug vermeintlich klare Vorstellungen darüber, welche Darstellungs-, Klassifizierungs- und Identifizierungsweisen von Geschlecht für sich beanspruchen können, als ›normal‹ zu gelten.

Grundsätzlich scheint es in den Diskursen um Geschlecht *und* ›Behinderung‹ darum zu gehen, spezifische Körpervorstellungen, Wahrnehmungs- und Handlungsweisen zu standardisieren, Identifikationsmuster zur Verfügung zu stellen und – vor allem – ein Vergleichsfeld zu etablieren, in dem ›Normalität‹ strikt vom ›Anormalen‹ getrennt werden kann. Auch wenn Geschlechternormen nicht mit jenen vergleichbar sind, die zur Bestimmung von ›Behinderung‹ herangezogen werden, kann als gemeinsamer Bezugspunkt jedes hierarchisierenden Vergleichs der männliche Körper bezeichnet werden. Er entspräche dem ›Wesentlichen‹, demgegenüber das weibliche Geschlecht bestenfalls als Ergänzung, meist aber als unvollständig und abweichend, erscheint. (Vgl. Schildmann 2003: 29-31) Darüber hinausreichend gelten Heterosexualität, Gesundheit und Leistungsfähigkeit in alltagstheoretischen und wissenschaftlichen Diskursen als relativ beständige Indikatoren für ›Normalität‹.

»*Able-bodied heterosexuality*« stellt – Robert McRuer[21] folgend – eine hegemoniale soziokulturelle Norm dar, die nicht nur die Wahrnehmung des Körpers und den Umgang mit ihm bestimmt, sondern auch spezifische Handlungsweisen nahelegt. Insbesondere durch ihre Bedeutung für gesellschaftliche Organisationsformen sind die damit verbundenen normativen Vorgaben mit institutionalisierten Handlungsvorgaben und mit Prozessen gesellschaftlicher Regulierung verbunden. »Eine Regulierung ist das, was

21 Der Begriff *Able-bodied heterosexuality* wurde von Robert McRuer, einem der Mitbegründer der Queer Disability Studies, eingeführt und benennt, »dass im Allgemeinen körperliche Gesundheit und Leistungsfähigkeit mit (Hetero) Sexualität verbunden wurde und in diesem Sinn eine hegemoniale Norm darstellt.« (McRuer zit. nach Raab 2010: 80)

normalisiert«, schreibt Judith Butler, ist »ein Modus der *Disziplin* und *Überwachung* innerhalb spätmoderner Machtformen« (Butler 2004: 55) und weist damit auf die Bedeutung einer politischen Technologie hin, die sich nicht nur im Rahmen konkreter Gesetze, Regeln und Praktiken zeigt, sondern durch die Verknüpfung der gesellschaftlichen Organisation mit den Machtwirkungen dominanter gesellschaftlicher Normen, Werte und Deutungsmuster wirksam wird. Ausgehend davon, dass mit funktionaler gesellschaftlicher Differenzierung immer auch Mechanismen der Normierung und Normalisierung einhergehen, kann ›Able-bodied heterosexuality‹ als Effekt einer gesellschaftlichen Macht interpretiert werden, der vor allem durch seine Verankerung im (Re-)Produktionsbereich gesellschaftliche Stabilität zu gewährleisten scheint und ökonomische Effizienz verspricht.

1.6 Bodyismen

Jene Werte, Deutungsmuster und Vorstellungen, die – im Rahmen humanwissenschaftlicher Disziplinen – im Zusammenhang mit ›Körper‹ und ›Körperlichkeit‹ entwickelt werden, gelten in den Theorien Michel Foucaults als wesentliche Grundlagen für gesellschaftliche Machtstrategien und Interventionen, die ›Normalität‹ herstellen und/oder Anpassung sicherstellen sollen. Dabei erscheint

> »[d]er Körper [...] nicht mehr als etwas Vorgängiges, als natürlich Gegebenes mit bestimmten objektiven Kennzeichen, an denen dann gegebenenfalls soziale Prozesse als Bewertungen, Stigmatisierungen, Benachteiligungen anschließen. Vielmehr sind umgekehrt die Vorstellungen, Wahrnehmungen, Bewertungen und Praktiken bezogen auf ›körperliche Behinderung‹, sind Körper und Körperlichkeit selbst gesellschaftliche Produkte im Sinne diskursiver Effekte der je herrschenden, für-wahr-genommenen Deutungsrahmen von körperlicher Normalität und Abweichung.« (Gugutzer/Schneider 2007: 38)

Die Machtwirkungen von Diskursen zielen nicht auf den Körper, sondern primär auf den Geist, auf Vorstellungen und Deutungsmuster. (Vgl. Foucault 1976: 129) »[D]iskret, aber mit zwingender Gewissheit« sollen Ideen über den Körper, Vorstellungen und wissenschaftliche Deutungsmuster »im Geiste aller zirkulieren« (ebd.), für-wahr-genommen und zum Ausgangspunkt institutioneller Handlungsvorgaben und gesellschaftlicher Normierungen werden. Da Diskurse, Wissenssysteme und gesellschaftliche Machttechnologien den je Einzelnen nie äußerlich bleiben, sondern sie ›bis in ihr Innerstes‹ beeinflussen, fällt es im Rahmen diskursorientierter Modelle grundsätzlich schwer, von Autonomie oder Selbstbestimmung zu sprechen. Subjekte befinden sich immer im Spannungsfeld zwischen Unterwerfung und Freiheit und nie außerhalb sozialer und gesellschaftlicher Verbindlichkeiten. ›Macht‹ wird in diesem Zusammenhang weder mit Repression noch mit den Privilegien von Personen, Gruppen oder Institutionen assoziiert, sondern mit vielfältigen Kräfteverhältnissen verbunden. Als in sich dynamische und veränderbare Größe gilt sie vor allem als Effekt von gesellschaftlichen Kämpfen, Auseinandersetzungen und Strategien, von politischen Bündnissen und Spaltungen, die sich im Staat, in der Gesetzgebung und in hegemonialen gesellschaftlichen Verhältnissen, Diskursen und Erklärungsmustern zeigt.

»Unter Macht, scheint mir, ist zunächst zu verstehen: die Vielfältigkeit von Kräfteverhältnissen, die ein Gebiet bevölkern und organisieren; das Spiel, das in unaufhörlichen Kämpfen und Auseinandersetzungen diese Kräfteverhältnisse verwandelt, verstärkt, verkehrt; die Stützen, die diese Kraftverhältnisse aneinander finden, indem sie sich zu Systemen verketten – oder die Verschiebungen und Widersprüche, die sie gegeneinander isolieren; und schließlich die Strategien, in denen sie zur Wirkung gelangen und deren große Linien und institutionelle Kristallisierungen in den Staatsapparaten, in der Gesetzgebung, und in den gesellschaftlichen Hegemonien verkörpern. [...] die Macht ist nicht eine Institution, ist nicht eine Struktur, ist nicht eine Mächtigkeit einiger Mächtiger. Die Macht ist der Name, den man einer komplexen strategischen Situation in einer Gesellschaft gibt.« (Foucault 1977: 113f)

Entscheidend ist nicht, wie Macht sich manifestiert, sondern wie sie strategisch ausgeübt wird. (Vgl. Foucault 2005: 251) Als »ein Ensemble aus Handlungen, die sich auf mögliches Handeln richten« bietet sie »Anreize, verleitet, verführt, erleichtert oder erschwert, sie erweitert Handlungsmöglichkeiten oder schränkt sie ein, sie erhöht oder senkt die Wahrscheinlichkeit von Handlungen und im Grenzfall erzwingt oder verhindert sie Handlungen, aber stets richtet sie sich auf handelnde Subjekte, insofern sie handeln oder handeln können.« (Ebd.: 256) Strategisch von Vorteil ist es freilich, wenn gesellschaftliche Macht mit positiven Wirkungen für das Subjekt in Verbindung steht.

> »Denn wenn die Macht nur die Funktion hätte zu unterdrücken, wenn sie nur im Modus der Zensur, der Ausschließung, der Absperrung, der Verdrängung nach Art eines mächtigen Über-Ichs arbeiten, wenn sie sich nur auf negative Weise ausüben würde, wäre sie sehr zerbrechlich. Stark aber ist sie, weil sie positive Wirkungen auf der Ebene des Begehrens [...] und auch auf der Ebene des Wissens hervorbringt.« (Foucault 2005: 78)

Die Wirksamkeit von Machtstrategien hängt – folgt man diesem Zitat – davon ab, dass sie subjektiv gerade nicht als Repression oder als Verdoppelung physischer Zurichtungsprozeduren (vgl. Lemke 1997: 115) wahrgenommen und erlebt werden, sondern netzwerkartig wirken, sich überlagern, kreuzen und begrenzen, sich aufheben oder wechselseitig verstärken. Entscheidend ist auch, dass Machtstrategien mit Wissenssystemen verbunden sind und sie erweitern – ihre Wirkkraft erklärt sich allerdings vor allem dadurch, dass sie am – wie auch immer gearteten – ›Begehren‹ von Subjekten ansetzen und deren Handlungsmöglichkeiten vergrößern.

Vor diesem Hintergrund und ausgehend von gesellschaftlichen Werthierarchien entwickeln sich – zumindest tendenziell – »Herrschaftsverhältnisse zwischen Menschengruppen aufgrund körperlicher Merkmale« (Winker/Degele 2009: 51), die mit dem Begriff *Bodyismen* bezeichnet werden können. Vor allem, wenn Leistungsfähigkeit, Selbstdisziplinierung und Autonomie gesellschaftlich gefordert und diskursiv als entscheidende persönliche Tugenden vertreten werden, gelten Jugendlichkeit, Fitness, Gesundheit und Attraktivität als erstrebenswerte Ziele und als individuelle (Lebens-)Aufgaben. So gesehen wird eine möglichst ›tadellose‹ Körperlichkeit als Ausdruck des persönlichen Verantwortungsbewusstseins und einer ›angemessenen‹ Lebensführung interpretiert, der sich positiv auf individuelle Verwirklichungschancen und Lebensmöglichkeiten auswirken soll. Mit der mentalen Ausrichtung auf die damit verbundenen Ideale,

> »geht eine subtile Verinnerlichung erwünschter Körpernormen einher – und die immer weniger tabubrechende Frage nach ›brauchbaren‹, ›nützlichen‹ und ›um/ formbaren‹ Körpern. So sind sowohl Alter wie körperliche Verfasstheit, Gesundheit und Attraktivität in den letzten Jahrzehnten in Arbeitszusammenhängen immer bedeut-

samer geworden und entscheiden über die Verteilung von Ressourcen.« (Winker/Degele 2009: 40)

Ausschließlich durch Prozesse der Identifizierung *mit* und der Verinnerlichung *von* erwünschten Körpernormen können allerdings weder Statusunterschiede zwischen Personen, noch die Wechselwirkungen von strukturellen gesellschaftlichen Bedingungen, Diskursen und Interaktionen hinreichend erklärt werden. Ausgehend davon, dass die Auseinandersetzung mit körperlichen Normen und Idealen, mit signifikanten kulturellen Skripten und gesellschaftlichen Erwartungshaltungen nicht nur individuell bedeutsam, sondern auch institutionell verankert ist, wird nachvollziehbar, dass die ständige Selbstbeobachtung, die Prüfung und Optimierung des Verhaltens nicht nur in privaten, sondern auch in beruflichen Kontexten zunehmend an Relevanz gewinnen. Die (relative) Anpassung an normative Vorgaben und Erwartungsmuster verspricht Selbstzufriedenheit, soziale Anerkennung und häufig auch ein gewisses Ausmaß an Privilegierung. Im Gegenzug wird die Nicht-Erfüllung von (körperbezogenen) Normen und Idealen häufig zur Legitimation von sozialen Ungleichheiten herangezogen.

»So diversifiziert die Kategorie Körper die Stellung im Produktionsprozess, vor allem den Zugang zum Erwerbsarbeitsmarkt [...]. Gefragt sind körperlich gesunde Arbeitskräfte. Krankheiten und körperliche Behinderungen wirken sich negativ auf die beruflichen Erfolgschancen aus [...]. Gesundheit gilt nicht mehr als göttliche Gabe, sondern als durch individuelle Lebensführung erlangbares Gut. Körper sind unter Optimierungszwänge gefallen, hier schlägt das Leistungsprinzip durch wie sonst nur bei Klasse.« (Winker/Degele 2009: 49)

Allein die Tatsache, dass Personen aufgrund ihrer körperlichen Merkmale und Möglichkeiten häufig klar definierte soziale Positionen und Arbeitsbereiche zugewiesen bekommen, zeigt, wie eng körperbezogene Normen mit gesellschaftlicher Funktionalität und ökonomischer Effizienz verbunden sind. Die damit verbundenen Handlungserwartungen sind zunehmend nur unter der Voraussetzung erfüllbar, dass Personen bereit und in der Lage sind, ihren Lebensstil und individuelle Leistungsmöglichkeiten und/oder den Körper und seine Produktivität immer weiter zu optimieren. Die funktional differenzierte gesellschaftliche Organisation orientiert sich dabei vorwiegend an den Möglichkeiten jüngerer, leistungsfähiger Personen und bezieht sich – im Interesse der gesellschaftlichen Stabilität und der (ökonomischen) Weiterentwicklung – strukturell auf deren Bedürfnisse. Im Rahmen der damit verbundenen Macht- und Subjektivierungsprozesse geht es explizit nicht (nur) um die repressive Durchsetzung von Leistungsansprüchen, sondern um die ›innere Verpflichtung‹ der Einzelnen bezogen auf Handlungsvorgaben und -erwartungen und darüber hinausreichend auch um soziale Wertschätzung und Anerkennung.

Diese Zusammenhänge vor dem Hintergrund neo-liberaler Politikentwicklungen zu thematisieren, ohne gleichzeitig soziale Kategorien wie Alter, Geschlecht, sexuelle Orientierung, Behinderung, Leistungsfähigkeit und/oder Gesundheit analytisch mit einzubeziehen, verkennt in hohem Ausmaß die gesellschaftsstrukturierende Bedeutung körperbezogener Differenzierungsmerkmale. Auch wenn in politischen Diskursen und Kontroversen gegenwärtig immer wieder betont wird, dass es grundsätzlich darum ginge, Gleichheitsansprüche für alle verwirklichen zu wollen, werden gleichzeitig soziale Privilegierungen und Benachteiligungen, eingeschränkte Lebenschancen und die ungleiche Verteilung von sozialen Gütern und Ressourcen immer wieder mit ›natürlichen‹ Unterschieden zwischen Personen begründet und/oder durch (vermeintliche) funktionale Notwendigkeiten des gesellschaftlichen Systems legitimiert. In diesem Zusammenhang wird eine Vielfalt von gesellschaftlichen Kräfteverhältnissen sichtbar, die auf unterschiedlichen Ebenen miteinander vernetzt sind, in Wechselwirkung zueinander stehen und mit spezifischen Machteffekten verbunden sind. Gesellschaftlich erwünschte und geforderte Einstellungen/Handlungen sind in gewisser Weise als *Effekte* des Zusammenwirkens von Diskursen, sozialen Verständigungsprozessen, strukturellen gesellschaftlichen Bedingungen und von Prozessen der Identifizierung mit sozialen Erwartungen/Handlungsvorgaben zu interpretieren. Während Normentsprechung gesellschaftlich mit Wertschätzung und Anerkennung verbunden ist, führen Abweichungen häufig zu Ablehnung und Geringschätzung und sind meist mit erheblichen sozialen Benachteiligungen verknüpft. Die Fragen, welche sozialen Problemlagen und Sachverhalte als besonders ungleichheitsrelevant gelten, welche konkreten Ursachen für soziale Ungleichheiten verantwortlich gemacht werden könnten und welche Funktion sie für die soziale, ökonomische und politische Ordnung haben, werden im Rahmen dieser Arbeit nur ansatzweise beantwortet. Was der folgende Textabschnitt versucht, ist eine Annäherung an den – historisch sehr unterschiedlich umschriebenen –

Begriff der sozialen Ungleichheit. Er greift ausgewählte Aspekte, zentrale Aussagen, Leitgedanken und Argumentationslinien ungleichheitssoziologischer Forschung auf, um deren Relevanz bezogen auf ›Behinderung‹ und Geschlecht zu verdeutlichen.

2. Soziale Ungleichheiten

Sozialwissenschaftliche Diskurse über soziale Differenzen und (Un-) Gleichheiten beziehen sich auf komplexe Fragestellungen und verfolgen unterschiedliche Perspektiven: Relationen zwischen Personengruppen und deren Lebenslagen, Sozialstrukturen und gesellschaftliche Steuerungs- und Kontrollmechanismen, Fragen des Lebensstils und der Handlungsorientierung stehen im Mittelpunkt eines (politischen) Diskurses, der zwar die Veränderbarkeit des Gesellschaftlichen betont, dabei aber höchst divergierende Vorstellungen von sozialer Gerechtigkeit entwickelt hat. Im Hintergrund der ungleichheitssoziologischen Kontroverse, die sich vorwiegend auf die »ungleiche Verteilung sozialer Lebenschancen, Güter oder Handlungsmöglichkeiten« (Cyba 2000: 66) bezieht, steht letztlich aber immer die Suche nach Konzepten des ›guten‹ Lebens. Sie sollen in der Lage sein, Rechtssicherheit und Chancengleichheit zu ermöglichen, Armut und existentielle Notlagen zu verhindern und Benachteiligungen zu vermeiden.

Während der Begriff *Differenz* in diesem Zusammenhang die (graduellen) Unterschiede zwischen Personen bzw. sozialen Gruppen und die Besonderheiten ihrer Lebenslagen und Erfahrungshintergründe bezeichnet, problematisiert *soziale Ungleichheit* gesellschaftliche Mechanismen und Prozesse, die »Menschen im Vergleich zueinander gleich-, besser- oder schlechter-, höher- oder tiefergestellt, als gleichberechtigt, bevorrechtigt oder benachteiligt, d.h. als *ungleich* erscheinen lassen.« (Hradil 2001: 25) Im Fokus der Auseinandersetzung steht zweierlei: erstens, die strukturell verankerte, ungleiche Verteilung gesellschaftlicher Ressourcen und zweitens, Prozesse der Zuweisung von Individuen auf sozial ungleichwertige Positionen. Das darüber hinausreichende Verständnis ist allerdings höchst unterschiedlich. Im Rahmen soziologischer Perspektiven wird von sozialer

Ungleichheit gesprochen, »wenn Menschen aufgrund ihrer Stellung in sozialen Beziehungsgefügen von den ›wertvollen Gütern‹ einer Gesellschaft regelmäßig mehr als andere erhalten.« (Ebd.: 30) Kontrovers diskutiert werden allerdings die Fragen, *welche* Güter als ›wertvoll‹ für konkrete Lebens- und Handlungsbedingungen bzw. als unverzichtbar für ein Leben in ›Würde‹ bewertet werden können und selbstverständlich auch, *nach welchen Kriterien* sie zuerkannt werden sollen.

Ausgehend davon, dass die Verteilung von Privilegien und die Möglichkeiten, Lebenschancen zu nutzen, wesentlich von ökonomischen Ressourcen, politisch-rechtlichen Regelungen und gesellschaftlichen Machtverteilungen bestimmt sind, stellt sich die Frage, welche konkreten Faktoren soziale Ungleichheiten beeinflussen. Ansätze, die von einer gewissen Kontinuität gesellschaftlicher Ungleichheitsmuster ausgehen, beziehen sich in diesem Zusammenhang meist auf Indikatoren wie (Aus-)Bildung, Beruf, Einkommen und betonen die gesellschaftsstabilisierende Bedeutung sozialer Sicherungssysteme. Modelle, die die Relevanz gesellschaftlicher Veränderungs- und Wandlungsprozesse hervorheben – und deshalb Mechanismen der gesellschaftlichen Differenzierung bzw. Pluralisierung zu entscheidenden Ausgangspunkten der Analyse erklären – schreiben dem Erwerbsleben einen immer geringer werdenden Einfluss auf die gesellschaftliche Sozialstruktur und auf den Status einer Person zu und beziehen sich im erhöhten Ausmaß auf kulturelle Repräsentationsformen und soziale Kategorien wie Rasse/Ethnie, Geschlecht, Alter, Sexualität, Nationalität und Behinderung.

2.1 ALL DIFFERENT – ALL EQUAL?

Im Zuge der Auseinandersetzung mit sozialen Ungleichheiten entsteht häufig der Eindruck, dass soziale Positionen einerseits als unveränderliche Effekte individueller Persönlichkeitsmerkmale gesehen und andererseits als Konsequenz notwendiger gesellschaftlicher Regulierungen interpretiert werden. Die systematische In-Frage-Stellung der damit verbundenen Deutungsmuster – die soziale Ungleichheiten häufig auf ›naturgegebene‹ Unterschiede zurückführen und sie damit als ›schicksalshaft‹, ›gottgegeben‹ und weitgehend unveränderlich gesellschaftlich auf Dauer stellen – gilt als ein gemeinsames Anliegen kritischer sozialwissenschaftlicher Perspektiven und sozialer Bewegungen. Ausgehend davon, dass hierarchisierende gesellschaftliche Prozesse – die von einer gewissen *Ungleichwertigkeit* individueller und kollektiver Lebenslagen ausgehen und sie zunehmend stabilisieren – mit weitreichenden Einschränkungen bezogen auf materielle Güter und soziale und kulturelle Lebensgestaltungsmöglichkeiten verbunden sind, setzen sich kritische Positionen das Ziel, gesellschaftliche Institutionen und soziale Handlungsformen zu verändern, um (politische) Anerkennung, Präsenz und gleichberechtigte Teilhabe auch für marginalisierte Gruppen sicherzustellen.

Eine rein ethisch motivierte Anerkennung von Differenz allerdings würde – zumindest tendenziell – Gefahr laufen, die Bedeutung gesellschaftlicher Machtdynamiken und Dominanzverhältnisse auszublenden, die mit sozialen Ungleichheitsverhältnissen immer verbunden sind. Ausgehend von der Wertschätzung radikaler Pluralität bzw. von der »unhintergehbaren Eigenart differenter Lebensweisen und Wissens- und Denkformen« (Prengel 1995: 49), betont Annedore Prengel das Recht jeder sozialen Gruppe, gesellschaftlich sichtbar, anerkannt und wirksam zu sein. Die damit intendierte »Gleichwertigkeit des Differierenden« (ebd.: 47) und ihre Deutung als gesellschaftliche Bereicherung und Herausforderung, zielen – politisch gesehen – zunächst auf die Wahrnehmung und Sichtbarkeit der gesellschaftlichen Situation und der politischen Anliegen sozial marginalisierter Gruppen und Personen ab.

> »Insofern bestimmt nicht mehr länger nur die Versorgung mit Gütern, Bildung und Einkommen die Lebenslage des einzelnen. Vielmehr scheint es auch von erheblicher Bedeutung für die Lebenssituation jedes Individuums zu sein, ob es wahrgenommen und damit sichtbar wird. Die Alternative zwischen Sichtbarkeit und Unsichtbarkeit zieht gewissermaßen eine Trennlinie in die Gesellschaft ein.« (Schroer 2007: 258)

Soziale Ungleichheiten und gesellschaftliche Über- und Unterordnungsverhältnisse sind nicht ausschließlich als Effekte ökonomischer, rechtlicher und/oder institutioneller Vorgaben zu bewerten. *Ein* Dilemma sozialer Marginalisierung nämlich liegt darin, dass die damit verbundenen Fragestellungen, Interessen und Anliegen häufig weder gesellschaftlich wahrgenommen noch politisch aufgegriffen werden. Dabei gelten gerade die *Sichtbarkeit* von und die *Kritik* an prekären Lebensbedingungen als wesentliche Grundvoraussetzungen dafür, politische Forderungen bewerten zu können, sie als berechtigt zu definieren und konkrete Maßnahmen zur Verbesserung der gesellschaftlichen Situation marginalisierter Personen und/oder Gruppen zu ergreifen. Die Möglichkeit, sich im öffentlichen Raum Gehör zu verschaffen, ergibt sich allerdings erst dann, wenn soziale Problemlagen als gleichwertig anerkannt werden und wenn die damit verbundenen politischen Anliegen darüber hinausreichend auch (breite) Resonanz und Zustimmung auslösen.

»Wenn man Anerkennung als eine Angelegenheit der Gerechtigkeit betrachtet, behandelt man sie zugleich als ein Problem des *Status*. Das heißt wiederum, dass man institutionalisierte kulturelle Bewertungsschemata anhand ihrer Auswirkungen auf den *relativen Rang* der sozialen Akteure untersucht. Sobald solche Muster die Akteure als *Gleichrangige* klassifizieren, die untereinander in ebenbürtiger Weise am Gesellschaftsleben teilzuhaben vermögen, können wir von wechselseitiger Anerkennung und von einer *Gleichheit des Status* sprechen. Wenn hingegen institutionalisierte kulturelle Wertschemata einige der Akteure als minderwertig brandmarken, wenn sie diese ausschließen, ihnen die Rolle des ›anderen‹ übertragen oder sie gleich ganz von der Bühne sozialer Interaktion verschwinden lassen, sie also nicht als gleichberechtigte Partner gelten lassen, dann sollten wir von *mangelnder Anerkennung* und *statusmäßiger Benachteiligung* sprechen.« (Fraser 2003: 45)

Soziale Ungleichheitsmuster werden vor dem Hintergrund gesellschaftlich relevanter Normen, Werte und Bewertungsmaßstäbe etabliert, die nicht nur die Sozialstruktur der Gesellschaft, sondern auch politische Verständigungsprozesse, soziale Interaktionen und individuelle Selbstverständnisse entscheidend mit beeinflussen. Dem entsprechend kann selbst das persönliche Erleben von Anerkennung und Wertschätzung – bzw. von Ablehnung und Missachtung – nicht ausschließlich als Gefühl, als Überzeugung und/oder als bloße ›Befindlichkeit‹ interpretiert werden (vgl. Wagner 2005: 139f), sondern stellt eine wesentliche – in intersubjektiven Interaktionen hergestellte – Bedingung gleichberechtigter gesellschaftlicher Teilhabe dar.

»Diese Bedingung schließt alle Wertmuster aus, die planmäßig bestimmte Gruppen von Menschen und die mit ihnen verbundenen Eigenschaften herabsetzen. Ausgeschlossen sind, anders gesagt, alle Wertmuster, die bestimmten Menschen den Status eines vollwertigen Partners in der Interaktion verwehren – entweder, indem sie ihnen eine extreme ›Andersheit‹ zuschreiben und sie damit belasten, oder indem sie sich weigern, ihre charakteristischen Eigenheiten zu akzeptieren.« (Fraser 2002: 5)

Die Beantwortung der Frage, wie die mit Anerkennungsverhältnissen zusammenhängenden kulturellen Wertmuster und Normen »in ihrer Wirkung auf die *Einordnung* der gesellschaftlichen Akteure« (Fraser 2002: 7) einzuschätzen sind, wäre aus dieser Perspektive hilfreich, um Möglichkeiten der gesellschaftlichen Teilhabe oder Prozesse der Exklusion kritisch zu reflektieren. Dabei entscheidet die Art und Weise, *wie* – und vor allem *von wem* – gesellschaftliche Realitäten beschrieben und in welchem Ausmaß sie repräsentiert werden, häufig über die Bewertung der Relevanz politischer Einschätzungen, Argumentationsmuster und Anliegen. Aktives Handeln gegen soziale und gesellschaftliche Hierarchisierungen erfordert nicht nur öffentliche Diskurse und politische Bündnisse, auch *innerhalb* politischer Kontexte ist es notwendig, unterschiedliche Lebensmöglichkeiten, soziale Ungleichheitsverhältnissen und Statusunterschiede wahrzunehmen und sich bewusst mit ihnen auseinander zu setzen. Ein respektvoller – durchaus aber auch kritischer – Bezug auf die vielfältigen Hintergründe der beteiligten Personen könnte politische Prozesse ermöglichen, die den Konflikt nicht scheuen, neue Perspektiven entwickeln und klare Stellungnahmen erlauben. Erst dadurch ist eine entscheidende Voraussetzung für gemeinsam getragene (politische) Initiativen gegeben, die nicht ›nur‹ auf ethisch motivierte Anerkennung von Differenz abzielen, sondern, darüber hinausreichend, auch eine Veränderung und Verbesserung gesellschaftlicher Verhältnisse erreichen möchten.

2.2 MODELLE SOZIALER UNGLEICHHEIT

Gegenwärtig steht die wissenschaftliche Auseinandersetzung mit sozialen Ungleichheitsverhältnissen vor vielfältigen und weitreichenden Herausforderungen. Denn einerseits unterliegen hierarchisierende gesellschaftliche Mechanismen grundsätzlich dem sozialen Wandel, andererseits haben die Sichtweisen, Überlegungen und Erklärungen ungleichheitssoziologischer Forschung aber auch zu unterschiedlichsten Konzepten geführt, die häufig mit erheblichen Kontroversen einhergehen. Der folgende Textabschnitt greift wesentliche Aspekte des Diskurses auf und verweist auf ausgewählte Fragestellungen, die sich im Rahmen einer intersektionalen Auseinandersetzung mit Behinderung, Geschlecht und sozialer Ungleichheit ergeben.

Klasse, Schicht und gesellschaftliche Differenzierung

Ausgehend von ungleichheitsrelevanten Faktoren wie Bildung, Beruf, Besitz und Einkommen lassen sich in ›klassischen‹ Modellen der Ungleichheitssoziologie[1] klar voneinander abgegrenzte soziale Gruppen – Klassen, Schichten oder Stände – identifizieren, die mit hierarchisch gegliederten Erwerbspositionen und mit unterschiedlichen Mustern sozialer, ökonomischer und kultureller Lebensführung korrespondieren. Soziale Ungleichheit liegt, diesen Modellen folgend, vor, wenn Menschen aufgrund ihrer Erwerbsarbeit, ihrer Position am Arbeitsplatz und ihrer beruflichen Qualifikation über ein größeres Ausmaß an Ressourcen verfügen als andere.

»Die Wahl von Einkommen als zentralem Kriterium scheint eher dem gesellschaftlichen ›*common sense*‹ von Gerechtigkeitsvorstellungen zu entsprechen. Denn wenn die Gerechtigkeitsforschung auf Einkommen fokussiert und daran Fragen nach Leistungs- versus Bedarfsgerechtigkeit und nach dem Ausmaß staatlicher Eingriffe in die Marktverteilung anknüpft, so greift sie genau jene Fragen auf, welche die öffentlichen Diskussionen über Gerechtigkeit dominieren – die ›legitimen‹ Fragen über Gerechtigkeit.« (Ludwig-Mayerhofer 2004: 94)

Die ungleiche Verteilung von Einkommen und Besitz, die Logik des (Arbeits-)Marktes bzw. die Ansatzpunkte und das Ausmaß staatlicher Interventionen gelten in diesem Entwurf als entscheidende Instanzen sozialer Ungleichheit und als die zentralen Bezugspunkte der Diskussion. Dass sich aus Besitzverhältnissen und Statusunterschieden mit hoher Wahrscheinlichkeit objektive Interessensgegensätze und Konflikte zwischen sozialen Gruppen ergeben, wird dabei als ›Motor‹ des gesellschaftlichen Wandels und des Fortschritts interpretiert. Insbesondere eine für soziale Gruppen/Klassen und Schichten charakteristische Lebensführung soll garantieren, dass Personen »in bestimmten, sozial bedeutsamen Zusammenhängen

1 Als ›Klassiker‹ der ungleichheitssoziologischen Diskussion gelten vor allem Max Weber, Karl Marx und Theodor Geiger, die ihre Fragen stets im Zusammenhang mit einer allgemeinen Analyse moderner Gesellschaften stellen und dabei ökonomische Zusammenhänge ins Zentrum der Auseinandersetzung rücken.

als einander über- und untergeordnet behandelt werden« (Parsons zit. nach Burzan 2011: 32) und soll, darüber hinausreichend, individuelle Handlungsorientierungen, soziale Zugehörigkeiten und Anerkennung sicherstellen.

Vor dem Hintergrund der Anforderungen des kapitalistischen Systems und angesichts der damit verbundenen funktionalen ›Notwendigkeiten‹, gelten soziale Ungleichheiten häufig als unverzichtbar. Um zu gewährleisten, dass Personen durch entsprechende Rollendifferenzierungen möglichst effektiv in das gesellschaftliche ›Ganze‹ eingebunden werden – und damit »die wichtigsten Positionen von den fähigsten Personen gewissenhaft ausgefüllt werden« (Davis/Moore zit. nach Burzan 2011: 34) – sollen Frauen und Männer jene Normen und Werte verinnerlichen, die gesellschaftlich dominieren und als funktional, effektiv und nutzbringend gelten. In diesem Sinne dient Normentsprechung einerseits dem sozialen Ansehen einer Person und der Befriedigung eigener Interessen, und sichert andererseits – freilich unter der Voraussetzung, dass soziale Ungleichheiten in einem gewissen Ausmaß bewusst in Kauf genommen werden – die (ökonomische) Stabilität der dominierenden gesellschaftlichen Ordnung.

Angesichts der Pluralisierung von Lebensformen und -möglichkeiten stellt sich allerdings die Frage, ob die Vorstellung einer durch Besitz und Einkommen begründeten gesellschaftlichen Hierarchie tatsächlich in der Lage ist, gegenwärtige soziale Entwicklungen differenziert zu erfassen. Kritische Positionen fordern deshalb zunehmend dazu auf, andere Dimensionen sozialer Ungleichheit – wie beispielsweise den individuellen Lebensstil und die Zugangsmöglichkeiten zu Ressourcen und sozialen Positionen – analytisch mit zu berücksichtigen.

»Vielleicht stellt die mit der Berufshierarchie verknüpfte Schichtungsstruktur nach wie vor den ›harten Kern‹ des Gefüges sozialer Ungleichheit in fortgeschrittenen Industriegesellschaften dar. Insgesamt kann es aber kaum mehr als Schichtungsgefüge beschrieben werden. Dazu spielen außerökonomische Ursachen, außerberufliche Determinanten, ›neue‹ Dimensionen, komplexe Soziallagen und nichtdeterminierte Milieu- und Lebensstilbindungen eine zu wichtige Rolle.« (Hradil zit. nach Burzan 2011: 69)

Lebensstil und die Pluralisierung von Lebenslagen

Diesen Einwänden folgend, gehen ›neuere‹ Modelle der Ungleichheitssoziologie von einer weitgehenden Differenzierung, Pluralisierung und Individualisierung von Lebenslagen aus und betonen die gesellschaftsstrukturierende Bedeutung horizontaler Merkmale wie Alter, Bildungsniveau und Geschlecht. Sie konzentrieren sich dabei vorwiegend »auf die Prinzipien, Ziele und Routinen, nach denen die Einzelnen ihr Leben relativ beständig ausrichten.« (Hradil zit. nach Burzan 2011: 92) Mit der Orientierung auf den Lebensstil und den »regelmäßig wiederkehrende[n] Gesamtzusammenhang der Verhaltensweisen, Interaktionen, Meinungen, Wissensbestände und bewertenden Einstellungen eines Menschen« (Hradil 2001: 46), rückt die Bedeutung ökonomisch bedingter gesellschaftlicher Hierarchisierungen eindeutig in den Hintergrund. Im Zentrum der Auseinandersetzung steht dementsprechend nicht die ungleiche Verteilung von Einkommen und Besitz, sondern die Frage, ob ein Lebensstil, der die Möglichkeit bietet, den je eigenen Wertorientierungen und Interessen entsprechend zu leben, als ungleichheitsrelevant zu bewerten ist.

Soziale Milieus – »die gemeinsame Werthaltungen und Mentalitäten aufweisen und auch die Art gemeinsam haben, ihre Beziehungen zu Menschen einzurichten und ihre Umwelt in ähnlicher Weise zu sehen und zu gestalten« (Hradil zit. nach Burzan 2011: 103) – werden aus dieser Perspektive danach befragt, wie sie gegebene Lebensbedingungen wahrnehmen, sie nutzen und beeinflussen können. Dabei gehen Lebensstilmodelle grundsätzlich davon aus, dass Personen den gesellschaftlichen Bedingungen nicht einfach ›ausgeliefert‹ sind, sondern sie aktiv und selbstbestimmt gestalten. Vor dem Hintergrund der (oft) widersprüchlichen Dynamiken gesellschaftlicher Veränderung geht es aus ungleichheitssoziologischer Perspektive deshalb häufig um die Beantwortung der Frage, welche Einflüsse und strukturellen Gegebenheiten individuelle Handlungsmöglichkeiten einschränken oder erweitern. Ein in diesem Zusammenhang häufig erwähnter, entscheidender Indikator für soziale Hierarchisierungen und Ungleichheiten liegt

> »in der dauerhaften, sozial erzeugten Einschränkung des Zugangs sozialer Gruppen zu sozial verfügbaren und erstrebenswerten sozialen Gütern und Positionen. Zu diesen Gütern und Positionen gehören auch die Chance und die Fähigkeit, selbstbe-

stimmt Lebensziele zu definieren und zu realisieren, unabhängig von ihrer möglichen allgemeinen Anerkennung. [...] Dabei sind die Gleichwertigkeit aller Menschen unabhängig von ihren sonstigen sozialen Merkmalen und die Anerkennung dieses Anspruchs durch andere normativ vorausgesetzt und damit auch die daraus entstehenden weiteren Ansprüche auf Chancengleichheit und die Realisierung selbstbestimmter Lebensformen.« (Cyba 2000: 69)

Freilich wird »[m]it der unkritischen Fokussierung auf die dynamische Vielfalt der Lagen, Milieus und Lebensstile [...] der kritische Blick für weiterhin bestehende vertikale Ungleichheitsstrukturen getrübt. Es besteht die Tendenz, dass vertikale Strukturen« – wie Klassenzugehörigkeit und soziale Schichtung – in ihrer Bedeutung nicht ausreichend berücksichtigt und zunehmend »wegdifferenziert, wegpluralisiert, wegindividualisiert und wegdynamisiert werden.« (Geißler zit. nach Burzan 2011: 73) Denn die Wahlmöglichkeiten, die Lebensstilmodelle nahe legen, die (relative) Freisetzung von normativen Vorgaben und die Umgestaltung sozialer Bindungen, führen nicht nur zur Transformation traditioneller Identitätsvorstellungen, sondern sind auch mit neuen Formen von Vergesellschaftung verbunden. Abgesehen von Prozessen individueller Emanzipation führt der – tief greifende – soziale Wandel auch zu ›neuen‹ Sachzwängen, Risiken und biographischen Belastungen, die meist individuell bewältigt werden müssen. Dabei sind Werte wie Selbstverantwortung, die Integration von Widersprüchlichkeiten und die Gestaltung von Möglichkeitsräumen ebenso entscheidend, wie die Anerkennung der Tatsache, dass individuelle Entscheidungen nach wie vor durch die gesellschaftliche Verteilung von Einkommen und Besitz, durch Institutionen wie den Arbeitsmarkt, sowie durch rechtliche und sozialstaatliche Regelungen begrenzt werden.

»Individualisierung[2] [...] bringt vielleicht die Klassengesellschaft und die soziale Hierarchie in den Augen der Menschen zum Verschwinden, aber nicht in der sozia-

2 Der Begriff *Individualisierung* wird in soziologischen Ansätzen folgendermaßen definiert: »Die Biographie des Menschen wird aus traditionellen Vorgaben und Sicherheiten, aus fremden Kontrollen und überregionalen Sittengesetzen herausgelöst, offen, entscheidungsabhängig und als Aufgabe in das Handeln jedes einzelnen gelegt. Die Anteile der prinzipiell entscheidungsoffenen, selbst her-

len Wirklichkeit. Individualisierung kann also mit erheblicher sozialer Ungleichheit und mit einer konsolidierten Klassenstruktur einhergehen.« (Müller zit. nach Fuchs-Heinritz/König 2005, 191)

Auch wenn gesellschaftlich immer größere Möglichkeiten der persönlichen Selbstentfaltung offen stehen und die Verwirklichung von Lebenschancen weitgehend als Effekt individueller Entscheidung gilt, sind soziale Partizipationschancen nach wie vor »durch einengende Sozialisationsagenturen« begrenzt, »durch asymmetrische Distribution von Arbeit, durch Strukturen im Bildungswesen, die Egalität verhindern; durch die Segmentierung des Beschäftigungssystems sowie durch sozialstaatliche Regelwerke, die für eine Ungleichverteilung von Sozialleistungen verantwortlich zu machen sind.« (Becker-Schmidt 2007: 62) Realpolitisch also, haben sich die Formen und der Umfang sozialer Ungleichheiten durch die Vervielfältigung von Lebensstilen kaum gewandelt. Im Gegenteil gehen ungleichheitssoziologische Ansätze zunehmend davon aus, »dass sich in der Folge tiefgreifender – wirtschaftlicher, politischer, institutioneller und auch kultureller – Umbrüche die sozialen Ungleichheiten im Sinne hierarchisch strukturierter Sozialbeziehungen stärker ausprägen« (Bieling 2007: 101). Prozesse der Individualisierung, soziale Ausgrenzungsphänomene und die Verschärfung sozialer Ungleichheitslagen sind, diesen Perspektiven folgend, auf eine Art und Weise miteinander verknüpft, die es zunehmend erschwert, gesellschaftlichen Krisen durch kritisches, politisches Handeln entgegen zu treten. Denn, konzentriert auf Fragen des Lebensstils und der individuellen Befreiung von traditionellen Bindungen, erscheinen biographische Belastungen und Krisen zunehmend als persönliches Versagen, als nicht ausreichend genutzte Chance und als Effekt fehlender Selbstverantwortung.

»Verschärfung *und* Individualisierung sozialer Ungleichheiten greifen ineinander. In der Konsequenz werden Systemprobleme in persönliches Versagen abgewandelt und politisch abgebaut. In den enttraditionalisierten Lebensformen entsteht eine neue *Unmittelbarkeit von Individuum und Gesellschaft*, [...] in dem Sinne, dass gesellschaftliche Krisen als individuelle erscheinen und in ihrer Gesellschaftlichkeit nur

---

zustellenden Biographien nehmen zu.« (Beck/Beck-Gernheim zit. nach Treibel 2006: 253)

noch sehr bedingt wahrgenommen werden können.« (Beck zit. nach Treibel 2006: 255)

Angesichts der Ambivalenz gesellschaftlicher Wandlungsprozesse wenden sich Lebensstilanalysen wieder im verstärkten Ausmaß der Bedeutung von vertikalen gesellschaftlichen Strukturen und ökonomischen Bedingungen zu. Sie verfolgen das Ziel, die Zusammenhänge und Wechselwirkungen von subjektiven Wahrnehmungs- und Handlungsweisen und strukturellen gesellschaftlichen Bedingungen zu klären und stellen daraus resultierende soziale Ungleichheitsverhältnisse in den Mittelpunkt der Auseinandersetzung.

Habitus, Kapitalformen und Handlungsorientierung.

Auch Pierre Bourdieu versucht, sich den Wechselwirkungen zwischen objektiven gesellschaftlichen Bedingungen, dem individuellen Lebensstil und den Handlungsorientierungen von Personen anzunähern. Er grenzt sich damit einerseits von soziologischen Positionen ab, die sich ausschließlich auf die Analyse gesellschaftlicher Strukturen beziehen, kritisiert aber auch Ansätze, die vorwiegend subjektive Erfahrungen und Orientierungen ins Zentrum der Auseinandersetzung stellen. Stattdessen geht er davon aus, dass das Wissen, die Erfahrungen, die Wahrnehmung, vor allem aber das Handeln von Personen – also *praxeologische Erkenntnisweisen* – konkrete Lebensmöglichkeiten beeinflussen und gesellschaftliche Strukturen aufrecht erhalten. (Vgl. Treibel 2006: 224)

Das alltägliche Leben ist für Bourdieu nur bedingt ›frei‹ gestaltbar, denn Personen sind nicht nur an soziale Felder und an die dort geltenden Regeln gebunden, sondern auch durch ein »zwar subjektives, aber nicht individuelles System verinnerlichter Strukturen« (Bourdieu 1979: 187) festgelegt, das er als *Habitus* bezeichnet. »[A]ls Schemata der Wahrnehmung, des Denkens und Handelns [...], die allen Mitgliedern derselben Gruppe oder Klasse gemein sind« (Ebd.) spiegeln habituelle Handlungsorientierungen nicht nur die Stellung einer Person in der sozialen Struktur wider, sondern bringen auch zum Ausdruck, dass Individuen allein durch ihre körperliche Existenz, durch ihre Bewegungen und Gesten immer schon Mitglieder der Gesellschaft sind. (Vgl. Engler 2004: 224)

In diesem Sinne versucht Bourdieu nachzuweisen, dass zwischen gesellschaftlichen Positionen, den Wahrnehmungs-, Denk- und Handlungsschemata und dem Lebensstil sozialer Gruppen ein Zusammenhang besteht, der sich individuell – als »Niederschlag des bisherigen Lebenslaufes« – in einer »allgemeine[n] Grundhaltung [...] gegenüber der Welt« zeigt und »zu systematischen Stellungnahmen führt.« (Bourdieu 1989, 25). Die Wahrscheinlichkeit, dass Personen denselben – oder zumindest einen ähnlichen – Habitus zeigen, wird umso größer, je ähnlicher sich die Positionen sind, die sie innerhalb der Sozialstruktur einnehmen. (Vgl. Schwingel 1995: 65)

> »Ein Habitus [...] ist gesellschaftlich bedingt, durch Erfahrung erworben. Präzisierend können wir jetzt hinzufügen: Der Habitus ist sozialstrukturell bedingt, d.h. durch die spezifische Stellung, die ein Akteur – und die soziale Klasse, der man ihn zurechnen kann – innerhalb der Struktur gesellschaftlicher Relationen innehat; er formt sich im Zuge der Verinnerlichung der äußeren gesellschaftlichen (materiellen und kulturellen) Bedingungen des Daseins. Diese Bedingungen sind, zumindest in modernen, differenzierten Gesellschaften, ungleich, nämlich klassenspezifisch.« (Ebd.: 66)

Die Handlungschancen und Erfolgsmöglichkeiten, die Personen haben, hängen nicht nur von ihrem praktischen Einverständnis zu alltäglichen Selbstverständlichkeiten ab, sondern auch davon, in welchem Ausmaß sie über ökonomisches, kulturelles, soziales und symbolisches Kapital verfügen. Grundlegende Bedeutung schreibt Bourdieu dem *ökonomischen Kapital,* also Geld- und Sachwerten, zu, die allerdings für sich genommen weder gesellschaftliche/politische Machtpositionen garantieren (vgl. Treibel 2006: 229) noch über individuelle Erfolgschancen entscheiden. *Kulturelles Kapital* beschreibt all jene – durch die soziale Herkunft wesentlich mit beeinflussten – »kulturellen Fähigkeiten, Fertigkeiten und Wissensformen, die man durch ›Bildung‹ – freilich in einem sehr allgemeinen, nicht nur im schulisch-akademischen Sinne – erwerben kann.« (Schwingel 1995: 89) Es zeigt sich letztlich durch Abschlüsse und Bildungstitel, bestimmt über die Zugangsmöglichkeiten zum Arbeitsleben und damit auch über die Höhe des individuellen Einkommens. *Soziales Kapital* hingegen resultiert aus der (strategischen) Nutzung »eines dauerhaften Netzes von mehr oder weniger institutionalisierten *Beziehungen* gegenseitigen Kennens oder Anerkennens« (Bourdieu 1992: 63), in das Personen eingebunden sind. In diesem

Rahmen können sie sich Unterstützung und Wertschätzung erwarten und soziale Beziehungen nutzen, um ihre individuellen Lebens- und Verwirklichungschancen zu vergrößern.

Die Analyse der Zusammenhänge zwischen verinnerlichten Wahrnehmungs-, Denk- und Handlungsschemata, habitualisierten Gewohnheiten und äußeren materiellen, kulturellen und sozialen Existenzbedingungen ermöglicht es, mit hoher Wahrscheinlichkeit zu beurteilen, welche Handlungsformen von Personen als möglich oder undenkbar bewertet werden – die sozialen Praktiken und Strategien als solche sind allerdings »weder regelhaft determiniert noch rational kalkuliert.« (Schwingel 1995: 97) Vor allem der »Kampf zwischen den Herrschenden und den Anwärtern auf die Herrschaft« (Bourdieu 1993: 107) gilt für Pierre Bourdieu als zentrale Strategie, um Macht und Prestige zu erlangen und die persönliche Verfügungsmacht über ökonomische, kulturelle und symbolische Güter zu steigern. Die affektive Bindung *an* und eine hohe Motivation *für* die damit verbundenen Zielsetzungen ermöglichen es, einen gesellschaftlichen Konsens zu erarbeiten, der – innere Konflikte und partikulare Interessen nicht ausschließend – soziale Auseinandersetzungen in Gang setzt und gesellschaftliche Veränderungen vorantreibt.

Die beschriebenen Ansätze der Ungleichheitssoziologie stellen höchst unterschiedliche Faktoren in den Mittelpunkt der Auseinandersetzung. Die Möglichkeit, über ökonomische Ressourcen und unterschiedliche Kapitalformen zu verfügen, der Zugang zu sozial wertvollen Gütern und Ressourcen, individuelle Lebensstile und Erfahrungen, habituelle Gewohnheiten und milieubedingte Handlungsorientierungen, gesellschaftliche Konflikte und Interessensgegensätze – kurz: eine Vielzahl von relevanten Einflüssen – werden ursächlich mit sozialen Ungleichheiten in Zusammenhang gebracht. Auffallend dabei ist zweierlei: Einerseits wird Gesellschaft strukturell vor allem vor dem Hintergrund der Organisation von Erwerbsarbeit beschrieben und andererseits gilt meist die individuelle Leistung als ausschlaggebend für soziale Positionen und den gesellschaftlichen Fortschritt. Gerade in der Auseinandersetzung mit Gender und ›Behinderung‹ sind diese Dimensionen von entscheidender – aber höchst unterschiedlicher – Bedeutung, wie die beiden folgenden Abschnitte des Textes zeigen werden.

2.3 DOPPELTE VERGESELLSCHAFTUNG VON FRAUEN

Eine Perspektive, die Einkommen und Erwerb als *die* zentralen Faktoren und als den Maßstab für die Beurteilung sozialer Ungleichheiten interpretiert, berücksichtigt das Geschlechterverhältnis, die geschlechtsspezifische Arbeitsteilung und ›privat‹ verrichtete Haus- und Familienarbeit nur am Rande. Zwar sind Männer und Frauen in die Bereiche der Produktion- und Reproduktion eingebunden, aber nach wie vor unterschiedlich und widersprüchlich. Ausgehend davon, dass ›Geschlecht‹ die gesellschaftlichen Organisationsformen, die Zuweisung von sozialen Positionen und die Verteilung von Macht und Ressourcen entscheidend mit beeinflusst, wäre es verfehlt, gesellschaftliche Arbeitsteilung als geschlechtsneutral beschreiben zu wollen. Damit nämlich wird verdeckt, dass Frauen ihr Arbeitsvermögen in zweifacher Hinsicht – als Haus- und als Erwerbsarbeit – in den sozialen Zusammenhalt einbringen. Der Begriff der *Doppelten Vergesellschaftung*, der diesen Sachverhalt in den Vordergrund stellt, geht davon aus,

> »dass Frauen über zwei unterschiedlich und in sich widersprüchlich strukturierte Praxisbereiche in soziale Zusammenhänge eingebunden sind. Er besagt zum zweiten, dass ihre Sozialisation, ohne die Vergesellschaftung nicht zu denken ist, durch zwei Kriterien sozialer Gliederung markiert ist: Geschlecht und soziale Herkunft. Und zum dritten ist mitgesetzt, dass Eingliederung in die Gesellschaft sowohl soziale Verortung als auch Eingriffe in die psychosoziale Entwicklung einschließt. Die Modellierung innerer Antriebe und die Positionierung im sozialen Umfeld sind zwei Seiten des Vergesellschaftungsprozesses, in dem Selbst- und Fremdbestimmung konfligieren.« (Becker-Schmidt 2004: 65)

Da Frauen erwerbstätig sind *und* die Hauptverantwortung für Kinder und Haushaltsführung tragen, leisten sie einen – auch volkswirtschaftlich – bedeutsamen Teil gesellschaftlich relevanter Arbeit. Das Ansteigen der Frauenerwerbsquote gilt individuell und gesellschaftlich als Ausdruck weiblicher Emanzipation und führt dazu, dass Frauen auf den ersten Blick als Gewinnerinnen der gegenwärtigen Arbeitsmarktsituation erscheinen. Andererseits weisen ungleiche Berufschancen bei gleicher Qualifikation und der immer noch geringe Anteil von Frauen in Führungs- und Leitungspositionen auf erhebliche soziale Ungleichheitsverhältnisse zwischen den Geschlechtern hin. Abgesehen davon, dass Geschlecht nach wie vor »für den

Zugang zu Berufen und die Art der Arbeitsteilung von konstitutiver Bedeutung« (Cyba 2000: 37) ist, erweist sich zunehmend, dass ein ›Mehr‹ an Frauenerwerbsarbeit nicht grundsätzlich mit einer Verbesserung von Lebensqualität verbunden ist. Denn der Normalfall weiblicher Berufsbiographien ist mit ungeschützten[3] und prekären Erwerbsarbeitsverhältnissen verbunden, die meist weder ein existenzsicherndes Einkommen noch hinreichende Sozialversicherungsleistungen gewährleisten. Klassische Frauenberufe bringen erhebliche Status- und Einkommensnachteile mit sich und europaweit verdienen Frauen immer noch ca. 17% weniger als Männer – selbst dann »wenn sie auf gleicher Hierarchieebene, in derselben Branche, mit derselben Funktion« arbeiten und »wenn sie genau so alt sind und die gleichen Abschlüsse aufweisen.« (Bischoff zit. nach Notz 2004: 425)

Vor dem Hintergrund flexibilisierter Rollen- und Geschlechterbilder, zunehmender Erwerbsarbeit und neoliberaler Politik- und Wirtschaftsentwicklungen liegt die Verantwortlichkeit für den – meist nur wenig geschätzten – Reproduktionsbereich nach wie vor vorwiegend in Frauenhänden. Die Sorge um sich selbst, um Lebens- und Ehepartner_innen und die Kinder, die Haushaltsführung, Erziehungsaufgaben und die Betreuung von kranken, behinderten und pflegebedürftigen Familienangehörigen: all das führt (meist) zu erheblichen Mehrfachbelastungen für Frauen, vor allem wenn diese Aufgaben mit den Anforderungen der Berufswelt vereinbart werden müssen.

»Frauen versorgen die Familie und garantieren so die Regeneration ihrer Angehörigen. Frauen gebären Kinder, ziehen sie auf (oft genug alleine) und tragen damit zum Bevölkerungserhalt bei. Sie partizipieren am Erwerbsleben, wo sie ›ihren Mann‹ zu stehen haben, obwohl sie zu Hause für den Haushalt zuständig sind. Diese doppelte Einbindung in das Sozialgefüge bringt der weiblichen Genus-Gruppe keine Vorteile ein. Im Gegenteil: die Vergesellschaftung über zwei Arbeitsformen impliziert doppelte Diskriminierung. Frauen werden zur unbezahlten Hausarbeit verpflichtet, was zudem ihre gleichberechtigte Integration in das Beschäftigungssystem erschwert. Und die marktvermittelte Arbeit von Frauen wird schlechter bewertet als die von

3 Als ungeschützte Erwerbsarbeitsverhältnisse sind Beschäftigungsverhältnisse zu verstehen »bei denen zumindest ein zentrales Element (Vertragsdauer, Arbeitszeit, Sicherheit des Arbeitsplatzes oder Sonderleistungen) vom ›Normalarbeitsverhältnis‹ abweicht« (Notz 2004: 423)

Männern. Es ist ein Dilemma: Wie immer Frauen sich entscheiden – für Frauen und gegen Beruf, gegen Familie und für Beruf oder für beides – in jedem Fall haben sie etwas zu verlieren.« (Becker-Schmidt 2004: 64)

Dabei wird die – unbezahlt und im privaten Rahmen – geleistete Arbeit von Frauen in ihrer allgemeingesellschaftlichen und volkswirtschaftlichen Bedeutung kaum wahrgenommen. Abgesehen davon, dass unbezahlte Arbeit immer (auch) als gesellschaftlicher Stabilitätsfaktor beschrieben werden kann, ist die Vereinbarkeit von Reproduktions- und Erwerbsarbeit nicht als individuell zu lösendes Problem ›der‹ Frauen zu interpretieren, sondern als »ein gesellschaftliches Dilemma, das auch gesellschaftlich gelöst werden muss.« (Becker-Schmidt 2004: 63)

»Indem sich Frauen zwischen dem häuslichen und dem marktvermittelten Arbeitsplatz hin und her bewegen, rekombinieren sie das, was gesellschaftlich auseinander gerissen ist: Privatsphäre und Öffentlichkeit. Von dieser Rekombination lebt die Gesellschaft: Regeneration und Sozialisation der Bevölkerung durch Hausarbeit, Kleinkinderziehung und care work im Privaten sind so kostengünstig wie kein anderes soziales Arrangement mit der gleichen Aufgabenstellung. Und die männliche Genus-Gruppe profitiert in zweifacher Hinsicht von [der – Anmerkung MW] doppelten Arbeitsorientierung erwerbstätiger Frauen, die gleichzeitig die Hausarbeit übernehmen: sie bleibt von der Doppelbelastung verschont und wird auf dem Arbeitsmarkt bevorzugt.« (Becker-Schmidt 2004: 69)

Die Herausforderung, – häufig auch die existenzielle Notwendigkeit – den oft widersprüchlichen Anforderungen von Beruf und Familie gerecht zu werden und sie miteinander zu vereinbaren, konfrontiert insbesondere Frauen mit Belastungen, die trotz ›Work-life-Balance‹, trotz ausgebauter Kinderbetreuungsangebote und flexibler Arbeits- und Karenzgeldregelungen nicht einfach bewältigt werden können. Fragestellungen im Zusammenhang mit der Gleichberechtigung von Frauen und Männern und Auseinandersetzungen über deren Arbeitsteilung und gemeinsame Verantwortung – zu Hause, am Arbeitsplatz und in zivilgesellschaftlichen Zusammenhängen – erfordern häufig kontinuierliche, individuelle Verhandlungen über die Gestaltung des Geschlechterverhältnisses. Themen wie Gemeinsamkeit, Verschiedenheit – vor allem aber die Art und Weise des ›doing gender‹ – werden vorwiegend in persönlichen Interaktionen ausgetragen und zählen zu den bevorzugten Leitmotiven privater und beruflicher Beziehungsarbeit.

Auch wenn sich gesellschaftliche Einstellungen und Haltungen zunehmend in Richtung Gleichstellung und Partnerschaft von Frauen und Männern ändern, lassen sich im privaten Bereich nach wie vor Beziehungsmuster beobachten, die sich an traditionellen Familienvorstellungen, hegemonialen Männlichkeitsmustern und heteronormativen Handlungsaufforderungen orientieren. Vor dem Hintergrund aktueller Strukturveränderungen im Erwerbsleben und in der Privatsphäre, klafft die Lücke zwischen grundsätzlich partnerschaftlich orientierten Einstellungen und konkretem Handeln bei Männern allerdings weiter auseinander als bei Frauen.

»Muster ›hegemonialer Männlichkeit‹ [...] ebenso wie die Zuständigkeit des weiblichen Geschlechts für familiale Arbeit prägen bis heute die Geschlechterverhältnisse [...] in grundlegender Weise. Geschlechterverhältnisse haben sich weder im Ganzen verändert, noch sind sie einfach gleich geblieben: ihre Entwicklung zeigt ein paradoxes Bild, das durch *Ambivalenzen, Brüche, Ungleichheiten und Ungleichzeitigkeiten* verschiedener Art gekennzeichnet ist.« (Jurczyk/Schier/Szymenderski/Lange/Voß 2009:54)

Den Prozessen der Neu- und Umformulierung von Geschlechterverhältnissen kann zweifellos gesellschaftsveränderndes Potenzial zugeschrieben werden, allerdings sind sie nach wie vor mit hierarchisch angeordneten gesellschaftlichen Positionierungen und sozialen Ungleichheiten verbunden. Nationale Investitionen zielen vor allem darauf ab, Kinderbetreuung und die Langzeitpflege von Angehörigen sicherzustellen und Frauen in unterschiedlichen Lebensabschnitten bei der Erfüllung ihrer familiären Verantwortlichkeiten zu unterstützen. Darüber hinausreichend soll die Eingliederung bzw. der Wiedereinstieg in den Arbeitsmarkt ermöglicht werden. Allerdings bringt die Kombination von unbezahlter Familien- oder Versorgungsarbeit und beruflicher Benachteiligung Frauen häufig in eine gesellschaftlich heikle Situation. Als ›Problemgruppe‹ am Arbeitsmarkt haben sie – insbesondere bei niedriger Qualifikation – kaum die Möglichkeit, sich ein existenzsicherndes Einkommen zu erarbeiten und auch eine – beispielsweise durch Mutterschaft und/oder Pflege- und Versorgungsaufgaben – eingeschränkte und diskontinuierliche Teilhabe am Erwerbsarbeitsleben führt zu erheblichen Nachteilen.

»Das geschlechtsspezifische Gefälle der Beschäftigungsrate und des Einkommens ist vor der Haushaltsgründung noch gering und nimmt erst mit dem Eingehen einer Paarbeziehung zu. Die Geburt eines Kindes wirkt sich unterschiedlich auf das Beschäftigungsmuster von Frau und Mann aus. Während sich für Frauen ein Rückgang der Beschäftigungsrate zeigt, erfährt die Beschäftigungsrate der Männer einen Anstieg, und die Beteiligung der Männer am Arbeitsmarkt bleibt bis zum Rentenalter im Wesentlichen stabil. Des Weiteren sei darauf hingewiesen, dass in den meisten Ländern die Benachteiligung der Frauen auf dem Arbeitsmarkt auch mit dem Älterwerden der Kinder und der Annäherung an das Rentenalter weiter besteht und sich oft zusätzlich durch die unsichere gesundheitliche Verfassung verschärft.« (European Commission 2010: 27)

Eingeschränkte Zugangsmöglichkeiten zum und relativ geringe Karrierechancen am Arbeitsmarkt, erhebliche Doppelbelastungen, Diskontinuitäten in Erwerbsarbeitsbiographien und deutliche Einkommensunterschiede kennzeichnen nach wie vor die spezifische Situation der meisten Frauen am Arbeitsmarkt. Sie können als strukturell verankerte Ursachen für die zunehmende weibliche Armut und die häufig unzureichende Altersversorgung von Frauen interpretiert werden. Da sich der Anspruch auf Sozialleistungen grundsätzlich am Modell der Vollzeitbeschäftigung orientiert, entstehen Benachteiligungen , die beispielsweise dazu führen, dass Frauen mit gesundheitlichen Beeinträchtigungen häufig in besonders prekären Lebenssituationen leben, mit anhaltender Armut konfrontiert sind, sich frühzeitig aus dem Berufsleben zurückziehen und/oder einer über das Pensionsalter hinausreichenden Beschäftigung in gering qualifizierten Niedriglohnpositionen (vgl. European Commission 2010: 27f) nachgehen müssen.

2.4 BEHINDERUNG ALS RISIKO

Die Vervielfältigung von Lebensmöglichkeiten hat gesamtgesellschaftlich zweifellos zu größerer Flexibilität und Mobilität geführt, ist aber auch mit einer erhöhten individuellen Verantwortung für die eigene Lebensgestaltung verbunden. Vor dem Hintergrund der Vorstellung, sich soziale Positionen ausschließlich durch Leistung erarbeiten zu können, gelten Einschränkungen der Leistungsfähigkeit sowie Unterstützungsbedürftigkeit und Abhängigkeit als hohe individuelle Risiken und als erhebliche Gefährdung der gewählten Lebensziele. Abgesehen davon, dass vollständige Autonomie grundsätzlich kaum erreicht werden kann und Personen grundsätzlich mit völlig ungleichen Startbedingungen konfrontiert sind, unterscheiden sich beispielsweise die sozialen Partizipations-und Teilhabemöglichkeiten von behinderten und nichtbehinderten Personen in erheblichem Ausmaß.

»Auf der einen Seite verweisen Begriffe wie ›Lebenschancen‹ oder ›Entfaltungsmöglichkeiten‹ über die empirisch realisierte Verteilung von Gütern [...] hinaus auf *gesellschaftliche Möglichkeiten*; andererseits sind damit nicht nur abstrakte (z.B. rechtlich kodifizierte oder politisch proklamierte, aber faktisch nicht oder schwer realisierbare) Möglichkeiten gemeint, sondern solche, die Individuen auch *faktisch* offen stehen, so dass eine echte Freiheit besteht, von den Möglichkeiten Gebrauch zu machen oder nicht.« (Sen zit. nach Ludwig-Mayerhofer 2004: 102)

›Echte‹ Wahlfreiheiten zu haben und zwischen Handlungsalternativen wählen zu können, gilt im Kontext der Behindertenbewegung als entscheidende Vorbedingung eines ›guten‹ Lebens, die sich weder ausschließlich auf Erwerbsarbeit, Einkommen und Besitz bezieht noch auf die Gleichstellung vor dem Recht oder auf eine Verbesserung des Betreuungssystems. Schon das Ende der 1970er- Jahre mit dem Anspruch auf gesellschaftliche Veränderung formulierte Prinzip der Normalisierung, hat es sich zum Ziel gesetzt, »Bedingungen zu schaffen, durch die ein behinderter Mensch den normalen Respekt erfährt, auf den jedes menschliche Wesen Anspruch hat.« (Nirje zit. nach Lindmeier/Lindmeier 2002: 1) Der Grundsatz, die Entscheidungen, Wünsche und Hoffnungen von behinderten Menschen in allen Belangen, die sie selbst betreffen so weit als möglich anzuerkennen und umzusetzen, hat die Handlungsorientierungen der sozialen Arbeit nachhaltig verändert und führte darüber hinausreichend zu einer großen Anzahl an selbst organisierten Beratungs- und Serviceeinrichtungen. Eines der zentralen Anliegen in diesem Zusammenhang war und ist der Kampf für ein unabhängiges, selbstbestimmtes Leben, für ein Ende der institutionellen Versorgung, für persönliche Assistenz und die Sicherstellung von Bürgerrechten.

»Selbstbestimmt leben heißt, *Kontrolle über das eigene Leben* zu haben, basierend auf der Wahlmöglichkeit zwischen akzeptablen Alternativen, die die Abhängigkeit von den Entscheidungen anderer bei der Bewältigung des Alltags minimieren. Das schließt das Recht ein, seine eigenen Angelegenheiten selbst regeln zu können, an dem öffentlichen Leben der Gemeinde teilzuhaben, verschiedenste soziale Rollen wahrnehmen und Entscheidungen fällen zu können, ohne dabei in die psychologische oder körperliche Abhängigkeit anderer zu geraten. Unabhängigkeit (›independence‹) ist ein relatives Konzept, das jeder persönlich für sich bestimmen muss.« (›Independent-living-Bewegung‹ zit. nach Schönwiese 2009: 2f)

Der Begriff *Selbstbestimmung* ist »offen für sehr unterschiedliche, ja widersprüchliche Inhalte, Deutungen und Praktiken.« (Waldschmidt 1999: 10) Als »formales Konstrukt [...], dessen konkrete, inhaltliche Bedeutung sich nur [...] in Bezug auf die jeweilige Praxis« (ebd.) erschließt, ist die Kontrolle über das eigene Leben nicht als präzise definiertes Grundrecht zu definieren, sondern untrennbar mit institutionalisierten Praxisformen – und damit auch mit den strukturellen und ökonomischen Vorgaben und den Grenzen sozialer Organisationen – verbunden. Darüber hinausreichend ist die Sicherstellung von Selbstbestimmung und privaten Freiheiten – Bernd Ladwig folgend – gebunden an öffentliche Diskussion und Kontrolle, ohne die sie »bestenfalls gewährt, aber nicht wirksam gewährleistet« (Ladwig 2011: 41) wäre. Orientiert »an der Vorstellung, dass behinderte Menschen vor allem deshalb der Autonomie bedürfen, um ihre gesundheitliche Beeinträchtigung besser bewältigen zu können« (Waldschmidt 2003: 13), steht Selbstbestimmung vor allem mit dem Bemühen um äußere Unabhängigkeit von beeinträchtigten Personen in Verbindung. Die Veränderung gesellschaftlicher Deutungshorizonte, ein ausreichendes Angebot an persönlicher Assistenz und technische Hilfsmittel gelten als ebenso bedeutsame Voraussetzungen individueller Selbstbestimmung wie ausreichende finanzielle Ressourcen und die Gewährleistung von Zugangsmöglichkeiten zum Arbeits- und Erwerbsleben. Letztere freilich sind meist vom Ausmaß der Beeinträchtigung[4] und von Leistungsnachweisen, Bildungsabschlüssen und

4 Das Allgemeine Sozialversicherungsgesetz Österreichs setzt eine (Rest-)Leistungsfähigkeit von mindestens 50% voraus, um einer Person Arbeitsfähigkeit zuzusprechen. Diese - aus sozialwissenschaftlicher Sicht - willkürlich definierte Grenze orientiert sich an primär medizinischen Indikatoren und weist ›arbeitsunfähigen‹ Personen meist einen Arbeitsplatz in einer Werkstätte zu. (Vgl. König/ Pinetz 2009: 4)

zertifizierten Kompetenzen abhängig, die Menschen mit Behinderungen in den seltensten Fällen vorweisen können.

»Es zeigt sich, dass durch die Ideologien von Begabung und Leistung immer wieder (bis heute noch und durch alle Strukturen und Stufen unseres Bildungssystems hindurch, bis hin zum Arbeitsmarkt) die Suggestion von den naturgegebenen Voraussetzungen für den Zugang zu entsprechenden Feldern (insbesondere den schulischen) wirksam ist und sich am Bsp. von ›Behinderung‹ insbesondere und am schärfsten zeigt.« (Ziemen 2002: 2f)

Individuelle Begabungen und Leistungsmöglichkeiten – die häufig durch ›naturgegebene‹ Voraussetzungen und weit seltener durch unterstützende gesellschaftliche Bedingungen erklärt werden – gelten in westlichen Gesellschaften als entscheidende Kompetenzen, die den Zugang zum Arbeitsmarkt und damit auch die soziale Position von Personen regeln und darüber hinausreichend Sinnstiftung und existentielle Sicherheit gewährleisten sollen. So gesehen verspricht ein Arbeitsplatz vielen Menschen mit Behinderung nicht nur finanzielle Unabhängigkeit, sondern auch die soziale Anerkennung ihrer Leistungsfähigkeit und gilt als positiver Faktor für das Selbstbild und Selbstwertgefühl, als Strukturierungshilfe für den Alltag und als Möglichkeit, soziale Kontakte aufzubauen und zu pflegen.

Auch wenn sich die konkreten Daten, die im Zusammenhang mit der Erwerbsarbeit behinderter Personen erhoben werden, im Rahmen staatlich geförderter Auftragsforschung »regional begrenzt auf die Wirksamkeit von arbeitsmarktpolitischen Maßnahmen« beziehen (König/Pinetz 2009: 2), muss grundsätzlich festgestellt werden, dass sich Menschen mit Behinderungen nur mit erheblichen Schwierigkeiten den Zugang zum Arbeitsmarkt erarbeiten können. Vor allem Personen mit intellektuellen Beeinträchtigungen, die längerfristig und kontinuierlich betreut werden, bleiben vom Erwerbsleben meist gänzlich ausgeschlossen. Frauen mit Behinderungen weisen die geringste Erwerbsbeteiligung auf (Paierl 2009: 22)[5]. Häufig an in-

5 Im Rahmen der Mikrozensus-Erhebungen des Jahres 2008 gaben 20,5% aller befragten Österreicher_innen - also rund 1,7 Millionen Personen - an, dauerhaft beeinträchtigt zu sein. Auch wenn die ermittelten Daten darauf hinweisen, dass Frauen und Männer in einem ähnlich hohen Ausmaß mit ›Behinderung‹ konfrontiert sind, sind deutliche, geschlechtsspezifische Unterschiede in der Ar-

nerfamiliäre Haus- und Versorgungsarbeiten gebunden und mit ausgesprochen eingeschränkten Qualifizierungs- und Weiterbildungsmöglichkeiten konfrontiert, ist der Zugang zum Erwerbsleben für sie oft nur schwer möglich. Sofern sie ihn finden, sind Frauen mit Behinderungen meist in unterbezahlten, frauentypischen Berufsfeldern und in den niedrigsten Hierarchieebenen tätig und haben – aufgrund ihrer Einkommenssituation bzw. wegen meist diskontinuierlicher Erwerbsbiographien – häufig nur eingeschränkten Anspruch auf Sozialleistungen. Der gesellschaftliche Wandel – und die politischen Bemühungen der Behindertenbewegung bzw. der integrativen/inklusiven Pädagogik – scheinen allerdings zu einer Veränderung der Zielvorstellungen und des Selbstverständnisses von Frauen mit Behinderungen geführt zu haben.

»Für Frauen mit Behinderung der jüngeren Generation (bis zu 29 Jahren) liegt das Hauptinteresse darin, möglichst selbstständig zu leben – dies schließt für die meisten auch die Ausübung eines Berufes mit ein. Für Frauen mit ›Behinderung‹ der mittleren Generation (30 bis 49 Jahren) bestimmt meist der (oft krankheits- oder behinderungsbedingte) Wunsch nach einem Berufswechsel die Lebensplanung. Das Leben von Frauen mit ›Behinderung‹ der älteren Generation (50 Jahre und älter) orientiert sich hingegen noch vor allem an traditionellen Normen und Werten. Jüngere Frauen mit Behinderung zeigen demnach eine höhere Selbstständigkeit, Autonomie, Abgrenzung und Wehrhaftigkeit, während ältere Frauen häufig ein negativeres Selbstbild und Erfahrungen von Isolation und wenig Anerkennung aufweisen.« (Paierl 2009, 13f)

Ausgehend davon, dass Frauen mit Behinderungen der jüngeren Generation sich zunehmend den allgemeingesellschaftlichen Geschlechternormen und den damit verbunden Werten wie Selbstständigkeit, Autonomie und Berufstätigkeit nähern, erscheint es mehr als paradox, dass ihnen – legitimiert durch ›Defizite‹ und vor dem Hintergrund heteronormativer Lebensentwürfe – (altersadäquate) Rollen als Geschlechtswesen und Elternteil immer noch weitgehend vorenthalten bleiben.

---

beitsmarktintegration zu beobachten. Während insgesamt 58,5% der behinderten Personen im Erwerbsalter (15 bis 64 Jahre) berufstätig bzw. arbeitssuchend sind, gilt dies beispielsweise nur für 31% der Frauen. (Vgl. Paierl 2009: 21-23)

»Die ›Neutralisierung‹ bzw. ›Aberkennung‹ des Geschlechts bezieht sich sowohl auf körperliche und sexuelle Aspekte, als auch darauf, was allgemein unter ›Frauenrolle‹ bzw. ›Frausein‹ affirmiert wird – d.h. die einseitige Zuschreibung von Reproduktionsaufgaben, Mutterschaft etc., die Frauen mit Behinderung oft abgesprochen wird – sie können sozusagen nicht unbegrenzt oder ausschließlich geben und pflegen, sondern sind auch selbst auf Betreuung angewiesen.« (Bergmann/Gindel 2004: 3)

Das vorherrschende Bild des »alleinstehenden Behinderten, der auf die Fürsorge seiner (Herkunfts-)Familie und der staatlichen Gemeinschaft angewiesen ist, ohne seinerseits Menschen gegenüber zur Fürsorge verpflichtet zu sein« (Zinsmeister 2006: 3), scheint nicht (mehr) der Realität zu entsprechen. Denn außerhalb institutioneller Wohnformen können keine nennenswerten Unterschiede zwischen behinderten und nichtbehinderten Personen festgestellt werden, wenn es um die Anzahl der Eheschließungen und der Kinder geht. (Ebd.) Die Situation behinderter Menschen in Heimen stellt sich deutlich anders dar. Aufgrund institutioneller Grenzen und Handlungsorientierungen sind Frauen und Männer mit Behinderungen in Bezug auf Sexualität und Familienplanung mit großen Vorbehalten konfrontiert und können ihren Wunsch nach partnerschaftlichen Lebensformen mit Kindern – oder ohne sie – höchst selten realisieren. Auch wenn die Bedenken gegen die Elternschaft behinderter Männer und Frauen meist mit der Sorge um das ›Kindeswohl‹ legitimiert werden, geht die Forschung – vor allem, wenn die entsprechenden Assistenzleistungen und Erziehungshilfen zur Verfügung gestellt und koordiniert werden – »ganz überwiegend davon aus, dass alleine aus der Tatsache einer Erkrankung oder Behinderung der Eltern nicht auf eine spezifische Gefährdung oder Belastung der Kinder geschlossen werden kann.« (Ebd.: 7)

Da Frauen und Männer mit Behinderungen sowohl in der Erwerbs- als auch in der Haus-, Versorgungs- und Erziehungsarbeit häufig auf (staatliche) Unterstützung angewiesen sind, wird ihnen wiederholt »eine Alternativrolle zur Rolle des eigenverantwortlich sich selbst versorgenden Erwerbstätigen zugewiesen.« (Siegert 2006: 41)

»Diese Alternativrolle befreit sie einerseits von der Pflicht, sich auf dem Arbeitsmarkt durchzusetzen, legitimiert leistungsloses Einkommen aufgrund von Leistungsunfähigkeit und verfestigt sich damit selbst. Andererseits führen gesellschaftliche Werte von Leistung, Eigenverantwortlichkeit und Unabhängigkeit zur Zuweisung von Schuld an der eigenen Situation und Rolle.« (Siegert 2006: 41)

Rollenzuschreibungen, die tendenziell nahelegen, nur wenig zur gesellschaftlichen Ordnung beitragen zu können, verkennen meist, dass wohlfahrtsstaatliche Beihilfen mit Rechtsansprüchen verbunden sind. Vor dem Hintergrund des fortschreitenden Sozialabbaus wird allerdings schnell deutlich, dass Unterstützungsleistungen für behinderte Personen häufig nur zur Absicherung der dringendsten Existenznotwendigkeiten ausreichen und nicht annähernd eine selbstbestimmte und unabhängige Lebensgestaltung gewährleisten können. Prekäre Lebenssituationen und staatliche Interventionen beeinflussen die Identitätsvorstellungen von Menschen mit Behinderungen im erheblichen Ausmaß und konstituieren soziale Wirklichkeiten, die häufig mit negativ konnotierten Selbstbildern in Verbindung stehen.

Dass die Betreuung und Pflege alter und behinderter Personen meist im Rahmen der Familie – und damit fast ausschließlich von Frauen – geleistet werden und das einen erheblichen volkswirtschaftlichen Nutzen mit sich bringt, wird in öffentlichen Auseinandersetzungen wenig wertgeschätzt. Höchst selten wird problematisiert, dass damit häufig auch – nicht nur wirtschaftlich – prekäre Situationen entstehen und die Altersarmut von Frauen, bedingt durch fehlende Versicherungszeiten, in gewisser Weise bewusst in Kauf genommen wird. Freilich könnte diese Situation durch den Ausbau gemeindenaher Unterstützungssysteme erheblich verbessert werden. Dabei das Selbstbestimmungsrecht behinderter Personen und ihr persönliches Potenzial zu achten und ihnen – im Bereich der Erwerbstätigkeit, der Sexualität, Familienplanung und Elternschaft und in der alltäglichen Lebensgestaltung – bedarfsorientierte Begleitung anzubieten, scheitert häufig (auch) daran, dass ihnen die Kompetenzen aberkannt werden, die für ein möglichst unabhängiges Leben erforderlich sind.

»In der fortgeschrittenen Moderne darf man nicht nur selbstbestimmt leben, man muss es sogar« schreibt Anne Waldschmidt (2004: 8) und weist darauf hin, dass die Orientierung auf Werte wie Unabhängigkeit, Selbst- bzw. Mitbestimmung und Eigenverantwortung einerseits die soziale Arbeit positiv beeinflusst und die Lebensgestaltungsmöglichkeiten behinderter Personen wesentlich erweitert hat, andererseits aber auch ›verpflichtenden‹ Charakter aufweist. Besonders deutlich wird diese Ambivalenz, wenn man berücksichtigt, dass gesellschaftliche Prozesse der Privilegierung, der Diskriminierung und sozialen Exklusion häufig mit ›mangelnder‹ Selbstbestimmungskompetenz, mit niedriger Qualifikationen und geringer Leistungsfähigkeit legitimiert und darüber hinausreichend als unverzichtbar für die funktionale gesellschaftliche Organisation erklärt werden. Ein gesellschaftlicher Machtmechanismus, mit dem eine immer größer werdende Anzahl von Personen konfrontiert ist.

2.5 DAS LEISTUNGSPRINZIP

Auch wenn sich politisches und institutionelles Handeln zunehmend am Anspruch orientiert, marginalisierte (Personen-)Gruppen als vollwertige und gleichberechtigte Partner_innen anzuerkennen und sie in Entscheidungsprozesse aktiv mit einzubeziehen, gestaltet sich die Diskussion um (politische) Gleichheit und um die Zuerkennung bzw. Verteilung von Ressourcen und Lebenschancen nach wie vor höchst kontrovers[6].

»Freilich hat es darüber, was soziale Gleichheit genauer bedeutet und was sie im Einzelnen verlangt, seit je weitgehende und tiefgreifende *Differenzen* gegeben. Und das ist noch immer so, auch wenn sich die Fronten der Kontroversen über das rechte Verständnis von Gleichheit mehrfach verschoben haben. Gerade in jüngster Zeit, so scheint es, sind manche der hergebrachten Vorstellungen sozialer Gleichheit ins Rutschen geraten und in Wandel begriffen. Der Wandel, der sowohl die Wertschätzung sozialer Gleichheit als auch die Wahrnehmung sozialer Ungleichheiten betrifft, hat offenbar mit sozialen Entwicklungen zu tun, die zusammenfassend mit dem Stichwort ›Pluralismus‹ angesprochen werden können.« (Koller 2004: 49)

---

6 So halten wirtschaftsliberale Positionen so gut wie alle sozialen Ungleichheiten für akzeptabel, wenn - im Rahmen der freien Marktwirtschaft - allgemeingesellschaftlich die gleichen formalen Rechten gelten. Egalitaristische Konzeptionen bewerten Ungleichheiten der sozialen Stellung und der wirtschaftlichen Lage als zulässig, wenn sie - bei gleicher Ausgangslage - durch ungleiche Leistungen oder unterschiedliche Bedürfnislagen gerechtfertigt erscheinen. Eine dritte Position hält soziale Ungleichheiten für unbedenklich, solange allgemeingesellschaftlich Chancengleichheit herrscht und wenn sie dem Vorteil der Allgemeinheit dienen. (Vgl. Koller 2004: 53)

Die unterschiedlichen soziokulturellen und politischen Deutungshorizonte, die soziale Ungleichheiten einerseits als Form der gesellschaftlichen Differenzierung verteidigen und – innerhalb gewisser Toleranzgrenzen – akzeptieren und sie andererseits als unannehmbare soziale Tatsache kritisieren, beeinflussen individuelle Lebensmöglichkeiten und die Umsetzung der politischen Anliegen von (marginalisierten) sozialen Gruppen in entscheidendem Ausmaß. Vor dem Hintergrund der gegenwärtigen Flexibilisierung und Deregulierung von Erwerbsarbeit und des sukzessiven Rückgangs von arbeits- und sozialrechtlichen Schutzbestimmungen und angesichts der Tatsache, dass sich die Unterschiede in den Einkommensverhältnissen sozialer Gruppen deutlich vergrößern, erhalten Werte wie soziale Gerechtigkeit immer größer werdende politische Brisanz. Eine Einigung über die Inhalte und Zielvorstellungen des damit verbundenen politischen Handelns scheint selbst in sozialen Bewegungen nur mit erheblichen Anstrengungen möglich zu sein. So führen beispielsweise Forderungen nach einer garantierten Grundsicherung regelmäßig zu gesellschaftspolitischen Kontroversen: nicht nur, weil die damit verbundene Umverteilung sozial wertvoller Güter politisch hoch begründungsbedürftig ist, sondern auch deshalb, weil die Legitimität der (meist wohlfahrtsstaatlichen) Ansprüche oft erst gegen sozialen Widerstand durchgesetzt werden muss. Das wird vor allem dann sichtbar, wenn die politischen Anliegen von gesellschaftlich marginalisierten Personengruppen formuliert werden und »einen Beitrag zu Lebenszielen leisten sollen, deren Anerkennung in der Gesellschaft umstritten ist.« (Cyba 2000: 68)

Die Forderung nach Chancengleichheit[7] hingegen findet weitgehende politische Zustimmung: Chancen auf ein gutes, geregeltes Einkommen, ei-

7 Annedore Prengel weist darauf hin, dass der Begriff *Chancengleichheit* - bildungspolitisch betrachtet - sehr unterschiedlich interpretiert werden kann. Während ›konservative‹ Perspektiven Bildungsmöglichkeiten und den beruflichen Status von individuellen Fähigkeiten abhängig machen wollen, die in einem institutionell stark differenzierten System gefördert werden sollen, gehen ›liberale‹ Positionen davon aus, dass ökonomische, geographische und institutionelle Barrieren der Leistungsfähigkeit gesellschaftlich beseitigt werden sollen. Ein ›radikal demokratisches‹ System hingegen setzt sich dafür ein, dass alle Kinder dieselben Bildungs- und Berufsmöglichkeiten vorfinden und dass für unterprivile-

nen Arbeitsplatz, ein gesundes Leben und auf hohes Ansehen sollen grundsätzlich für alle – oder besser: für alle anerkannten und ›legalen‹ – Mitglieder einer Gesellschaft gegeben sein. Dass, wer mehr leistet, auch mehr erhalten soll, fasst die Haltung von Kritikerinnen und Kritikern sozialer Umverteilung zusammen. Diese Position legt nahe, dass die Verwirklichung sozialer Chancen vorwiegend von individuellen Fähigkeiten und Leistungen – und von der Bereitschaft sie zu steigern – abhänge. Im Mittelpunkt der Auseinandersetzungen stehen Prinzipien der Leistungsgerechtigkeit und des Wettbewerbs und das Argument, dass Personen die individuelle Verantwortung für die Folgen ihrer Entscheidungen tragen müssen und das eben bedeuten kann, »dass sie aus Gründen, die sie selbst zu verantworten haben, schlechter dastehen als andere.« (Ladwig 2006 zit. nach Vinz 2013: 71)

»Die andere Seite ist aber, dass Menschen in den Hinsichten, die sie nicht selbst zu verantworten haben, nicht so behandelt werden dürfen, als wären sie dafür zuständig. Denken wir an die folgenden Hintergrundbedingungen: In welche Familie wurde ich hineingeboren; welcher Generation gehöre ich an; mit welchen Talenten bin ich gesegnet? Sie fallen gemäß einem starken oder radikalisierten Verständnis von Chancengleichheit nicht in die Verantwortung der Personen.« (Ebd.)

Durch eine starke Betonung von Eigenverantwortlichkeit werden soziale Ungleichheiten grundsätzlich legitimiert und müssen in gewisser Weise auch erhalten bleiben, um die Leistungsbereitschaft und Produktivität sozial marginalisierter Gruppen gesellschaftlich sicherzustellen. Immerhin dürften in der Auseinandersetzung mit sozialen Ungleichheiten aber »zwei Dinge konsensfähig sein: *erstens*, dass auch die sozialen Chancen und die wirtschaftlichen Aussichten der Individuen *soziale* Güter sind, die sich nicht einzig und allein den persönlichen Fähigkeiten und Leistungen, sondern zumindest in einem gewissen Umfang den gesellschaftlichen Verhältnissen verdanken und darum [...] einer gerechten Verteilung bedürfen; und *zweitens*, dass eine gerechte Verteilung dieser Güter *nicht* notwendig in deren Gleichverteilung bestehen muss, sondern vielfältige Ungleichheiten zulässt, sofern es dafür allgemein akzeptable Gründe gibt.« (Koller 2004: 53) Die

gierte Kinder - bei entsprechender Leistungsbereitschaft - besondere und höhere Aufwendungen gemacht werden sollen. (Vgl. Prengel 1995: 22-25).

ungleiche Verteilung von Lebenschancen und Ressourcen durch ›allgemein akzeptable‹ Gründe zu legitimieren, interpretiert die hierarchisierende gesellschaftliche Ordnung tendenziell als Konsequenz unterschiedlicher (Arbeits-)Leistungen bzw. Qualifikationen und als Effekt einer – mehr oder weniger gelungenen – Bewältigung individueller (Lebens-)Risiken.

Das auch im Zusammenhang mit Menschen mit Behinderungen häufig zitierte Leistungsprinzip, das davon ausgeht, dass individuelle Beeinträchtigungen nicht nur geringere materielle und soziale Chancen mit sich bringen (können), sondern sie aus funktionalen Gründen gesamtgesellschaftlich notwendig machen, nimmt für sich in Anspruch, »für alle graduellen Unterschiede von Lebenschancen, Rangstellungen und Einkünften den verbindlichen Rahmen zu bilden.« (Neckel/Dröge/Somm 2004: 141) Abgesehen davon, dass dieser Ansatz suggeriert, ›Leistung‹ sei ein Begriff, der objektivierbar und mit Durchschnittsnormen in Verbindung zu bringen wäre, wird soziale Gerechtigkeit damit der Dynamik des Marktes und der Logik des gesellschaftlichen Wettbewerbs überlassen. (Vgl. Mahnkopf 2001: 76) Dass vor allem gering qualifizierte, ältere, gesundheitlich beeinträchtigte und behinderte Personen eingeschränkte Zugangsmöglichkeiten zum Arbeitsleben haben wird dadurch plausibilisiert, dass deren Leistung – bezogen auf ökonomische Ziele wie Profitmaximierung und Effektivität – häufig weder als »objektiv zweckmäßig« noch als »subjektiv sinnvoll« (Fürstenberg zit. nach Siegert 2006: 9) bewertet wird. Damit wird deutlich, wie sehr sich der Begriff Leistung auf Werturteile beruft, die im öffentlichen Diskurs verkürzt mit Qualifizierung, mit Bildungsabschlüssen, beruflichem Erfolg und Einkommen gleichgesetzt werden. Anzunehmen, dass – vergleichbare individuelle Startbedingungen vorausgesetzt – ein politisch und ökonomisch geregelter Rahmen es jeder und jedem ermöglichen könnte, individuelle Chancen tatsächlich zu ergreifen, verkennt entscheidend die Bedeutung gesellschaftlicher Barrieren, institutioneller Handlungsroutinen und gesellschaftspolitischer Dynamiken. (Vgl. Aulenbacher/Riegraf 2012: 10f)

2.6 SOZIALE EXKLUSION

Vor dem Hintergrund der ökonomischen Krise und angesichts der Rücknahme sozialstaatlicher Sicherung beschreiben ›neuere‹ Ansätze der Ungleichheitssoziologie asymmetrische gesellschaftliche Verhältnisse nicht mehr als vertikal angeordnet, sondern mit Hilfe der Begriffe ›Zentrum‹ und ›Peripherie‹. Als »strukturell verankerte Bedingungskonstellationen, aus denen sich für die Betroffenen Benachteiligungen [...] ergeben« (Kreckel zit. nach Burzan 2011: 85), sind periphere gesellschaftliche Lagen systematisch mit eingeschränkten Zugangsmöglichkeiten zu Gütern und mit begrenzten Lebenschancen verbunden. Damit vergrößert sich die Gefahr, von wesentlichen Aspekten des gesellschaftlichen Lebens strukturell ausgeschlossen zu werden. Der Begriff *Soziale Exklusion* beschreibt aber nicht nur gesellschaftliche Differenz oder Benachteiligung im Allgemeinen, sondern

> »eine aufgrund von Armut und Arbeitslosigkeit entstehende, radikale Spaltung der Gesellschaft in einen Teil, der an allen Bereichen der Gesellschaft partizipiert und in einen anderen, der von wesentlichen Partizipationsmöglichkeiten ausgeschlossen ist. Damit entsteht weniger eine stratifikatorische Differenz von ›oben‹ und ›unten‹, als vielmehr eine zwischen denjenigen, die dazu gehören und denen, die nicht dazu gehören, eine räumlich konnotierte Differenz zwischen ›drinnen‹ und ›draußen‹.« (Schroer 2007: 257)

Ausgehend von der – grundsätzlich zu hinterfragenden – Annahme, der Mehrheit der Gesellschaft stünde eine Welt der Chancen offen, macht der Begriff Exklusion auf eine gesellschaftliche Situation aufmerksam, die nicht nur durch Ausschluss gekennzeichnet werden kann, sondern auch durch die Erfahrung, »für ein Funktionieren des gesellschaftlichen Ganzen scheinbar auch nicht zwingend benötigt« (Burzan 2011: 148) zu werden. Vor dem Hintergrund der Erfahrung eines – in gewisser Weise – ›Überflüssig-gemacht-Werdens‹ und mit der Norm und Normalität einer Gesellschaft konfrontiert, die soziale Gerechtigkeit zwar verspricht, aber nicht immer einlöst, erleben sozial exkludierte Personen ihre Lebenssituation oft als Konsequenz persönlichen Scheiterns. Ein Handicap, das es – selbstverschuldet oder nicht – »mit wohlfahrtsstaatlich-sozialtechnologischen Mitteln zu bearbeiten gilt, sofern es nicht letztlich doch als Schicksal an- und hingenommen werden muss.« (Klinger 2008: 58)

Tatsache ist, dass vor allem die gegenwärtigen Umbrüche am Arbeitsmarkt und in der Erwerbsarbeit neue soziale Risiken mit sich bringen. Angesichts der wachsenden Einkommens- und Machtunterschiede, der zunehmenden Prekarität von Erwerbsarbeitsverhältnissen und in Hinblick auf Arbeitslosigkeit und Armutsgefährdung, wird eine klare Gegenüberstellung von Peripherie und Zentrum immer fragwürdiger. Denn mit einem geringen Ausmaß an gesellschaftlicher Einbindung und mit ungleichen Zugangsmöglichkeiten zu ökonomischen, kulturellen und sozialen Ressourcen, sind immer größere Personengruppen konfrontiert. Auch deshalb bringt die Konzentration auf ein – (vermeintlich) eindeutig definierbares – gesellschaftliches ›Draußen‹ einen Verlust an analytischen Möglichkeiten mit sich. Denn, wenn soziale Ungleichheiten und existenzielle Gefährdungen strukturell – im Zentrum der Gesellschaft, des Marktes und in ihren Institutionen – verankert sind, kann auch Exklusion nur als gesamtgesellschaftlicher Prozess betrachtet werden, der marginalisierte Gruppen nicht grundsätzlich aus-, sondern in spezifischer Art und Weise einschließt. (Vgl. Bude 2004: 13) Die Analyse dieses Prozesses lässt Rückschlüsse darüber zu, welchen Anforderungen Personen – unter den gegebenen sozialen und ökonomischen Bedingungen – entsprechen sollen und welche gesellschaftlichen Mechanismen deren Partizipation und Teilhabe verunmöglichen bzw. erschweren.

Themen wie soziale Gerechtigkeit werden meist im Zusammenhang mit den (behaupteten) Sachzwängen der neoliberal orientierten, politischen Entwicklungen problematisiert, die in gewisser Weise ein ›autonomes‹ Subjekt voraussetzen, das in der Lage ist, seine Interessen zu verfolgen und das an seinen Fähigkeiten und Leistungen gemessen wird. (Vgl. Klinger 2003: 22) Soziale Macht-, Einkommens- und Besitzverhältnisse verschieben sich zunehmend zugunsten der Gewinner des Wettbewerbs. Damit verbundene Werte wie Autonomie, Freiheit und Selbstverantwortung stehen einerseits mit einer Erweiterung des subjektiven Handlungsspielraums in Verbindung, werden andererseits aber auch mit der Effektivitätssteigerung und funktionalen Differenzierung des gesellschaftlichen Raums assoziiert. Sozial marginalisierten Gruppen soll Partizipation, Teilhabe und selbstbestimmte Lebensführung auch jenseits der (Erwerbs-)Arbeit durch sozialstaatliche Sicherungsleistungen und ›korrigierende‹ Interventionen ermöglicht werden. Diese – von Regine Gildemeister als »*negative Vergesellschaftung*[8]« (Gildemeister zit. nach Becker-Schmidt 2003: 8) bezeichnete –

8 Gildemeister versucht mit dem Begriff *negative Vergesellschaftung* das soziale Gefälle zwischen Personen zu erfassen, die als ›normal‹ bzw. als ›nicht-normal‹

Praxis der sozialen Eingliederung durch sozialpolitische und kompensatorische Maßnahmen zielt gegenwärtig allerdings vorwiegend auf die Steigerung der Leistungs- und Beschäftigungsfähigkeit marginalisierter Personen bzw. darauf ab, dass Menschen jene Kompetenzen entwickeln, die für die Arbeitsplätze der Zukunft (vermutlich) erforderlich sind.

Dass im Zusammenhang mit sozialer Ungleichheit die möglichst umfassende Repräsentation der Perspektiven und Interessen von (marginalisierten) sozialen Gruppen gefordert wird, ist an sich nicht neu, erfährt allerdings wachsende sozialwissenschaftliche und politische Aufmerksamkeit. Auch wenn sich damit der politische und institutionelle Anspruch, marginalisierte Personen und soziale Gruppen als gleichberechtigte Partner_innen anzuerkennen und sie in Entscheidungsprozesse aktiv mit einzubeziehen, mehr und mehr durchsetzt, gestalten sich Diskussionen um (politische) Gleichheit und soziale Gerechtigkeit nach wie vor höchst kontrovers. Vor allem die (politische) *Aberkennung der Statusgleichheit* sozialer Gruppen und die daraus folgende *Ungleichwertigkeit* ihrer Interessen erschweren eine Einigung darüber, welche (materiellen und immateriellen) Voraussetzungen für ein ›gutes‹ Leben allgemeingesellschaftlich gesichert sein müssten. Sofern hierarchisierende gesellschaftliche Verhältnisse als Konsequenz unterschiedlicher (Erwerbsarbeits-)Leistungen bzw. Qualifikationen und als Effekt einer – mehr oder weniger gelungenen – Bewältigung individueller (Lebens-)Risiken interpretiert werden, liegt es nahe, soziale Ungleichheiten nicht nur als legitim zu bewerten, sondern sie aus funktionalen Gründen allgemeingesellschaftlich als notwendig zu erklären. Das häufig damit verbundene unterschiedliche Ausmaß an gesellschaftlicher Teilhabe und die Erfahrungen des ›Überflüssig-gemacht-Werdens‹ betreffen grundsätzlich alle (marginalisierten) Personen und sozialen Gruppen, Menschen mit Behinderungen sind mit diesen gesellschaftlichen Mechanismen allerdings in besonderer Weise konfrontiert. Ihre (politischen) Anliegen werden kaum im Zusammenhang mit sozialer Ungleichheit thematisiert, sondern vorwiegend auf Fragestellungen im Zusammenhang mit medizinischer Versorgung, Therapie und Prävention bezogen. Mit dem Ziel,

---

gelten. Sie geht davon aus, dass Prozesse der Diskriminierung bzw. Ausgrenzung durch ein »Wechselspiel von sozialem Handeln, das Randständigkeit produziert, und Maßnahmen, die Eingliederung intendieren« (Gildemeister zit. nach Becker-Schmidt 2003: 8) entstehen bzw. aufrecht erhalten werden.

behinderte Personen als Rechtssubjekte wahrzunehmen wurde im Jahr 2006 die UN-Behindertenrechtskonvention verabschiedet, die behinderungspolitische Forderungen im Rahmen der Menschenrechte thematisiert und sich darum bemüht, gegen gesellschaftliche Benachteiligung und Diskriminierung vorzugehen und eine Verbesserung der Lebenssituation behinderter Personen zu erreichen.

3. Die UN-Behindertenrechtskonvention

»It will be impossible to make this world more just, if we allow the exclusion of the most vulnerable groups« (Fox zit. nach Degener 2003: 37) – so begründete, der im Jahr 2001 amtierende mexikanische Präsident Vicente Fox das Engagement seiner Regierung für die Einführung und Umsetzung einer international verbindlichen Konvention zum Schutz und zur Förderung der Rechte und der Würde von Menschen mit Behinderungen. Damit setzte er einen Diskussionsprozess in Gang, der die Anliegen, Interessen und Lebenswirklichkeiten von weltweit etwa 650 Millionen beeinträchtigten Personen ins Zentrum der politischen Aufmerksamkeit rückte. Im Menschenrechtssystem der Vereinten Nationen stellte das in gewisser Weise einen Paradigmenwechsel dar, denn bislang waren behinderungspolitische Fragestellungen ausschließlich im Kontext der Weltgesundheitsorganisation thematisiert worden, die sich primär dem Auftrag widmete, Präventions-, Therapie- und Rehabilitationsmöglichkeiten weiter zu entwickeln. (Vgl. Degener 2009: 201f) Perspektiven, die mit menschenrechtsorientierten Normen in Verbindung stehen und sich dem gesellschaftspolitischen Ziel der gleichberechtigten gesellschaftlichen Teilhabe behinderter Personen verpflichtet sehen, gehen in Abgrenzung dazu davon aus,

> »[…] dass alle Menschenrechte und Grundfreiheiten allgemein gültig und unteilbar sind, einander bedingen und miteinander verknüpft sind und dass Menschen mit Behinderungen der volle Genuss dieser Rechte und Freiheiten ohne Diskriminierung garantiert werden muss.« (BRK Präambel: 1)

Menschen mit Behinderungen sind – auch wenn sie überwiegend[1] in Entwicklungsländern leben – in allen Teilen der Welt mit gesellschaftlichen und sozialen Barrieren und Menschenrechtsverletzungen konfrontiert. Sie erfahren in hohem Ausmaß sozialen Ausschluss, ihre Bildungs- und Beschäftigungsmöglichkeiten sind deutlich eingeschränkt und aufgrund nicht ausreichender bzw. fehlender sozialer Grundversorgung steigt auch das Armutsrisiko für beeinträchtigte Personen erheblich.

»In practice, people with disabilities continue to be marginalized. People with intellectual disability, in particular, are the most likely of all to be incarcerated in inhumane institutions. They are commonly deprived of an education, refused ordinary social relationships, blocked from meaningful and gainful employment, reduced to irrevocable poverty [...] their civil and political rights are frequently abused, as are their physical persons. These problems are not limited to developing countries. They may be found in every nation of the world [...].« (Commission on Human Rights 2001: 2f)

Die Alltäglichkeit von Unrechtserfahrungen, Diskriminierungen und Zurückweisungen macht deutlich, in welch geringem Ausmaß die Rechte, Interessen und Möglichkeiten behinderter Personen politisch wahrgenommen und anerkannt werden. Davon ausgehend, dass deren Lebenswirklichkeiten ausschließlich durch den internationalen Bezug auf allgemeine Menschen- und Grundrechte verbessert werden könnten, wurde seitens der Vereinten Nationen ein Ad-Hoc Ausschuss einberufen, dessen Aufgabe darin bestand, Vorschläge für ein umfassendes und internationales Übereinkommen zur Förderung des Schutzes der Rechte und der Würde von Menschen mit Behinderungen zu prüfen. Die darauf folgenden Auseinandersetzungen um Rechtsvorschriften und koordinierte politische Strategien, wurden bewusst nicht nur von Vertreterinnen und Vertretern der Regierungen geführt. Regionale und transnationale Kommissionen, Nichtregierungs- und Behinder-

1 Angesichts der Tatsache, dass ca. 80 % der Menschen mit Behinderungen in Entwicklungsländern leben, sieht die UN-Behindertenrechtskonvention ein nachhaltiges *Weltaktionsprogramm* vor, in dem Politikformen, Pläne, Programme und Maßnahmen zur Erhöhung der Chancengleichheit von Menschen mit Behinderungen durch nationale, regionale und internationale Zusammenarbeit und Unterstützung entwickelt werden sollen. (BRK Präambel: 1)

tenorganisationen waren ausdrücklich eingeladen, Anregungen und Denkanstöße einzubringen, sich an politischen Prozessen zu beteiligen und wurden aufgefordert, die getroffenen Entscheidungen mit zu verantworten. Während man sich über die Dringlichkeit einer Verbesserung der Lebensbedingungen und der rechtlichen Situation von Menschen mit Behinderungen relativ problemlos verständigen konnte, führte der Plan, eine eigenständige Behindertenrechtskonvention zu erarbeiten, zunächst zu Unstimmigkeiten und Divergenzen[2]. Kontrovers diskutiert wurden vor allem drei Argumente: erstens: die Frage, ob die Rechte behinderter Personen und deren Grundfreiheiten durch bestehende Konventionen bereits gewährleistet seien[3]; zweitens: die Sorge, besondere rechtliche Regelungen für beeinträchtigte Personen könnten deren gesellschaftlich prekäre Situation stabilisieren und zu weiteren Marginalisierungsprozessen führen; und drittens: die Befürchtung, dass ein internationales Übereinkommen aufgrund der hohen Folgekosten nicht finanzierbar sei. (Vgl. Degener 2003: 40-42)

Nicht nur Regierungsmitglieder, auch Vertreter_innen von Behindertenorganisationen waren – »besonders dann, wenn sie in Staaten operieren, die bereits nationale Reformgesetze zur Stärkung der Rechte behinderter Menschen erlassen haben« (ebd.) – nicht ohne weiteres von einer eigenständigen Behindertenrechtskonvention zu begeistern. Sie befürchteten eine erhebliche Einschränkung der Möglichkeit, sich auf nationaler Ebene für eine Verwirklichung der formulierten Ziele einzusetzen, wenn gleichzeitig globale behinderungspolitische Richtlinien und internationale Strategien zur Verbesserung der Lebenssituation beeinträchtigter Personen entwickelt werden sollten. Allerdings reicht das Anliegen der Konvention grundsätzlich weit über die Forderungen nationaler Antidiskriminierungsgesetze und über das Bemühen um eine Verbesserung staatlicher Fürsorge-

2 Australien, Kanada und Südafrika lehnten eine eigenständige Behindertenrechtskonvention entschieden ab und auch die USA, Japan und China standen ihr skeptisch gegenüber. Dafür sprachen sich vor allem Mexiko und die Europäische Gemeinschaft aus. (Vgl. Degener 2003: 39)

3 Gerard Quinn und Theresa Degener haben nachgewiesen, dass die Rechte von Menschen mit Behinderungen in keiner Menschenrechtskonvention ausreichend repräsentiert sind, was sie auf ein geringes Problembewusstsein, auf mangelnde Ressourcen und fehlende Kompetenzen zurückführen. (Vgl. ebd: 41).

und Wohlfahrtspolitik hinaus, denn sie gilt als Instrument, das weltweit »konkrete Standards für das Verhalten von Regierungen« [KOM (2003)/16: 13] vorgibt. Die damit intendierte Neuorientierung des politischen Handelns verpflichtet die Vertragsstaaten dazu, die Würde von Menschen mit Behinderungen zu achten und »die volle und gleichberechtigte Ausübung aller Menschenrechte und Grundfreiheiten [...] zu fördern, zu schützen und zu gewährleisten« (BRK, Artikel 1: 3) – was in Anbetracht kaum vergleichbarer nationaler sozialpolitischer Regulierungen tatsächlich eine große politische Herausforderung darstellt.

Primär staatliche Organe sind – unter Berücksichtigung national verfügbarer (finanzieller) Ressourcen – aufgefordert, »alle geeigneten Maßnahmen [...] zur Änderung oder Aufhebung bestehender Gesetze, Verordnungen, Gepflogenheiten und Praktiken zu treffen, die eine Diskriminierung von Menschen mit Behinderungen darstellen.« (Ebd., Artikel 4: 4) Um die Einhaltung der damit verbundenen Richtlinien überprüfen zu können und Individualbeschwerdeverfahren zu ermöglichen, wurden Regierungsverantwortliche und zivilgesellschaftliche Akteure – »insbesondere Menschen mit Behinderungen und die sie vertretenden Organisationen« (BRK, Artikel 33: 19) – explizit in Prüfungs- und Kontrollmechanismen einbezogen und Monitoringstellen errichtet. Die damit angestrebte politische Gleichwertigkeit behinderter und nichtbehinderter Personen – die angesichts gesellschaftlicher Dominanzverhältnisse und Geschlechterparitäten immer wieder neu reflektiert werden müsste – ermöglicht grundsätzlich eine Form des politischen Einflusses, der parteilich für die Interessen beeinträchtigter Personen eintritt. Wie weitreichend die angestrebten gesellschaftlichen Veränderungen sein werden, ist bislang noch nicht absehbar. Allerdings ist es bereits als bemerkenswerter politischer Erfolg zu interpretieren, dass die UN-Behindertenrechtskonvention – trotz der hier angedeuteten Differenzen und kontroversen Auseinandersetzungen – schon bei der Erstauslegung von über 80 Mitgliedstaaten der Vereinten Nationen unterzeichnet wurde.

Indem sie politische Ansprüche auf gleichberechtigte gesellschaftliche Teilhabe, Selbstbestimmung und Diskriminierungsfreiheit betont, rechtlich verankert und mit strategischen Instrumenten der Umsetzung und Kontrolle verknüpft, verdeutlicht die UN-Behindertenrechtskonvention eine spezifische Sichtweise auf die Situation beeinträchtigter Personen. Der damit verbundene Perspektivenwechsel – ›Behinderung‹ nicht ausschließlich im

Kontext medizinischer Versorgung, Prävention und Rehabilitation, sondern als spezifische Rechtsposition zu thematisieren – soll zu Veränderungen führen, in deren Zentrum bewusstseinsbildende Maßnahmen und die Umgestaltung gesellschaftlicher Strukturen und Praktiken stehen. Im Rahmen der Konvention, die mittlerweile als offizieller behinderungspolitischer Bezugspunkt der Vereinten Nationen und der Europäischen Gemeinschaft gilt (vgl. Degener 2009: 201), wird ›Behinderung‹ folgendermaßen definiert:

»Der Begriff Menschen mit Behinderungen umfasst Menschen mit langfristigen körperlichen, seelischen, geistigen oder Sinnesschädigungen, die sie im Zusammenwirken mit verschiedenen Barrieren daran hindern können, gleichberechtigt mit anderen uneingeschränkt und wirksam an der Gesellschaft teilzunehmen.« (BRK, Artikel 1: 3)

Mit der bewussten Fokussierung auf das Zusammenwirken von individuellen ›Schädigungen‹ und gesellschaftlichen Barrieren – das strukturell mit sozialer Ungleichheit verbunden ist – macht der Konventionstext die politische Bedeutung von sozialen Initiativen, politischen Regulierungen und legislativen Veränderungen deutlich, die auf die gesellschaftliche Anerkennung von beeinträchtigen Personen abzielen und den Prozess ihres ›Behindert-Werdens‹ aktiv unterbrechen.

»Der Konvention liegt ein Verständnis von Behinderung zugrunde, in dem diese keineswegs von vornherein negativ gesehen, sondern als normaler Bestandteil menschlichen Lebens und menschlicher Gesellschaft ausdrücklich bejaht und darüber hinaus als Quelle möglicher kultureller Bereicherung wertgeschätzt wird [...].« (Bielefeldt 2009: 6f)

›Behinderung‹ wird im Rahmen der Konvention als *normaler* Bestandteil gesellschaftlicher Pluralität wertgeschätzt, ohne die sozialen und ökonomischen Schwierigkeiten beeinträchtigter Personen zu leugnen. Die Anerkennung der »durch die Behinderung bedingten *besonderen Lebensformen*« (ebd.,: 7), die Wertschätzung der Identitätsentwürfe, Lebens- und Kommunikationsformen beeinträchtigter Personen und die Wahrung ihrer Rechtsansprüche sollen zur Überwindung einer Perspektive führen, die Beeinträchtigungen und ›Defizite‹ in den Mittelpunkt der Auseinandersetzung stellt. Dabei führt insbesondere der Respekt vor den Fähigkeiten und Kompetenzen behinderter Personen dazu, Aufgeschlossenheit für ihre Rechte zu erreichen, die Möglichkeiten ihrer gesellschaftlichen Mitbestimmung und Mitgestaltung zu erweitern und soziale Solidarität zu stärken.

3.1 DISABILITY MAINSTREAMING

Angesichts der erschreckenden Häufigkeit von Menschenrechtsverletzungen behinderten Personen gegenüber, im Hinblick auf ihre gesellschaftliche Marginalisierung und bezogen auf die Tatsache, dass deren Grundbedürfnisse – wie Nahrung, Wärme, Hygiene und der Anspruch auf Privatsphäre – auch im europäischen Raum häufig nicht erfüllt werden [vgl. (KOM 2003), 16: 8], widmete sich die UN-Menschenrechtskommission im Rahmen eines Sonderberichts der Frage, mit welchen politischen Haltungen Menschen mit Behinderungen konfrontiert sind und inwieweit sie als Rechtssubjekte wahrgenommen werden.

»In most countries, human rights violations against disabled people take the form of unconscious discrimination, including the creation and maintenance of man-made (sic) barriers preventing disabled people from enjoying full social, economic and political participation in their communities. Most governments appear to have a narrow understanding of human rights vis-à-vis disabled people and believe they need only abstain from taking measures, which have a negative impact on them. As a consequence, disabled people are neglected in the area of human rights policy and legislation.« {Leandro Despuy in [(KOM 2003), 16: 7]}

Den Ergebnissen des Berichts folgend versuchen Regierungsverantwortliche innerhalb der Vereinten Nationen zwar weitgehend Maßnahmen zu vermeiden, die einen negativen Einfluss auf die Lebensrealitäten von Menschen mit Behinderungen haben könnten, unterlassen aber gleichzeitig Initiativen, die sie als Rechtssubjekte sichtbar machen und die Möglichkeiten ihrer sozialen, ökonomischen und politischen Partizipation unterstützen und erweitern.

Als »human rights instrument with an explicit, social development dimension« (Commission for Social Development 2008: 6) initiiert die Konvention einen Entwicklungsprozess, in dem die Reflexion über die Lebensbedingungen und Rechte von Menschen mit Behinderungen nicht mehr nur am Rande der politischen Bühne geführt, sondern als bedeutsames Anliegen *aktiv* in allen gesellschaftlichen Bereichen verankert werden soll. Daraus resultiert der gesellschaftspolitische Auftrag, sich bewusst für die Verwirklichung emanzipatorischer gesellschaftlicher Rahmenbedingungen einzusetzen und Benachteiligungen entschieden entgegen zu wirken. Die Konvention folgt damit einem Verständnis, das Diskriminierung nicht nur durch das Vorenthalten individueller Rechte beschreibt, sondern jede Form der Benachteiligung verhindern will, die sich durch die Unterlassung von angemessener Hilfeleistung und Unterstützung ergibt. Die Verpflichtung der Vertragsstaaten, »den Schutz und die Förderung der Menschenrechte von Menschen mit Behinderungen in allen Politiken und Programmen zu berücksichtigen« (BRK, Artikel 4: 4) soll strategisch dazu beitragen, rechtliche Gleichstellung sicher zu stellen und die Lebensrealitäten beeinträchtigter Personen zu verbessern.

»Disability Mainstreaming in der Politik bedeutet, Reformen, Verordnungen, Gesetze schon im Entstehen auf ihre Auswirkungen auf Menschen mit Behinderung zu überprüfen, so dass Gesetze keine diskriminierenden Passagen enthalten, negative Auswirkungen vermieden werden und die Mitwirkung von Menschen mit Behinderung bei Entscheidungsprozessen festgeschrieben wird.« (Institut für Mensch, Ethik, Wissenschaft 2009: 15)

Als politisches Konzept, das »eine andere Vorgehensweise und ein grundlegendes Umdenken bzw. einen Perspektivenwechsel erfordert« (Grüber 2007: 1), geht Disability Mainstreaming konsequent von den Wahrnehmungen und Erfahrungen, dem Wissen und den Interessen von Frauen und Männern mit Behinderungen aus. Ihre Perspektiven sollen systematisch als Ausgangspunkt politischer Analyse- und Entscheidungsprozesse berücksichtigt werden und gesellschaftspolitische Strategien entscheidend mit beeinflussen. Dabei gelten die Analyse der Lebenswirklichkeiten und die öffentliche Sichtbarkeit der politischen Anliegen behinderter Personen als die ausschlaggebenden Faktoren für den (politischen) Dialog, der letztlich auf die uneingeschränkte gesellschaftliche Teilhabe und politische Selbstvertretung von Menschen mit Behinderungen abzielt.

»Die erfolgreiche Verankerung von Disability-Mainstreaming in Politik und Gesellschaft erfordert ein Umdenken, insbesondere von Menschen ohne Behinderung, die sich auf die Perspektive von Menschen mit Behinderung einlassen müssen. […]. Es ist auch notwendig, Hindernisse bei der Verankerung von Disability-Mainstreaming zu erkennen, um gegensteuern zu können. Es kann sein, dass Entscheidungsprozesse länger oder durch die Berücksichtigung von zusätzlichen Faktoren komplizierter werden.« (Ebd.: 2f)

Der Prozess der aktiven Einbindung behinderter Personen in politische Prozesse setzt ein Bewusstsein über deren Rechtsansprüche voraus und erfordert die wechselseitige Bereitschaft, sich auf kontroverse Diskussionen und Verständigungsprozesse einzulassen. Da die Anliegen und Interessen von Menschen mit Behinderungen meist nur im geringen Ausmaß öffentlich sichtbar werden und Interaktionen nach wie vor häufig von defizitorientierten Vorannahmen beeinflusst sind, scheinen der politische Dialog und das gemeinsame Handeln vor allem für nichtbehinderte Personen zu besonderen Herausforderungen zu werden. Denn der mit Disability Mainstreaming verbundene Ansatz

»requires us to move away from charity-based or medical-based approaches to disability to a new perspective stemming from and firmly grounded in human rights […] These traditional approaches and attitudes, no matter how well intentioned they might have been, regarded persons with disabilities either as passive recipients of good will or deeds, or as problems to be fixed, or both.« (Pillay zit. nach Degener 2009: 201)

Erst vor dem Hintergrund einer Haltung, die Frauen und Männer mit Behinderungen als Expertinnen und Experten ihrer Lebenssituation wahrnimmt und anerkennt, ist der wechselseitige Austausch über gesellschaftliche Wirklichkeiten, Erwartungen und politische Prioritäten – damit auch gemeinsames Handeln und gesellschaftliche Veränderung – möglich. Da nicht vorausgesetzt werden kann, dass nichtbehinderte Personen umstandslos in der Lage sind, die Dimension von Diskriminierungserfahrungen aufgrund von ›Behinderung‹ nachzuvollziehen, arbeitet das Konzept des Disability Mainstreaming unter anderem bewusst damit, Begegnungen zwischen behinderten und nichtbehinderten Personen zu ermöglichen und die daraus resultierenden Erfahrungen in Rahmen gezielter Angebote zu reflektieren.

»It is important to make disability real for People« (Daniel/Webster 2006: 35) gilt in diesem Zusammenhang als handlungsleitendes Prinzip, das dazu führen soll, den persönlichen Erfahrungshintergrund von behinderten *und* nichtbehinderten Personen zu erweitern und ihn – bezogen auf konkrete gesellschaftliche Maßnahmen – zu hinterfragen. Letztlich zielt dieser wechselseitige Lernprozess auf die Verwirklichung klar definierter gesellschaftspolitischer Ziele und auf die Umsetzung von staatlichen Programmen, die langfristig zu einer Verbesserung der Lebenssituation behinderter Frauen und Männer beitragen sollen. Gegenwärtig aber gilt dies als ein nur schwer zu finanzierendes Projekt der Zukunft.

Kritische Stimmen innerhalb der Behindertenbewegung stellen grundsätzlich in Frage, ob benachteiligende gesellschaftliche Strukturen tatsächlich im Rahmen institutionalisierter Politikformen und durch die Beteiligung an staatlichen Entscheidungen nachhaltig verändert werden können. In Abgrenzung dazu und mit dem Ziel, die (politische) Selbstvertretung behinderter Frauen und Männer weiter zu entwickeln und sicherzustellen, stellen politische Initiativen öffentlichkeitswirksame Auseinandersetzungen, die kontinuierliche Kritik an Macht- und Dominanzverhältnissen und konfrontative politische Aktionsformen in den Vordergrund ihres politischen Handelns. Die gewählten Strategien beziehen sich dementsprechend nicht primär auf die Implementierung politischer Forderungen in gesetzliche Regelungen oder auf die Entwicklung gesellschaftspolitischer Programme, sondern verfolgen das Ziel, politische Kompetenzen weiter zu entwickeln, kritische Positionen zu formulieren, sich wechselseitig zu unterstützen und eigenverantwortlich zu handeln. In diesem Sinne distanziert sich ›Selbstvertretung‹ deutlich von traditionellen Politikverständnissen und kann durch die ihr immanente Konzentration auf Protest und Widerspruch durchaus als »counter-movement to state paternalism« (Goodley zit. nach Hagleitner 2008: 38) interpretiert werden. Dem – seit den 1970er- Jahren sichtbaren und zuweilen höchst konfrontativen – politischen Aufbruch der Behindertenbewegung scheint heute die engagierte Bereitschaft entgegen zu stehen, an staatlichen Programmen mitzuwirken. Zwar sind die Hoffnung und die Zuversicht, dass sich gesellschaftliche Verhältnisse durch Disability Mainstreaming – zumindest punktuell – verändern, durchaus realistisch. Die Kehrseite allerdings könnte sein, dass sich die politische Arbeit auf eine Teilintegration der Anliegen konzentriert und in Folge dessen auf kontroverse interne Diskussionen um politische Strategien und Ziele zunehmend verzichtet.

3.2 NOTHING ABOUT US, WITHOUT US

Ausgehend von konkreten Erfahrungen mit Benachteiligung, Ausgrenzung und Stigmatisierung liegt der Anspruch der UN-Behindertenrechtskonvention darin, gesellschaftspolitische Veränderungen im Interesse behinderter Personen zu initiieren. Insbesondere die Beseitigung gesellschaftlicher und sozialer Barrieren und der Kampf für zivile und politische Rechte sollen dazu beitragen, den Prozess des ›Behindert-Werdens‹ nicht resignierend hinzunehmen, sondern politisch aktiv für eine Verbesserung der Lebenswirklichkeiten einzutreten. Auch wenn im Konventionstext bloß *erwogen* wird, »dass Menschen mit Behinderungen die Möglichkeit haben sollen, aktiv an Entscheidungsprozessen über Politiken und Programmen mitzuwirken, insbesondere wenn diese sie unmittelbar betreffen« (BRK, Präambel: 2), galt deren Beteiligung im Rahmen des Entstehungsprozesses der UN-Behindertenrechtskonvention als grundlegendes politisches Prinzip. Internationale Behindertenverbände, mehr als 400 Nichtregierungsorganisationen und behinderte Expertinnen und Experten aus den Delegationen der Regierungen, der nationalen Menschenrechtsinstitute, der Vereinten Nationen und ihrer Sonderorganisationen (vgl. Degener 2009: 202) waren bei der Entstehung des Konventionstextes eingebunden und haben entscheidend dazu beigetragen, jene Lebensbedingungen zu politisieren, mit denen beeinträchtigte Personen häufig konfrontiert sind.

Ausgehend von identitätspolitischen Perspektiven wird die gesellschaftliche Position behinderter Personen meist als marginalisiert und prekär beschreiben. Insbesondere im Vergleich zu nichtbehinderten Personen wären sie grundsätzlich und in hohem Ausmaß mit Stigmatisierung und Ausschluss konfrontiert. Bezogen auf die damit verbundene, strukturell verankerte Benachteiligung gelten auch die Lebensrealitäten von Menschen mit Behinderungen weitgehend als vergleichbar.

»Sowohl individuell als auch kollektiv erscheinen Menschen mit Behinderung abgespalten von und unterdrückt durch eine ebenso konsistent wie homogen gedachte nichtbehinderte Mehrheitsgesellschaft. Die Grenze zwischen den Welten ist […]

scheinbar eindeutig und widerspruchsfrei. Menschen mit Behinderungen erscheinen in jedem Fall benachteiligt, nicht normal, körperlich beschädigt und verletzt, einfach anders zu sein. In dem Maße, in dem eine Integration, eine Normalisierung, Korrektur und Gleichstellung verwehrt bleiben, unterstützt das soziale Modell der Disability Studies die Forderungen nach Anerkennung einer eigenen, anderen Normalität. Das Gleichstellungspostulat wird dabei um die Proklamierung einer strategischen Identitätspolitik ergänzt, die auf Hervorhebung und Anerkennung einer eigenwertigen kollektiven Gleichheit in der Differenz zur Welt der nicht behinderten Menschen abhebt.« (Bruner 2005a: 50f)

Es mag im Bezug auf politisches Handelns strategisch unverzichtbar sein, gemeinsame Anliegen und Interessen behinderter Personen hervorzuheben und sich um ihre Anerkennung zu bemühen, der Anspruch, die Problemlagen und Bedürfnisse aller umfassend repräsentieren zu wollen, muss aber notgedrungen scheitern. Angesichts der faktischen Heterogenität zwischen beeinträchtigten Personen und ihren Lebenswirklichkeiten besteht durch die Proklamierung identitätspolitischer Strategien im Gegenteil die Gefahr, soziale Unterschiede zu nivellieren und politische Forderungen zu generalisieren.

Die Deutungsmuster, Inhalte und Stellungnahmen der Behindertenbewegung werden in einem größeren politischen Kontext – also von Frauen und Männern, von Personen mit Migrationshintergrund und/oder anderer Staatsbürgerschaft, von Menschen mit unterschiedlichen ökonomischen und kulturellen Hintergründen etc. – entwickelt. Im öffentlichen Raum allerdings, vertreten vorwiegend körperbehinderte, weiße Männer der Mittelklasse (vgl. Waldschmidt 1997: 50) die erarbeiteten politischen Perspektiven und Anliegen. Dabei wird erstaunlich wenig hinterfragt, inwieweit deren gesellschaftliche Positionierung zu begrenzten Sichtweisen führen könnten, welche Diskurse öffentlich repräsentiert werden und welche ausgeschlossen bleiben.

»The staff and leadership of the disability movement in the United States shows a very different pattern – almost completely white, middle class, and until recently, male. In each of the early historical shifts of the disability movement, however, women, people of color, gays and lesbians, and others who did not fit the proffered stereotype were active members. Evident in anecdotal accounts and early writings on the lived disability experience were representatives of all these groups who were important players doing important work for the community without public acknowledgment or equal rewards for their contributions.« (O'Toole 2004: 295)

Die Mehrdimensionalität der repräsentierten, politischen Anliegen weist darauf hin, dass Menschen mit Behinderungen im Rahmen der UN-Behindertenrechtskonvention nicht als klar abgrenzbare und relativ homogene soziale Gruppe verstanden werden. Allerdings lässt auch sie Fragen nach der Bedeutung sozialer Ungleichheiten zwischen behinderten Personen und nach politischen Antworten auf mehrfache Diskriminierungsverhältnisse weitgehend offen. So zeigen sich die Vereinten Nationen zwar »besorgt über die schwierigen Bedingungen, denen sich Menschen mit Behinderungen gegenübersehen, die mehrfachen oder verschärften Formen der Diskriminierung auf Grund der Rasse, der Hautfarbe, des Geschlechts, der Sprache, der Religion, der politischen oder sonstigen Anschauung, ihrer nationalen, ethnischen, indigenen oder sozialen Herkunft, des Vermögens, der Geburt, des Alters oder des sonstigen Status ausgesetzt sind.« (BRK, Präambel: 2) Bislang aber fehlen systematische Analysen, die sich auf die ungleichheitsrelevanten Wirkungen der genannten sozialen Differenzierungsmerkmale beziehen und konkrete Hinweise darauf, wie die Vereinten Nationen auf die damit verbundenen gesellschaftlichen Herausforderungen reagieren werden.

Hierarchisierungen

Die Fokussierung auf die homogenisierende Masterkategorie ›Behinderung‹ bringt es mit sich, dass die Lebensrealitäten, sozialen Positionierungen und politischen Anliegen von gesellschaftlich besonders benachteiligten Gruppen – die auch innerhalb der Behindertenbewegung meist am Rande stehen – nur im begrenzten Ausmaß öffentlich sichtbar und in politische Überlegungen kaum einbezogen werden. Die Repräsentation der Interessen von Personen, die nur eingeschränkt über Möglichkeiten verfügen, ihre Anliegen zu äußern und die mit erheblichen Einschränkungen ihrer Handlungsfähigkeit konfrontiert sind, stellt in diesem Zusammenhang die größte politische Herausforderung dar.

»Sie gelten als Objekte der Fürsorge und weniger als aktiv handelnde, vernünftige Subjekte. Denn schließlich – so lautet zumeist das Argument, bei dem allerdings Ursache und Wirkung miteinander verwechselt werden – leben sie häufig in personalen und strukturellen Abhängigkeiten, sind von professionellen Helfern umgeben und wohnen dauerhaft in institutionellen Zusammenhängen. Wie also können sie unter diesen Bedingungen autonomiefähig sein?« (Waldschmidt 2003: 16)

Sich für gesellschaftliche und soziale Bedingungen einzusetzen, die *Selbstbestimmung* und *weitgehende Unabhängigkeit* ermöglichen, gilt in den politischen Forderungen der Behindertenbewegung als handlungsleitende Zielvorstellung. Abgesehen von der Tatsache, dass selbstbestimmte Lebensentscheidungen nur unter erheblichen Schwierigkeiten getroffen werden können, wenn Beeinträchtigungen ein hohes Ausmaß an Unterstützung und Assistenz erforderlich machen, stellen sie gleichzeitig »hohe Ansprüche an den Einzelnen.» (Waldschmidt 2003: 19f) Um die mit Selbstbestimmung verbundenen Herausforderungen meistern zu können, sind umfassende Kompetenzen wie Zielorientierung, Kommunikations- und Konfliktfähigkeit, Durchsetzungs- und Organisationsvermögen erforderlich, über die beispielsweise komplex behinderte Personen nur bedingt verfügen. Diesem Argument folgend, wäre es verfehlt, ›Selbstbestimmung‹ ausschließlich mit emanzipatorischen Werten der Befreiung und Selbstermächtigung zu verbinden, denn darüber hinausreichend ist der Begriff in hohem Ausmaß mit normativen Voraussetzungen verknüpft. Dementsprechend muss Selbstbestimmung als »eine Dimension der sozialen Kategorisierung und Differenzierung« (ebd.: 20) interpretiert werden, die – insbesondere wenn die Auseinandersetzung um bedarfsgerechte Unterstützungsleistungen ausbleibt – häufig zur »Etablierung einer neuen Behindertenhierarchie« beiträgt, »deren Rangordnung nach der Autonomiefähigkeit strukturiert ist.« (Ebd.) Angesichts der damit verbundenen Prozesse von Privilegierung und Benachteiligung innerhalb der Gruppe beeinträchtigter Personen, besteht – im Rahmen der Behindertenbewegung, aber auch bezogen auf Handlungsmodelle der sozialen Arbeit – die Schwierigkeit, in gewisser Weise zu einer ›Elitebildung‹ beizutragen, die weniger beeinträchtigte Personen eindeutig bevorzugt. Um dem entgegenzuwirken und ausschließende Mechanismen zu vermeiden, wäre es von besonderer Bedeutung, sich bewusst auch auf die Erfahrungen jener Personen zu beziehen, die ihre Interessen politisch nicht oder nur schwer artikulieren können und/oder bewegungsintern am Rande stehen. Auch ihre Anliegen müssen ein entscheidender Teil des neu eröffneten (politischen) Dialogs werden, der vor der Herausforderung steht, politische Strategien weiter zu entwickeln, bereits bestehende Vereinbarungen und Konzepte der sozialen Arbeit immer wieder neu zu hinterfragen und gesellschaftliche Entwicklungen voran zu treiben.

3.3 GENDER PERSPEKTIVEN

Fünfzehn Jahre nach der vierten Weltfrauenkonferenz in Peking überprüfte das *Internationale Netzwerk von Frauen mit Behinderung* (INWWD[4]), inwieweit die 1995 formulierten frauenpolitischen Richtlinien dazu beigetragen haben, auch die Rechte behinderter Frauen sicherzustellen und ihnen gesellschaftliche Partizipation zu ermöglichen. Im Rahmen der Konferenz distanzierten sich die politisch aktiven Frauen entschieden von identitätspolitischen Ansätzen und gingen bewusst von Differenzen zwischen Frauen und ihren Lebensrealitäten aus. Die in den Deklarationen festgeschriebene politische Hoffnung lag darin, die gesellschaftliche Position von Frauen durch die Beseitigung sozialer Ungleichheiten, die Befreiung aus Gewaltverhältnissen, durch den gleichberechtigten Zugang zu Bildung, Beschäftigung und Beruf bzw. durch eine paritätisch ausgewogene Geschlechtsrepräsentanz in politischen Entscheidungsprozessen verbessern zu können.

Ausgehend davon, dass die »Frauenbewegung und – politik in ihrer Programmatik und ihren Arbeitsweisen von dem Leitbild der gesunden, normalen und nichtbehinderten Frau« (Waldschmidt 1997: 52) ausgeht und weil sich auch feministisch orientierte sozialwissenschaftliche Forschung meist nur am Rande für eine Auseinandersetzung mit ›Behinderung‹ engagiert, ist es kaum verwunderlich, dass die Perspektiven von Mädchen und Frauen mit Behinderungen im Rahmen der Konferenz kaum berücksichtigt wurden. Ihre politischen Interessen blieben weitgehend unsichtbar, was vor allem auf das fehlende Bewusstsein für die sozialen, politischen und kultu-

4 Das Internationale Netzwerk von Frauen mit Behinderungen (INWWD) besteht aus ca. 200 Frauen, die sich in internationalen, nationalen und lokalen Organisationen, in Gruppen/Netzwerken oder als Einzelne darum bemühen, Wissen und Erfahrungen auszutauschen, öffentlich für die Rechte von Frauen mit Behinderungen einzutreten und positive gesellschaftliche Veränderungen in Richtung einer inklusiven Gesellschaft zu erreichen.

rellen Rechte behinderter Frauen und auf die geringe Anerkennung der gesellschaftlichen Relevanz ihrer Anliegen zurückzuführen sein dürfte[5].

»The situation of women with disabilities worldwide is characterized by two aspects: As a group they face double discrimination because of their disability and their gender and often triple discrimination in developing countries because of their poverty. Furthermore there is a general lack of data broken down to gender and disability and the research concerning the issues ›women and disability‹ is just in the early stages. So women and girls with disabilities often remain ›invisible citizens‹ in the mainstream policy and often unconsidered in disability affairs as well as in women affairs.« (Arnade/Häfner 2005: 4)

Angesichts der Nicht-Berücksichtigung behinderungsspezifischer Anliegen in frauenpolitischen Zusammenhängen und im Hinblick auf die genderneutral formulierten politischen Forderungen der Behindertenbewegung, müssen beeinträchtigte Mädchen und Frauen nicht nur allgemeingesellschaftlich, sondern auch innerhalb der beiden sozialen Bewegungen als *invisible citizens* bezeichnet werden. Soziale Barrieren, die den Zugang zu politischen Kontexten und die aktive Mitwirkung an Entscheidungsprozessen häufig erschweren, bleiben meist ebenso unbeachtet wie ihr politisches Engagement – mit dem Effekt, dass sich Mädchen und Frauen mit Behinderungen kaum auf politischen ›Bühnen‹ bewegen. Vor dem Hintergrund einer (selbstkritischen) Reflexion innerhalb der Behindertenbewegung und mit dem Ziel, frauenspezifischen politischen Forderungen mehr Nachdruck zu verleihen und Chancengleichheit sicher zu stellen, bemühen sich politisch aktive Mädchen und Frauen allerdings zunehmend darum, ihre Arbeit sichtbar zu machen, sie organisatorisch und finanziell abzusichern und sich (inter-)national zu vernetzen. Zwar bemühen sie sich gezielt um die Weiterentwicklung ihrer politischen Handlungskompetenzen, »[v]on einer

5 Da sich Frauen mit Behinderungen innerhalb der Frauenbewegung selten als gleichberechtigt Handelnde positionieren konnten - und weil deren Anliegen in Sozial- und nicht in Frauenministerien verhandelt wurden - lag es für viele politisch aktive, behinderte Frauen nahe, sich nicht in feministischen Kontexten zu engagieren, sondern - insbesondere im Rahmen der UN-Behindertenrechtskonvention - für die Berücksichtigung von Frauen- und Genderperspektiven in behinderungspolitischen Kontexten einzutreten. (Vgl. INWWD 2010)

gleichberechtigten Teilhabe am Verbandsgeschehen und an den behinderten- und frauenpolitischen Meinungsbildungs- und Entscheidungsprozessen« sind sie «noch weit entfernt.« (Waldschmidt 1997: 57) Darüber hinausreichend lässt mangelnde soziale Unterstützung, die mit politischem Handeln verbundene Doppelbelastung und die Arbeit in männerdominierten Gremien das politische Engagement für (behinderte) Frauen immer zu einer besonderen Herausforderung werden. Einer Herausforderung, die umso größer wird, wenn Auseinandersetzungen mit Gender, Rasse/Ethnie, Klasse und Mehrfachdiskriminierung als wenig bedeutsam bewertet werden.

»Inside the movement of people with disability, gender has been regarded as something irrelevant, the same has happened to the social dimension, the class dimension, the ethnic dimension and the dimension of sexual orientation. Disability is considered as a unitary concept that overshadows all the other dimensions. The current approach shows a tendency to hide the gender factor when examining the lives of people with disabilities and over-looks the influence gender has on them. In short, the movement of people with disabilities still hasn't recognized the multiple discrimination of disabled women, determined by the combination of gender and disability and this has led to a lack of interest in designing activities and programs, actions and policies aimed to fulfill the specific needs of the latter. It seems as if women with disabilities were not involved or regarded when women radically brought into discussion the age-old predominance of men over women, which turned the symbolic order of non equality between men and women upside down and which rightly condemned abuses and violations inflicted on women.« (Barbuto/Ferrarese/Griffo/ Napolitano/Spinuso zit. nach Cermi 2008: 174)

Vorausgesetzt, die politisch Handelnden der Frauen- und Behindertenbewegung würden die – meist getrennt voneinander entwickelten – politischen Analysen wechselseitig wahrnehmen und sie in ihrer Unterschiedlichkeit und Relevanz anerkennen, könnte der Diskurs über gemeinsame politischen Anliegen zu (punktuellen) Bündnissen und differenzierteren Perspektiven führen. Die Argumente und Handlungsformen der beiden sozialen Bewegungen unterscheiden sich freilich erheblich voneinander – zum Teil auch deshalb, weil politische Perspektiven entscheidend von gesellschaftlichen Dominanzverhältnissen, sozialen Statuszuweisungen und individuellen Lebensmöglichkeiten abhängen. Gleichheit, Differenz und soziale Ungleichheiten sind in diesem Zusammenhang nicht bloß als analytische Kategorien zu begreifen, sondern stellen »existentielle Dimensionen jeder Lebensgeschichte« (Schlücker 1997: 43) dar, die alltägliche Handlungs- und Kommunikationsmöglichkeiten entscheidend mit beeinflussen und häufig zu erheblichen Kontroversen und (unreflektierten) Machtverhältnissen führen.

Frauenspezifische Anliegen

»[T]here is no worse exclusion politics that one that isolates one problem out of its general context«, betont Jaqueline Tirtiat (zit. nach Cermi 2008: 113) – eine Vertreterin des Belgischen Disability Forums – und fordert nachdrücklich dazu auf, behinderungsspezifische Fragestellungen nicht nur als Anliegen sozialer Bewegungen zu thematisieren. Gleichberechtigung und Chancengleichheit könnten – als Zielvorstellungen inklusiver Gesellschaften – ausschließlich durch eine gesamtgesellschaftliche Veränderung von gesetzlichen Regelungen, institutionellen Strukturen, alltäglichen Praktiken und kulturellen Gewohnheiten erreicht werden. Die Tatsache, dass die spezifische gesellschaftliche Situation von Frauen und Mädchen mit Behinderungen in diesem Zusammenhang politisch kaum wahrgenommen wird, führt zweifellos zur Stabilisierung sozialer Ungleichheiten, zu gesetzlichen Lücken und zur fehlenden Umsetzung bereits bestehender, rechtlich verbindlicher, internationaler Vereinbarungen. Und selbst wenn die Ratifizierung der UN-Behindertenrechtskonvention gleichberechtigte gesellschaftliche Teilhabe, Selbstbestimmung und Diskriminierungsfreiheit auch für Frauen und Mädchen mit Behinderungen verspricht: »There is an enormous gap in the legal system between the effort to provide for fundamental human rights and the reality for women with disabilities.« (INWWD 2010: 9)

> »The INWWD notes that very few, if any, efforts have been taken by Governments to ensure that women and girls with disabilities can fully enjoy their fundamental human rights on an equal basis with others. In most societies in the world, severe discrimination on the basis of disability and gender are ongoing problems.« (Ebd.: 2)

Die De-Thematisierung frauenspezifischer Anliegen in behinderungspolitischen Zusammenhängen spiegelt sich auch im Entstehungsprozess der UN-Behindertenrechtskonvention wider. Während im ersten Entwurf des Textes

Frauen- und Genderperspektiven noch vollständig fehlten (vgl. Überschär 2010: 2), gelang es, ausgehend von einer Initiative Koreas, diese Leerstelle zu problematisieren und auf die spezifischen Lebensbedingungen behinderter Frauen und Mädchen aufmerksam zu machen.

»Disabled women and girls represent at least half of ›people with disabilities‹ and not a separate group. But for various reasons [...] there is a great need for actions in order to achieve the full enjoyment of their human rights. To identify and address the needs of disabled women, the Convention must include the gender perspective. It is the only way to motivate States Parties to consider gender issues, and specifically women's issues while taking action and reporting.« (Arnade/Häfner 2005: 28)

Auch wenn die Einführung eines gesonderten ›Frauenartikels‹ konkrete Maßnahmen zur Verbesserung gesellschaftlicher und sozialer Realitäten in Aussicht stellte, wurde diese Initiative von Beginn an kontrovers diskutiert. Ein eigener Artikel – so der politische Einwand – könnte dazu führen, dass die Vertragsstaaten ihre politischen Initiativen auf explizit frauenspezifische Vereinbarungen konzentrieren und Genderperspektiven in anderen Bereichen massiv vernachlässigen. Die Auseinandersetzung mit Gender und die Umsetzung frauenspezifischer Forderungen seien aber als Querschnittsaufgaben zu verstehen und in allen behinderungspolitischen Bereichen zu berücksichtigen. Trotz dieser – politisch höchst relevanten – Argumente entschieden sich die Vereinten Nationen schließlich dazu, im Rahmen der UN-Behindertenrechtskonvention folgende Vereinbarungen programmatisch zu installieren:

»Die Vertragsstaaten erkennen an, dass Frauen und Mädchen mit Behinderungen mehrfacher Diskriminierung ausgesetzt sind, und ergreifen in dieser Hinsicht Maßnahmen, um sicherzustellen, dass sie alle Menschenrechte und Grundfreiheiten uneingeschränkt und gleichberechtigt genießen können.

Die Vertragsstaaten treffen alle geeigneten Maßnahmen zur Sicherung der vollen Entfaltung, Förderung und Ermächtigung der Frauen, damit gewährleistet wird, dass sie die in diesem Übereinkommen genannten Menschenrechte und Grundfreiheiten ausüben und genießen können.« (BRK, Artikel 6: 6)

Mit Artikel 6 der Behindertenrechtskonvention erkennen die Vereinten Nationen die mehrfache Diskriminierung von Mädchen und Frauen mit Behinderungen als politisches Faktum ausdrücklich an und verpflichten sich zu konkreten, politischen Maßnahmen, um Menschenrechte und Grundfreiheiten auf allen gesellschaftlichen Ebenen sicherzustellen. Denn abhängig von der Art und dem Ausmaß der Beeinträchtigungen, von kulturellen Normen und den sozial- und behinderungspolitischen Traditionen der Vertragsstaaten erhöht sich das Risiko, gesellschaftlich ausgeschlossen zu werden, für behinderte Frauen erheblich. Darüber hinausreichend sind Mädchen und Frauen mit Behinderungen in hohem Ausmaß mit Armut und mangelnder Gesundheitsversorgung konfrontiert. (Vgl. European Commission 2010: 23f) Mit zunehmender Sichtbarkeit dieser Tatsachen erhöht sich die politische Verantwortung der Vertragsstaaten, Mädchen und Frauen mit Behinderungen dieselben Rechte zu garantieren wie anderen (nicht)behinderten Personen auch. Spezifische frauenpolitische Maßnahmen sollen dementsprechend zu einer Erweiterung politischer Perspektiven und zur Verbesserung ihrer Situation in allen Lebensbereichen und -phasen führen.

Die systematische Berücksichtigung sozialer Differenzkategorien wie Geschlecht, Rasse/Ethnie, Klasse und der Bezug auf die Art und das Ausmaß der Beeinträchtigungen stellen die Homogenität der sozialen Kategorie ›Behinderung‹ radikal in Frage. Die Erweiterung der Repräsentation von Lebenswirklichkeiten beeinträchtigter Personen durch die bewusste Thematisierung von Privilegierungen und Benachteiligungen zwischen ihnen, würde eine differenziertere Auseinandersetzung mit sozialen Ungleichheitsverhältnissen und gezieltes politisches Eingreifen ermöglichen. Allerdings sind die Spezifität und Komplexität der gesellschaftlichen Machtmechanismen, die mit ›Behinderung‹ in Verbindungen stehen, bislang ebenso ungeklärt geblieben, wie die Wechselwirkungen mit oben genannten sozialen Kategorien. In den Antidiskriminierungsgesetzen und in der Gleichbehandlungsrichtlinie der Europäischen Gemeinschaft beispielsweise wird anerkannt, dass der Zugang zu Gütern und Ressourcen und die Möglichkeit, Lebenschancen zu verwirklichen aufgrund von ›Behinderung‹ erheblich erschwert sind, die grundlegende Frage, ob der sozialen Kategorie eine gesellschaftsstrukturierende Rolle zugeschrieben werden kann, wird allerdings kontrovers diskutiert.

4. Behinderung als soziale Kategorie

Die Fragen, wie soziale Ungleichheiten entstehen und auf welche Art und Weise sie gesellschaftsstrukturierend wirken, beantworten sozialwissenschaftliche Diskurse hauptsächlich bezogen auf die Kategorien Rasse/Ethnie, Klasse und Geschlecht. Die höchst kontroversen Auseinandersetzungen mit dem Argument, dass es die ›Naturhaftigkeit‹ sozialer Unterschiede sei, die zu Benachteiligungen und Privilegierungen führe, sind dabei von zentraler Bedeutung. In diesem Zusammenhang gelten soziale Hierarchisierungen zwischen Personen(-gruppen) – die mit kategorialen Zuordnungen meist einhergehen – als mehr oder weniger ›zwingende‹ Effekte ›naturgegebener‹, persönlicher Merkmale. Die damit verbundenen Vorannahmen und Argumentationsmuster sind strukturell verankert und legitimieren, durch die vermeintliche ›Unausweichlichkeit‹ gesellschaftlicher Rangordnungen, Mechanismen des sozialen Ein- und Ausschlusses. Sie gehen – bei gleichzeitiger De-Thematisierung ihrer historischen, gesellschaftlichen und kulturellen Hintergründe – meist unreflektiert in jede soziale Situation ein und beeinflussen in hohem Ausmaß politische Auseinandersetzungen um die (Un-)Veränderlichkeit gesellschaftlicher Verhältnisse.

»So unterschiedlich diese Faktoren auf den ersten Blick aussehen, gemeinsam ist ihnen, dass es sich um Merkmale handelt, die den Dimensionen von Natur und/oder Kultur zugeordnet werden, und die daher als nicht oder nur schwer veränderbar gelten. Eben weil solche Eigenschaften der Willensentscheidung des Individuums sowie der gesellschaftlichen Machbarkeit entzogen oder weniger zugänglich scheinen, können sie entweder benutzt werden, um Diskriminierungen zu legitimieren oder sie werden – in der Absicht genau das zu verhindern – durch eine sich als liberal bzw.

fortschrittlich verstehende Politik von der Agenda der Gesellschaft eliminiert.« (Klinger 2008: 39)

Systematische Hinweise darauf, dass selbst ›Natur‹ und ›Kultur‹ nur vor dem Hintergrund dominanter gesellschaftlicher Deutungen wahrgenommen und interpretiert werden können, scheinen nur bedingt in der Lage zu sein, das Argument der weitgehenden Unveränderlichkeit gesellschaftlicher Organisation zu entkräften. Schon ein erster Blick auf gesellschaftliche Sozialstrukturen verdeutlicht die (relative) Stabilität sozialer Ungleichheiten, die auf kategorialen Zuordnungen beruhen. Der individuelle Zugang zu sozialen Positionen, Gütern und Ressourcen hängt nur »teilweise vom politischen System und von den wirtschaftlichen und sozialen Verhältnissen ab[…]« (Rawls zit. nach Young 2001: 53) und wird im hohen Ausmaß durch meist unreflektierte Identitätszuschreibungen beeinflusst.

Sozialwissenschaftliche Analysen nehmen soziale Ungleichheiten häufig als Effekte gesellschaftlicher Ordnungssysteme wahr. Dabei prägen soziale Kategorien wie Rasse/Ethnie, Klasse und Geschlecht »auf ebenso unterschiedliche wie nachhaltige Weise die Ungleichheitsstruktur nahezu aller Gesellschaften.« (Klinger/ Knapp 2007: 20) Die Frage, warum gerade sie als *die* entscheidenden Bezugspunkte der politischen Diskussion über gesellschaftliche Ungleichheitsverhältnisse gelten, ist bislang allerdings weitgehend ungeklärt geblieben. (Vgl. Winker/Degele 2009: 15) Überdies gelten die damit zusammenhängenden (politischen und psychosozialen) Fragestellungen und Machtwirkungen als so mehrschichtig und komplex (vgl. Becker-Schmidt 2007: 57), dass es – Gudrun-Axeli Knapp folgend – nicht nur dogmatisch, sondern auch unsinnig wäre, von der gesellschaftlichen Omnirelevanz der Trias Rasse/Ethnie, Klasse und Geschlecht auszugehen. (Vgl. Knapp 2008: 144)

»[D]ie soziale Positionierung, insbesondere die Machtressourcen und Lebenschancen unterschiedlicher Personengruppen lassen sich grundsätzlich durch die Trias von Klasse, Geschlecht und Ethnie beschreiben, sie sind hierdurch jedoch keineswegs definitiv festgelegt. Zum einen werden die Machtressourcen und Lebenschancen sozialer Personengruppen auch durch andere Unterscheidungsmerkmale und Beziehungsmuster – z.B. entlang der Kriterien des Alters, der Gesundheit – bestimmt; und zum anderen ändern sich mit der Zeit die Formen und Inhalte, in denen sich die jeweils spezifischen Ungleichheitsdimensionen im öffentlichen Diskurs und in der politischen Praxis artikulieren.« (Bieling 2007: 109)

Soziale Positionierungen, der Zugang zu Gütern und Ressourcen und die Möglichkeit, Lebenschancen zu verwirklichen sind – diesen Einwänden folgend – nicht ausschließlich durch die genannten Masterkategorien, sondern auch durch Faktoren wie soziale Herkunft, Religion, Weltanschauung, Gesundheit, Behinderung, (hohes und/oder niedriges) Alter und Sexualität etc. mit beeinflusst. Die mit diesen sozialen Kategorien verbundenen, ungleichheitsrelevanten gesellschaftlichen Mechanismen und Machtwirkungen werden allerdings weit seltener repräsentiert, werden im Bezug auf sozio-ökonomische Bedingungen und rechtliche Regulierungen häufig erst auf den zweiten Blick sichtbar und zeigen sich möglicherweise auf einem viel alltäglicheren Niveau. Um deren Spezifität und Komplexität zu klären, ist es zunächst erforderlich, individuelle Lebenssituationen und gesellschaftliche Verhältnisse – also die konkreten Kontextbedingungen, in denen Personen leben – empirisch und analytisch zu erfassen. Dabei von einer Wechselwirkung zwischen gesellschaftlichen Strukturen, sozial bedeutsamen Diskursen/Normen und Identitätszuschreibungen auszugehen, könnte auch im Rahmen sozialpolitischen Handelns gesellschaftskritische Positionen stärken und einen – in gewisser Hinsicht ›neuen‹ – Ansatzpunkt im Bemühen um konkrete gesellschaftliche Veränderungen eröffnen.

4.1 BEHINDERUNG – EINE STRUKTURKATEGORIE?

Der Verweis auf personale Merkmale, individuelle Erfahrungen und soziale Interaktionen reicht nicht aus, um die gesellschaftsstrukturierende Bedeutung sozialer Kategorien zu erfassen. Vor dem Hintergrund der relativen Stabilität gesellschaftlicher Macht-und Herrschaftsverhältnisse und weil soziale Kategorien in unterschiedlichen sozialen Feldern als unverzichtbare Bezugspunkte für gesellschaftliche Regulierungen gelten, können sie allerdings zweifellos als entscheidende Bestandteile der sozialen Ordnung interpretiert werden. (Vgl. Hagemann-White 2013: 25) Wie viele soziale Kategorien – und vor allem welche – in der Auseinandersetzung mit gesellschaftlicher Strukturierung und mit sozialen Ungleichheiten berücksichtigt werden sollen, hängt allerdings zu einem großen Teil von den gewählten

Fragestellungen und Problemzusammenhängen ab. (Vgl. Knapp 2008: 143f)

In diesem Zusammenhang versucht Leslie McCall (2005), die strategische Bedeutung von Kategorisierungsprozessen zu präzisieren. Angesichts der hohen Komplexität gesellschaftlicher Verhältnisse kritisiert sie Untersuchungen, die sich ausschließlich auf einzelne soziale Kategorien beziehen, als homogenisierend und simplifizierend. Im Gegenzug versucht sie methodologische Zugangsweisen zu entwickeln, die es ermöglichen sollen, anti-, intra- und interkategoriale Perspektiven zu berücksichtigen. Mit Hilfe dieser Unterscheidungen werden soziale Kategorien grundsätzlich in Frage gestellt, (empirische) Erkenntnisse über soziale Differenzierungen *innerhalb* sozialer Gruppen gewonnen und/oder ungleichheitsrelevante Beziehungen *zwischen* ihnen untersucht. Indem McCall den Zusammenhang von sozialen Kategorien mit Macht- und Wissenssystemen betont und sie als historisch, sozial und kulturell geprägt beschreibt (vgl. Walgenbach 2014: 72), wird deutlich, dass eine Analyse gesellschaftlicher Machtwirkungen nur vor dem Hintergrund einer Auseinandersetzung mit politischen und wirtschaftlichen Veränderungen zielführend sein kann. Herrschaftsmechanismen – wie Rassismus, Nationalismus, Kapitalismus und Sexismus – sollten dementsprechend in ihrer Historizität wahrgenommen, begrifflich präzisiert und immer wieder neu diskutiert werden. (Vgl. Klinger 2012: 12)

Sich in der Auseinandersetzung mit Lebenslagen und -chancen von Menschen mit Behinderungen analytisch auf den strukturell verankerten Prozess des ›Behindert-gemacht-Werdens‹ zu konzentrieren, verdeutlicht zwar die ungleichheitsrelevanten gesellschaftlichen und sozialen Effekte der Kategorie ›Behinderung‹, offen aber bleibt die Frage, ob sie – vergleichbar mit Rasse/Ethnie, Klasse und Geschlecht – tatsächlich als *Strukturkategorie* des Gesellschaftlichen gedeutet werden kann.

»Sehr verkürzt zusammengefasst, sind jene Kategorien als Strukturkategorien zu bezeichnen, die sich auf die beiden Aufgaben beziehen, die grundsätzlich jede Gesellschaft zu lösen hat: Zum einen die Herstellung und Verteilung der Mittel zum Leben, die Regelung der Produktion und Distribution von Gegenständen und Gütern aller Art; zum anderen […] die Erzeugung und Erhaltung des Lebens selbst, die ›Reproduktion der Gattung‹, die Lebenshaltungen und Lebensführung, die Regelung der alltäglichen menschlichen Beziehungen.« (Klinger 2008: 42)

Diesem Verständnis folgend, beziehen sich Strukturkategorien nicht – oder nicht in erster Linie – auf sozial marginalisierte Gruppen, sondern vor allem auf gesellschaftliche Funktionsbereiche wie Ökonomie, Politik und Staatlichkeit. Im Zentrum der Auseinandersetzung steht die Frage, auf welche Art und Weise Personen oder soziale Gruppen funktional in die Mechanismen gesellschaftlicher Produktion und Reproduktion[1] eingebunden sind – oder ausgeschlossen bleiben.

Zur institutionellen Verankerung des Begriffs ›Behinderung‹

Erfahrungen von Benachteiligung und sozialem Ausschluss im Zusammenhang mit ›Behinderung‹ sind konstitutiv mit (alltags-)theoretischen Annahmen über Normalität und Abweichung, mit (meist) generalisierenden Zuschreibungen und Bewertungen von Identitätsmerkmalen beeinträchtigter Personen und daran gekoppelten ›defizitorientierten‹ Handlungserwartungen verbunden. Umgekehrt haben auch gesellschaftliche Benachteiligungen direkte und indirekte Auswirkungen auf soziale Wahrnehmungsmuster, Lebensrealitäten und auf die gesellschaftliche Positionierung von Menschen mit Behinderungen.

»Diskriminierungen haben [...] Auswirkungen, die über die Zuweisung einer benachteiligten Position in sozioökonomischen Hierarchien und Machthierarchien hinausreichen: Sie implizieren zum einen Identitätszuschreibungen, denen sich Individuen nur schwer entziehen können, zum anderen negative Bewertungen der zugeschriebenen Identität. Dies ist insbesondere dann folgenreich, wenn diskriminierende Einordnungen als Zuweisungen eines Master-Status [...] wirksam werden, d.h. eines Status, der die soziale Wahrnehmung anderer Aspekte der sozialen und persönlichen Identität überformt.« (Scherr 2010: 44)

---

1 Während Erwerbsarbeitsverhältnisse grundsätzlich unter dem Begriff ›*Produktionsarbeit*‹ subsummiert werden, bezeichnet man Tätigkeiten, die vorwiegend im ›privaten‹ Bereich geleistet werden und die der Erhaltung der Arbeitskraft und des Lebens dienen, als ›*Reproduktionsarbeit*‹. Dazu gehören sowohl Leistungen, die im Zusammenhang mit Haushaltsführung, Erziehung und Pflege stehen, als auch ehrenamtliche, unbezahlte und freiwillige Arbeiten im Kontext zivilgesellschaftlichen Engagements. (Vgl. Notz 2004: 420)

Die soziale Bewertung persönlicher Merkmale kann als *ein* entscheidender Ausgangspunkt für Identitätszuschreibungen und für Prozesse der sozialen Positionierung interpretiert werden. In diesem Sinne sind die Bedeutungshorizonte körperbezogener Differenzkriterien wie Gesundheit, ›Behinderung‹ und Alter häufig als Grundlage *eigener Vergesellschaftungsformen* (vgl. Rommelspacher 2006b: 3) zu interpretieren, die ihrerseits mit spezifischen Machtverhältnissen verbunden sind. Als »wirkmächtige Technologien, die immer unsichtbarer werden, je besser sie in Infrastrukturen eingebettet sind« (Pohlen 2010: 103), wirken dabei jene Klassifikationen am machtvollsten,

> »die ohne Auseinandersetzung erkannt und anerkannt werden, weil sie Unterschiede und Unterscheidungen beinhalten, die so fest in den Wahrnehmungsmustern und Denkstilen eingegraben sind, dass sie überhaupt nicht als diskutabel oder bestreitbar angesehen werden. Die darin eingeschlossenen ungleichheitsgenerierenden und – legitimierenden Potenziale wirken subtiler und folgenschwerer als jene, die einen Prozess der Konsensfindung hinter sich gebracht haben. Sie bedürfen nicht einmal einer Rechtfertigung, weshalb sich daran anschließende Benachteiligungen oder Bevorzugungen einer kritischen Diskussion entziehen und zum festen Bestandteil des Common Sense gehören.« (Barlösius 2005: 118)

Gegenwärtig ist das defizitorientierte Bild von ›Behinderung‹ sowohl in medizinischen bzw. pädagogischen Handlungsfeldern als auch in (wohlfahrtsstaatlichen) Institutionen strukturell relativ fest verankert. Allerdings erweist sich schon der Ausgangspunkt der Klassifizierung – der die Möglichkeit voraussetzt, ›behinderte‹ und ›nicht-behinderte‹ Personen eindeutig voneinander unterscheiden und einander gegenüber stellen zu können – als hinterfragbar. Denn abgesehen davon, dass die dadurch etablierte dichotome Ordnung ›Nicht-Behinderung‹ zum gesellschaftlichen Standard erklärt, blendet diese Perspektive völlig aus, dass die Bedeutung und Reichweite der Begriffe ›Normalität‹ und ›Behinderung‹ prinzipiell immer wieder umgedeutet und neu bestimmt werden können.

Verglichen mit der relativ stabilen, sozial gefestigten Kategorie Geschlecht, »ist Behinderung eine eher flexible Strukturkategorie«, betont Ulrike Schildmann (2003: 30) und verweist in diesem Zusammenhang auf die Bedeutung von Diskussionen, die sich auf mehreren gesellschaftlichen Ebenen mit ›Behinderung‹ auseinandersetzen. Insbesondere in den Bereichen Medizin, Pädagogik, Rehabilitation, in der sozialen Arbeit, in sozialwissenschaftlichen und in politischen Diskursen wird im Zusammenhang mit ›Behinderung‹ je spezifisches Wissen produziert, das unter anderem auch darauf abzielt, die Bedeutungshorizonte des Begriffs weiter zu entwickeln, in-Frage-zu-stellen, sie zu stabilisieren oder zu verändern. ›Behinderung‹ verweist dabei immer auf inhaltlich schwer zu bestimmende Begriffe wie ›Normalität‹ und ›Nichtbehinderung‹.

»Behinderung ist ohne Bezug auf Nichtbehinderung nicht denkbar, genau wie Nichtbehinderung ohne Verweis auf Behinderung keinen Sinn ergibt. [...] Ähnlich wie andere Strukturierungskategorien (z.B. race und gender) spielt auch Nicht*Behinderung[2] eine zentrale Rolle sowohl im Prozess der Subjektformierung als auch in der Deutung von unterschiedlichen Formen von Verkörperung. Nicht*Behinderung strukturiert die Art und Weise, in der sich Individuen aufeinander beziehen und beeinflusst, wie sie sich selbst und andere wahrnehmen. [...] Was Behinderung und Nichtbehinderung als Kategorien jeweils bedeuten und wie sie zueinander ins Verhältnis gesetzt werden, steht also nicht fest, sondern ist Gegenstand impliziter und expliziter Auseinandersetzungen« (Pohlen 2010: 100f).

Vor dem Hintergrund gesellschaftlicher, sozialer und politischer Veränderungsprozesse etabliert sich im Rahmen der Auseinandersetzungen mit den genannten sozialen Kategorien »immer auch Neues, beispielsweise neuartige Grenzziehungen zwischen dem, was als ›typisch weiblich‹ oder ›typisch männlich‹, als ›ganz normal‹, ›noch normal‹ oder ›anormal‹ zu gelten hat.« (Waldschmidt 2010: 51) Verfehlt wäre es allerdings, ›Behinderung‹, ›Nicht*Behinderung‹ und ›Normalität‹ ausschließlich als soziale Wahrnehmungs- und Bewertungsmuster und als bedeutsame Bezugspunkte für Identitätszuschreibungen und Identifizierungsmöglichkeiten zu begreifen. Denn vor dem Hintergrund der mit diesen Kategorisierungen verbundenen Bedeutungshorizonte werden politische Entscheidungen getroffen, die soziale Ungleichheiten verhindern sollen oder sie stabilisieren und

2 Carola Pohlen begründet die Verwendung des Begriffs ›Nicht*Behinderung‹ folgendermaßen: »Ich bevorzuge Nicht*Behinderung, weil so neben Behinderung auch Nichtbehinderung als soziale Kategorie sichtbar wird und ich mir vom ›Stolpern‹ im Lesen erhoffe, dass der Begriff als analytische Kategorie und nicht als Identitätsbezeichnung erinnert wird.« (Pohlen 2010: 100)

Richtlinien formuliert, die festlegen, welche sozialen Leistungen, Ressourcen und Partizipationsmöglichkeiten Personen zu- bzw. offenstehen.

»Kategorisieren und Regieren sind eng miteinander verbunden, denn mit commonsense-fähigen Kategorien kann staatliches Handeln legitimiert werden. Deren Generierung und Durchsetzung gehören zur Herausbildung des staatlichen Selbst- und Fremdverständnisses dazu, weil durch sie u.a. Regeln des Regierens etabliert werden. [...] Auch die politischen und gesellschaftlichen Kontroversen werden so in staatlich vorbestimmte Richtungen gelenkt.« (Barlösius 2005: 109f)

Klassifikationssysteme versprechen, Unterschiede zwischen Personen ›objektiv‹ feststellen und sie im Interesse der Effektivitätssteigerung nutzbringend kombinieren zu können. Die Frage, wie die Vielfalt gesellschaftlicher Kräfteverhältnisse ›rational‹ aufeinander abgestimmt, beansprucht und verwertet werden kann, beantwortet Michel Foucault – im Bezug auf die europäischen Gesellschaften seit dem 18. Jahrhundert – mit zunehmender Bedeutung der *Disziplinarmacht*. Im Kontext sozialer Institutionen zielt sie direkt auf den Körper, »der unterworfen werden kann, der ausgenutzt werden kann, der umgeformt und vervollkommnet werden kann.« (Foucault 1976: 175) Seine Kontrolle, die Überwachung seines Verhaltens, die Steigerung seiner Leistungen und Fähigkeiten soll helfen, Individuen in die *politische Ökonomie*[3] der Gesellschaft einzuordnen, Machtverhältnisse zu stabilisieren und damit »den Wohlstand einer Nation zu sichern« (Foucault 2004: 30). Die Disziplinarmacht

„bezieht die einzelnen Taten, Leistungen und Verhaltensweisen auf eine Gesamtheit, die sowohl Vergleichsfeld wie auch Differenzierungsraum und zu befolgende Regel ist. Die Individuen werden untereinander und im Hinblick auf diese Gesamtregel differenziert, wobei diese sich als Mindestmaß, als Durchschnitt oder als optimaler

---

3 Der Begriff der *Politischen Ökonomie* bezeichnet einerseits »[...] jene Regierungsmethode, die geeignet ist, den Wohlstand einer Nation zu sichern« und bezieht sich andererseits auf »[...] die Organisation, die Verteilung und die Begrenzung der Macht in einer Gesellschaft« (Foucault 2004: 30). Darüber hinausreichend wird mit diesem Begriff auch der Bereich des Wissens charakterisiert, der dazu dient, Personen als wertvollen ›Gegenstand‹ für Produktionsvorgänge nutzbar zu machen. (Ruoff 2007: 167)

Annäherungswert darstellen kann. Die Fähigkciten, das Niveau, die ›Natur‹ der Individuen werden quantifiziert und in Werten hierarchisiert. Hand in Hand mit dieser ›wertenden‹ Messung geht der Zwang zur Einhaltung einer Konformität. Als Unterschied zu allen übrigen Unterschieden wird schließlich die äußere Grenze gegenüber dem Anormalen gezogen [...]. Das lückenlose Strafsystem, das alle Punkte und alle Augenblicke der Disziplinaranstalten erfasst und kontrolliert, wirkt vergleichend, differenzierend, hierarchisierend, homogenisierend, ausschließend. Es wirkt *normend, normierend, normalisierend.*« (Foucault 1976: 236)

Die Qualifizierung von Verhaltensweisen und Leistungen auf einer Skala zwischen ›gut‹ und ›schlecht‹ führt zu einer normierenden Differenzsetzung zwischen ›normalen‹ und ›abweichenden‹ Körpern. Insbesondere die Prüfung, die »Abstände misst, Niveaus bestimmt, Besonderheiten fixiert und die Unterschiede nutzbringend aufeinander abstimmt« (Foucault 1976: 237) hierarchisiert menschliche Qualitäten und führt direkt zur Entwicklung von Klassifikationssystemen, zu Durchschnittserhebungen und zur Fixierung gesellschaftlicher Normalitätsstandards. Auf diese Art und Weise entstehen Vergleichsfelder, gesellschaftliche Strukturmuster und Normalisierungsachsen, die Bevölkerungsgruppen homogenisieren, sie hierarchisierend einordnen und den Einzelnen einen (häufig) klar definierten gesellschaftlichen Platz und sozialen Status zuweisen. Ein Mechanismus, der im Folgenden am Beispiel ›Behinderung‹ näher erläutert wird:

»Zum einen werden Körper, um sie als behindert etikettieren zu können, laufend mit anderen Körpern *verglichen*, z.B. in Intelligenztests und medizinischer Diagnostik; auch werden sie *differenziert*, nämlich als unterschiedlich – leistungs- und erwerbsgemindert, förder- , hilfs- und pflegebedürftig – eingestuft; des Weiteren werden sie – z.B. nach dem sozialrechtlich festgelegten ›Grad der Behinderung‹ oder den ›Stufen der Pflegebedürftigkeit‹ – in eine *hierarchisierende* Rangordnung eingegliedert; außerdem werden die als behindert Klassifizierten in *homogene* Gruppen – der Lernbehinderten, Hörgeschädigten, Mehrfachbehinderten etc. – eingeteilt; nicht zuletzt werden sie in Sonderschulen, Wohnheimen und Behindertenwerkstätten *exkludierenden* Strategien unterworfen.« (Waldschmidt 2010: 52f).

Allein, dass ›Behinderung‹ bezogen auf Erwerbsarbeit meist »an einer Leistungsminderung im Zusammenhang mit gesundheitlichen Schädigungen und/oder intellektuellen Einschränkungen« (Schildmann 2003: 30) gemessen wird, veranschaulicht die direkte Verknüpfung zwischen Kategorisierungsprozessen und den Mechanismen der funktionalen gesellschaftlichen und sozialen Einbindung von (beeinträchtigten) Personen. Dabei gilt vor allem der Bezug auf das Ausmaß der Leistungseinschränkung als strukturell verankerte Legitimation für die soziale Positionierung von Menschen mit Behinderungen, für die (vermeintlich) begrenzten Möglichkeiten ihrer gesellschaftlichen Teilhabe und die sozial ungleiche Verteilung von Gütern, Ressourcen und Dienstleistungen. Untrennbar mit Prozessen der Klassifikation und ökonomischen Prinzipien verbunden, gelten die Gewährleistung gesellschaftlicher Stabilität, die Sicherstellung bestehender (Re-) Produktionsverhältnisse und die Maximierung von Profiten als handlungsleitende Grundsätze einer – am Markt orientierten – Logik. Nicht nur der Vergleich und die Bewertung individueller Leistungs- und Handlungsmöglichkeiten, sondern auch die hierarchisierende Einordnung körperlicher Merkmale werden in diesem Zusammenhang als Hinweise auf zu erwartenden Erfolg oder Misserfolg interpretiert.

Die grundsätzliche Option, sich sozialen Erwartungen zu entziehen, gesellschaftliche Verhältnisse in Frage zu stellen und – vor allem – sie zu verändern, verdeutlicht allerdings, dass die Zuweisung sozialer Postionen nicht als endgültig fixierte Dimension sozialer Ungleichheitsverhältnisse gelten muss, sondern hinterfragt und zurückgewiesen werden kann. Menschen mit Behinderungen steht diese Möglichkeit allerdings nur begrenzt offen – vor allem deshalb, weil die soziale Kategorie ›Behinderung‹ ein wesentlicher und »integraler Bestandteil gesellschaftlicher Normalisierungsdiskurse« (Raab 2007: 136f) ist, der dauerhaft mit existenzsichernden gesellschaftlichen Regulierungen verbunden ist.

4.2 GLEICHBEHANDLUNG UND ANTIDISKRIMINIERUNG

Während sich sozialwissenschaftliche Diskurse im Zusammenhang mit der gesellschaftsstrukturierenden Bedeutung sozialer Kategorien vorwiegend auf die Auseinandersetzung mit Rasse/Ethnie, Klasse und Geschlecht konzentrieren, erkennt die Europäische Gemeinschaft an, dass mehrere soziale Gruppen mit strukturell bedingten, hierarchisierenden Prozessen, sozialen Ungleichheiten und Benachteiligungen konfrontiert sind. Damit bestätigt sie die gesellschaftliche Bedeutung körperbezogener Differenzmerkmale wie Alter und Behinderung und den ungleichheitsrelevanten Einfluss von sexueller Orientierung, Religion und Weltanschauung[4].

Im Zentrum der europäischen Antidiskriminierungsgesetze stehen die strukturellen und institutionalisierten Aspekte gesellschaftlicher Benachteiligung, die allerdings nicht nur intentionale Hintergründe haben. Dementsprechend berücksichtigen politische Auseinandersetzungen auch diskriminierende Wirkungen von Diskursen, von (vermeintlich) neutralen Vorschriften und alltäglichen Verfahrensweisen bzw. Handlungsformen. Denn wenn Institutionen und Organisationen Differenzen zwischen Personen und/oder sozialen Gruppen nicht berücksichtigen und ausschließlich im Rahmen ›normaler‹ und ›üblicher‹ Operationen agieren, entstehen häufig Benachteiligungen, die weniger mit absichtlichem und überzeugtem Handeln zu tun haben als mit Handlungsroutinen, Übereinkünften und ungeschriebenen Regeln. Der in diesem Zusammenhang verwendete Begriff der *institutionellen Diskriminierung*, bezieht sich vorwiegend auf die Situation marginalisierter Gruppen auf dem Arbeits- und Wohnungsmarkt, auf ihren Zugang zu Bildung und Ausbildung, auf politisch-rechtliche Bestimmungen und die Möglichkeiten ihrer sozialen Partizipation. Problematisiert werden gesellschaftliche Organisationsformen im Allgemeinen und jene Barrieren und Hindernisse, die sich durch die grundsätzliche Orientierung an den Werten, Normen, Bedürfnissen und Möglichkeiten der ›Mehrheitsgesellschaft‹ ergeben. Die daraus resultierenden gesellschaftlichen Machtverhältnisse und politischen Regulierungen konfrontieren vor allem Personen, die in peripheren sozialen Lagen leben, systematisch mit strukturell verankerter Benachteiligung.

4 Dass die soziale Kategorie Klasse in den gesetzlichen Regelungen zu Antidiskriminierung nicht repräsentiert wird, ist darauf zurückzuführen, dass individuelle Benachteiligungen im Zusammenhang mit Vermögen, Einkommen, erworbenen Qualifikationen und Machtpositionen kaum nachgewiesen und deshalb auch nicht eingeklagt werden können. (Vgl. Scherr 2010: 46) Die daraus resultierende ›Verleugnung‹ der gesellschaftspolitischen Bedeutung von Klassenunterschieden könnte dahingehend interpretiert werden, dass die europäische Antidiskriminierungspolitik der Anerkennung von Differenzverhältnissen große Aufmerksamkeit schenkt, Fragestellungen im Zusammenhang mit Umverteilung hingegen, eher vernachlässigt. (Vgl. Sauer 2012: 10)

Das europäische Jahr der Antidiskriminierung

Mit dem Ziel, allgemeingesellschaftlich für die Rechte und Pflichten marginalisierter gesellschaftlicher Gruppen zu sensibilisieren, bestehende Rechtsvorschriften bewusst und bewährte Antidiskriminierungsstrategien sichtbar zu machen, stellte die Europäische Gemeinschaft das Jahr 2007 unter das Motto: *Chancengleichheit für alle*. Damit bekräftigte der Europarat die im Jahr 2000 verabschiedete Gleichbehandlungsrahmenrichtlinie, die sich entschieden gegen Diskriminierung aus Gründen der Rasse/Ethnie, des Geschlechts, der Behinderung, der Religion oder Weltanschauung, des Alters und der sexuellen Orientierung einer Person aussprach und alle Diskriminierungsgründe als »equally intolerable« (Europarat zit. nach Duvefelt/Sjölander 2008: 10) bewertete.

Motiviert dadurch, »dass die EU und die Mitgliedstaaten Instrumente zur Förderung der tatsächlichen Gleichstellung entwickeln müssen« [KOM(2009)269: 3], sollte das Jahr 2007 dem Dialog und dem Erfahrungsaustausch über Strategien der europäischen Antidiskriminierungspolitiken gewidmet sein. Vor dem Hintergrund nationaler, regionaler und lokaler Besonderheiten standen die Auseinandersetzung mit Mehrfachdiskriminierung und Gender-Mainstreaming, die Entwicklung zivilgesellschaftlich orientierter Politikformen und das Bemühen darum, die Mitwirkung von Vertreter_innen marginalisierter sozialer Gruppen sicherzustellen, im Vordergrund der politischen Bemühungen. [Vgl. KOM(2009)269: 4]

Behinderung im Kontext der Antidiskriminierungsgesetze

In Hinblick auf die Ziele der Sensibilisierung, Kompetenzentwicklung und Strategieerweiterung kann durchaus von einer ›erfolgreichen‹ Bilanz des europäischen Jahres der Antidiskriminierung gesprochen werden. Allerdings bezogen sich die politischen Auseinandersetzungen vorwiegend auf die Diskriminierungsgründe Geschlecht und Rasse/Ethnie, wohingegen die Lebensrealitäten von Menschen mit Behinderungen und die kritischen Positionen der Behindertenbewegung weitgehend unberücksichtigt blieben. Die Frage: wer, in welchem Kontext als behindert gilt, und wann von Diskriminierung aufgrund von ›Behinderung‹ gesprochen werden kann, wurde mehrmals an den Europäischen Gerichtshof herangetragen.

Der Begriff ›Behinderung‹ – oder: Die Rechtssache Chacón Navas.

Der Europäische Gerichtshof wurde wiederholt aufgefordert, zur Frage Stellung zu nehmen, welcher Personenkreis im Sinne der Gleichbehandlungsrichtlinie als ›behindert‹ zu bezeichnen sei. Anlass dafür war eine Klage von Frau Chacón Navas, die nach einem längeren Krankenstand von ihrem Arbeitgeber gekündigt wurde. Sie ging davon aus, dass dies als Diskriminierung aufgrund von ›Behinderung‹ interpretiert werden könnte. Der Europäische Gerichtshof wies die Klage allerdings mit der Begründung zurück, dass ›Behinderung‹ – im Unterschied zu Krankheit – mit lang andauernden Beeinträchtigungen verbunden sei.

Der Versuch, die Begriffe ›Behinderung‹ und ›Krankheit‹ klar voneinander abzugrenzen, stand in diesem Zusammenhang eindeutig im Vordergrund der Auseinandersetzung, während die ›Rechtmäßigkeit‹ der Kündigung selbst nicht thematisiert wurde. Kritisch betrachtet greift diese Lösung auch aus medizinischer Perspektive zu kurz, denn auch chronische Krankheiten – die ja nicht als Behinderung gelten – sind mit langfristigen Einschränkungen verbunden und müssten deshalb durchaus in den Geltungsbereich der Gleichbehandlungsrichtlinie fallen. (Vgl. Waddington/Lawson 2010: 15-17)

Dem Urteil des Europäischen Gerichtshofs folgend, kann von ›Behinderung‹ nur im Zusammenhang mit dauerhaften physischen, kognitiven oder psychischen Beeinträchtigungen einer Person gesprochen werden, die »ein Hindernis für die Teilhabe am Berufsleben« (Europäischer Gerichtshof zit. nach ebd.: 5) darstellen. In Rechtsverfahren wird dem entsprechend nicht nur geprüft, ob Frauen und Männer mit Behinderungen benachteiligt werden, sondern auch, ob die (berufliche) Ungleichbehandlung – bedingt durch die besondere Lebenssituation einer Person und/oder aufgrund der festgestellten Beeinträchtigungen – sachlich gerechtfertigt sein könnte bzw. dem (mutmaßlichen) Wohl der klagenden Personen dient. (Vgl. Zinsmeister 2010: 122) Dementsprechend steht die Frage, wozu eine Person aufgrund ihrer Behinderung (nicht) in der Lage oder wofür sie (nicht) qualifiziert ist, meist im Zentrum der Rechtsprechung. Der diskriminierenden Handlung selbst wird weit weniger Aufmerksamkeit gewidmet, kritisiert in diesem Zusammenhang auch der Oberste Gerichtshof in Kanada, der anmerkt, dass die »Festlegung dessen, was eine Behinderung darstellt, eher darauf basieren sollte, dass die Person einer ›sozialen Behinderung‹ ausgesetzt ist, als sich auf die biomedizinischen Bedingungen oder Einschränkungen zu beschränken.« (Kommission für Menschenrechte der Provinz Ontario zit. nach Europäische Kommission 2007: 18)

»Wir werden das Problem der Diskriminierung weder vollständig in den Griff bekommen noch in all seinen Ausformungen erfassen, wenn wir uns weiterhin auf abstrakte Kategorien und Verallgemeinerungen anstatt auf die spezifischen Folgen konzentrieren. Wenn wir uns mit den Gründen für das Anderssein anstatt mit den Auswirkungen dieses Andersseins beschäftigen […] laufen wir Gefahr, eine Analyse vorzunehmen, die von den tatsächlichen Erfahrungen der Menschen weit entfernt und unempfänglich für sie ist. [...] Häufiger entstehen Benachteiligungen aus der Art und Weise, in der die Gesellschaft bestimmte Personen behandelt, als aus bestimmten Eigenschaften der Betroffenen.« (Ebd.)

Das im Rahmen des sozialen Modells von Behinderung entwickelte Wissen, wie Diskriminierungserfahrungen vermieden und gesellschaftliche Barrieren beseitigt werden könnten, floss bisher kaum in die Auseinandersetzungen mit Antidiskriminierungsgesetzen ein. Zwar steht auch aus juristischer Perspektive außer Frage, dass Gleichberechtigung und individueller Rechtsschutz nur im Rahmen einer Auseinandersetzung mit gesellschaftlich dominanten Strukturen, Werten und Normen diskutiert werden können und dass sie im direkten Zusammenhang mit ökonomischen Interessen und politischen Konflikten um (Verteilungs-)Gerechtigkeit stehen, im Rechtsverfahren selbst aber dominieren Fragen des individuellen Diskriminierungsschutzes. (Vgl. Wrase 2008: 2)

Über den Einzelfall hinausreichend sind die Mitgliedstaaten der Europäischen Gemeinschaften auch grundsätzlich dazu verpflichtet, kategorial eindeutig voneinander abgegrenzte, marginalisierte gesellschaftliche Gruppen vor Diskriminierung zu schützen.

»Die Bestimmung geschützter Gruppen ist für das Antidiskriminierungsgesetz […] unabdingbar. Sie ist auch unabdingbar aus der Perspektive der jeweils Betroffenen, die gemeinsame (Diskriminierungs-)Erfahrungen teilen und sich in der Regel nur als Gruppe gesellschaftlich-politisch Gehör und partizipatorische Freiheit erstreiten können. Nur dürfen diese Gruppen aus der Warte des Gleichbehandlungsrechts nun eben nicht als homogen verstanden, sondern müssen in ihrer Differenziertheit und Vielfalt betrachtet werden. Damit wendet sich der Blick im nächsten Schritt jedoch weg von der Gruppe als scheinbar homogener Einheit hin zum Kontext der Diskriminierung als sozialer Hierachisierung und Benachteiligung.« (Ebd.: 5)

Im Rahmen der europäischen Rechtsprechung werden Menschen mit Behinderungen zwar als geschützte, nicht aber als homogene Gruppe wahrgenommen. Mehrfachdiskriminierungen zu berücksichtigen bedeutet beispielsweise, dass die Situation einer behinderten Frau bezogen auf das Diskriminierungsmerkmal Geschlecht mit jener eines behinderten Mannes verglichen werden muss, in Hinblick auf ›Behinderung‹ ist rechtlich gesehen nur der Vergleich mit den Lebensrealitäten einer nichtbehinderten Frau zulässig. Diesem Prinzip folgend, müssen sich Kläger_innen entscheiden, welches Merkmal sie geltend machen wollen und auch Rechtsanwältinnen bzw. Rechtsanwälte werden sich mit dem – für den konkreten Fall – ›stärksten‹ Diskriminierungsgrund befassen. Vor dem Hintergrund dieser Praxis ergeben sich »in Fällen von Mehrfachdiskriminierung« erhebliche »Probleme bei der Beweisfindung sowie der Herausstellung geeigneter Vergleichsfaktoren« (Europäische Kommission zit. nach Wrase 2008, 6) und kritische Stimmen innerhalb der Rechtswissenschaften weisen darüber hinausreichend darauf hin, dass

»eine nach Diskriminierungsgründen getrennte Betrachtung von Fällen intersektionaler Diskriminierung dazu führt, dass die Diskriminierungen von Personen mit bestimmten Ausprägungen mehrerer Diskriminierungsmerkmale – wie etwa schwarze Frauen oder ältere Menschen mit Behinderung – nicht adäquat erfasst werden. Vielmehr produziert das Antidiskriminierungsrecht durch die Nichtbeachtung ihrer Unterschiedlichkeit und spezifischen Diskriminierungslage auf der Schnittstelle zwischen zwei oder mehreren relevanten Merkmalen selbst Ausschlüsse.« (Wrase 2008: 4)

Weil sich der für die Beurteilung der Rechtslage entscheidende Vergleich immer nur auf *ein* Diskriminierungsmerkmal bezieht, können Mehrfachbenachteiligungen und die daraus resultierenden Lebenslagen vor dem Europäischen Gerichtshof nicht hinreichend beurteilt werden. Zusätzlich fehlen in den meisten Mitgliedstaaten der Europäischen Gemeinschaft Rechtsvorschriften, die es ermöglichen würden, komplexen, gesellschaftlichen Ungleichheitsverhältnissen – in politischer und rechtlicher Hinsicht – entgegen zu treten. Denn auch wenn es grundsätzlich möglich wäre, die bestehenden Vereinbarungen zu Antidiskriminierung und Gleichbehandlung durch nationale Rechtsvorschriften gegen Mehrfachdiskriminierung zu ergänzen, haben sich lediglich Österreich, Deutschland, Spanien und Rumänien für die Implementierung entsprechender Richtlinien entschieden. (Vgl. Europäische Kommission 2007: 20).

Vor dem Hintergrund der Kritik an homogenisierenden Zuschreibungen und angesichts höchst heterogener Lebensbedingungen, stellt sich die Frage, ob sozialen Hierarchisierungen und gesellschaftlichen Benachteiligungen angemessen begegnet werden kann, wenn sich Antidiskriminierungsgesetze ausschließlich auf die Masterkategorien wie ›Behinderung‹ beziehen. 51% der europäischen Bürgerinnen und Bürger beantworteten im Rahmen einer Untersuchung die Frage, ob die bestehenden rechtlichen Regelungen als Grundlage nicht-diskriminierender Politikformen ausreichen jedenfalls mit ›unzureichend‹. Rassische/ethnische Herkunft, Behinderung und sexuelle Orientierung wurden in diesem Zusammenhang als die wesentlichsten Risikofaktoren für gesellschaftliche Benachteiligung genannt, während Geschlecht an letzter Stelle des Ratings stand. (Vgl. Memo/07/24: 1)

Die europäische Gleichbehandlungsrichtlinie

Die im Jahr 2000 beschlossene europäische Gleichbehandlungsrichtlinie konzentriert sich darauf, Benachteiligungen im Berufs- und Arbeitsleben zu vermeiden. Während das Diskriminierungsverbot vor der Implementierung der Richtlinie für Menschen mit Behinderungen in nur drei Mitgliedstaaten der Europäischen Gemeinschaft rechtlich verankert war, gilt es jetzt in allen Mitgliedstaaten und in Norwegen. (Vgl. Waddington/Lawson 2010: 10) Überzeugt von den damit verbundenen positiven gesellschaftlichen Veränderungen, betont die Europäische Gemeinschaft die Notwendigkeit, auch weiterhin »einen Arbeitsmarkt zu schaffen, der die soziale Eingliederung fördert, indem ein ganzes Bündel aufeinander abgestimmter Maßnahmen getroffen wird, die darauf abstellen, die Diskriminierung von benachteiligten Gruppen, wie den Menschen mit Behinderung, zu bekämpfen.« (Richtlinie 2000/78, EG: 1) Der Zugang zum Arbeitsmarkt, zu Aus- und Weiterbildungsmöglichkeiten und Karrierechancen sollen die soziale Eingliederung von beeinträchtigten Personen gewährleisten und ihnen gesellschaftliche bzw. wirtschaftliche Partizipationsmöglichkeiten eröffnen. Im Rahmen der damit verbundenen Initiativen und politischen Maßnahmen sind die europäischen Mitgliedstaaten – darüber hinausreichend aber auch Arbeitgeberinnen und Arbeitgeber – dazu verpflichtet, *angemessene* Vorkehrungen zur Sicherstellung der Gleichbehandlung von Menschen mit Behinderungen zu treffen.

»Um die Anwendung des Gleichbehandlungsgrundsatzes auf Menschen mit Behinderung zu gewährleisten, sind angemessene Vorkehrungen zu treffen. Das bedeutet, dass der Arbeitgeber die geeigneten und im konkreten Fall erforderlichen Maßnahmen ergreift, um den Menschen mit Behinderung den Zugang zur Beschäftigung, die Ausübung eines Berufes, den beruflichen Aufstieg und die Teilnahme an Aus- und Weiterbildungsmaßnahmen zu ermöglichen, es sei denn, diese Maßnahmen würden den Arbeitgeber unverhältnismäßig belasten. Diese Belastung ist nicht unverhältnismäßig, wenn sie durch geltende Maßnahmen im Rahmen der Behindertenpolitik des Mitgliedstaates ausreichend kompensiert wird.« (Richtlinie 2000/78, EG, Artikel 5: 4)

Freilich hat das unterschiedliche Verständnis davon, was unter ›angemessenen Vorkehrungen‹ zu verstehen sei, zu kontroversen Auseinandersetzungen innerhalb der Europäischen Gemeinschaft geführt. Die Mitgliedstaaten erkennen die Dringlichkeit behinderungsspezifischer Regelungen grundsätzlich an und stellen, bis zu einem gewissen Grad, finanzielle Mittel für berufs- und arbeitsplatzbezogene Maßnahmen bereit. Zur Diskussion steht allerdings, welches Ausmaß an Investitionen Arbeitgeberinnen und Arbeitgebern in diesem Zusammenhang ›zugemutet‹ werden kann. Die Festlegung der damit zusammenhängenden Bestimmungen und die Höhe staatlicher Unterstützungsleistungen – beispielsweise für die behindertengerechte Gestaltung von Arbeitsplätzen und/oder die Flexibilisierung von Arbeitszeiten und -rhythmen – bleiben den Mitgliedstaaten überlassen und orientieren sich an der Größe, den finanziellen Ressourcen und am Gesamtumsatz der Organisation bzw. des Betriebes. Grundsätzlich aber soll die Umsetzung der Gleichbehandlungsrichtlinie – die gemeinsam mit der UN-Behindertenrechtskonvention als wichtigstes Instrument der europäischen Behindertenpolitik gilt – trotz erheblichen Unterschiede in den politischen Traditionen der Mitgliedstaaten, zu einer gewissen Harmonisierung des Diskriminierungsschutzes beitragen.

»Die Richtlinie ist das derzeit wichtigste Instrument der Behindertenpolitik der Europäischen Gemeinschaft. Dies heißt jedoch nicht, dass ihre Umsetzung und Durchführung in den Mitgliedstaaten einfach war oder die Interpretation der (behindertenspezifischen) Bestimmungen der Richtlinie klar war und ist. Die Richtlinie befasst sich mit Bereichen, die zuvor in den meisten Mitgliedstaaten nicht reguliert wurden, beispielsweise damit, was unter angemessenen Vorkehrungen zu verstehen ist, und verlangt Überlegungen zur Art der Diskriminierung aufgrund von Behinderung sowie zu den Merkmalen, die eine Person erfüllen muss, um Schutz vor einer solchen Diskriminierung beanspruchen zu können. Darüber hinaus zeigt eine Überprüfung nationaler Gesetze, dass viele der relevanten Bestimmungen einschließlich der Definition, wer vor Diskriminierung aufgrund von Behinderung geschützt wird und wer Anspruch auf angemessene Vorkehrungen hat, sowie des Begriffs der angemessenen Vorkehrungen an sich auf (sehr) unterschiedliche Art und Weise umgesetzt und durchgeführt werden.« (Waddington/Lawson 2010: 10)

Die Europäische Gemeinschaft kann nur allerdings nur teilweise für sich in Anspruch nehmen, die mit der Gleichbehandlungsrichtlinie verbundenen Zielvorstellungen tatsächlich erreicht zu haben. Bezogen auf das politische Anliegen, gesellschaftliche Bedingungen zu verwirklichen, die den weitreichenden Schutz vor Diskriminierung garantieren und die soziale, gesellschaftliche und wirtschaftliche Eingliederung von Menschen mit Behinderungen unterstützen, merken Entscheidungsträger_innen der Abteilung Beschäftigung und Soziale Angelegenheit erstaunlich selbstkritisch an, dass »[p]olicy must enforce access to these rights in practice«. (US – EU Cooperation in Employment and Social Affairs 2009: 3) Auch wenn sie betonten, wie wichtig es angesichts relevanter gesellschaftlicher Veränderungen sei, bisher formulierte behinderungspolitische Prioritäten konsequent weiterzuverfolgen, werden die »möglichen (direkten wie indirekten) Kosten«, die die Maßnahmen „für Einzelne und die Gesellschaft nach sich ziehen« [KOM(2008) 426: 5] immer häufiger problematisiert. Aufgrund ökonomischer Folgeabschätzungen wird nun auf Initiative der Mitgliedstaaten innerhalb der Europäischen Gemeinschaft geprüft, ob es hilfreich sein könnte, bis auf weiteres auf neue Vorgaben und Maßnahmen zu verzichten und zunächst die bereits durchgeführten Initiativen zur Gleichbehandlung von Menschen mit Behinderungen auf nationaler Ebene zu evaluieren und weiterzuentwickeln. (Ebd.)

Diskriminierung außerhalb des Beschäftigungsbereichs

Die europäischen Antidiskriminierungsgesetze scheinen den anerkannten Diskriminierungsgründen unterschiedliche Bedeutung zuzumessen. Ansprüche auf den Zugang *zu* und die Versorgung *mit* sozial wertvollen Gütern bzw. Dienstleistungen und das Recht auf Gleichbehandlung in den Bereichen Wohnraum, Bildung und soziale Sicherheit können beispielsweise ausschließlich wegen Benachteiligungen aufgrund von Rasse/Ethnie und Gender geltend gemacht werden. (Vgl. Waddington/Lawson 2010: 8)

»Zurzeit ist das Gemeinschaftsrecht lückenhaft, da die Menschen außerhalb des Arbeitsmarktes bislang nur vor Diskriminierung wegen des Geschlechts, der Rasse oder der ethnischen Herkunft geschützt sind. Wir müssen alle Diskriminierungsgründe gleichermaßen in unseren Rechtsvorschriften abdecken.« (Špidla zit. nach Europäische Kommission 2009: 22)

Nach geltendem europäischem Recht kann – ›streng‹ genommen – außerhalb der Arbeitswelt nicht von Diskriminierung aufgrund von ›Behinderung‹ gesprochen werden. Zwar ist es für beeinträchtigte Personen durchaus möglich, Benachteiligungen vor dem Europäischen Gerichtshof zu problematisieren, ein Rechtsanspruch auf Gleichbehandlung außerhalb der Bereiche Ausbildung, Arbeit und Beruf besteht allerdings nicht.

»Diskriminierung aufgrund von Behinderung tritt in den Bereichen ›Soziale Sicherheit‹ und ›Sozialhilfe‹ zweifelsfrei auf. Wo behindertenspezifische Leistungen oder Dienste angeboten werden, ist der Ausdruck ›Diskriminierung‹ jedoch problematisch, da hier nicht behinderte Personen keinen Anspruch auf die jeweilige Leistung haben und so kein offensichtlicher Vergleich zwischen Behinderten und Nichtbehinderten möglich ist. Dennoch spielen die effektive Entwicklung und Bereitstellung behindertenspezifischer Leistungen und Dienste wahrscheinlich eine große Rolle bei der Forderung der Unabhängigkeit, Integration und Gleichstellung Behinderter.« (Waddington/Lawson 2010: 50)

Abgesehen von Dänemark, Griechenland und Polen haben alle Mitgliedstaaten der Europäischen Gemeinschaft Rechtssicherheit für behinderte Personen auch in den Bereichen Sozialschutz, Gesundheitswesen und Bildung sowie bezogen auf den Zugang zur Versorgung mit sozialen Gütern und Dienstleistungen rechtlich verankert. (Vgl. Waddington/Lawson 2010: 51) Die nationalstaatlichen Regelungen unterscheiden sich allerdings – insbesondere in den Bereichen Bildung, Ehe und Familie [vgl. KOM (2008) 426: 9] – erheblich. Ansprüche auf gesundheitliche Versorgung, auf behindertengerechte Hilfsmittel und Unterstützungsleistungen, auf die Beseitigung gesellschaftlicher Barrieren, auf Information und Sozialschutz sind zwar grundsätzlich vorgesehen. Allerdings werden Ungleichbehandlungen als ›zulässig‹ interpretiert, wenn sie sachlich gerechtfertigt, angemessen und (primär aus wirtschaftlichen Gründen) erforderlich erscheinen.

»Der effektive Zugang von Menschen mit Behinderungen zu Sozialschutz, sozialen Vergünstigungen, Gesundheitsdiensten und Bildung sowie der Zugang zu und die Versorgung mit Gütern und Dienstleistungen, die der Öffentlichkeit zur Verfügung stehen, einschließlich Wohnraum, ist von vornherein zu gewährleisten. Diese Pflicht wird insofern begrenzt, als sie entfällt, sollte ihre Erfüllung eine unverhältnismäßige Belastung darstellen oder größere Veränderungen des Produkts oder der Dienstleistung erfordern.« [KOM (2008) 426, Artikel 4: 10]

Ausgehend davon, dass die Begleitung und Betreuung von behinderten, kranken und pflegebedürftigen Personen, ihre soziale Sicherheit und die Vermeidung sozialer Ungleichheiten einer politischen Lösung bedarf, sollen europaweite Maßnahmen gewährleisten, »dass ein *Mindeststandard* [5] (Hervorhebung – MW) an Schutz vor Diskriminierung [...] in allen Mitgliedstaaten« [KOM (2008) 426: 6] auch außerhalb des Arbeitslebens garantiert wird. Die Europäische Gemeinschaft betont zwar ihr Bemühen darum, das bereits bestehende Schutzniveau für Menschen mit Beeinträchtigungen aufrecht zu erhalten[6], kann aber – aufgrund der volkswirtschaftli-

5 Den Mitgliedstaaten der Europäischen Gemeinschaft steht es frei, über das Mindestmaß an Schutz vor Diskriminierung hinausgehend, auf nationaler Ebene Sanktionen gegen Diskriminierung zu planen und durchzusetzen, sind aber aufgefordert, der Europäischen Kommission den Wortlaut der Rechtsvorschriften mitzuteilen. [Vgl. KOM (2008) 426: 7].

6 Um das bestehende Schutzniveau sicherzustellen, können Frauen und Männer mit Behinderungen mit Unterstützung unabhängiger Einrichtungen und Organisationen in Verwaltungs-, Gerichts- oder Schlichtungsverfahren ihre Forderungen geltend machen. [Vgl. KOM (2008) 426: 22]

chen Bedeutung der damit verbundenen finanziellen Aufwendungen – die Möglichkeit einer ›flexiblen‹ Veränderung gegenwärtiger sozial- und arbeitsrechtlicher Bestimmungen in keinster Weise ausschließen. (Vgl. ebd.)

Die Konzentration der politischen Bemühungen auf eine Veränderung des Arbeits- und Berufslebens, ist allerdings mit Konsequenzen verbunden, die nicht uneingeschränkt als positiv bewertet werden können. Denn die damit verbundene Verengung der Perspektive läuft Gefahr, zu ›neuen‹ Hierarchisierungen zu führen. Die Unterscheidung von Menschen mit Behinderungen, denen der Zugang zur Beschäftigung und Beruf, zu beruflichem Aufstieg und die Teilnahme an Aus- und Weiterbildungsmaßnahmen grundsätzlich möglich ist und jenen, denen diese Aussicht nur bedingt offen steht, verfestigt tendenziell bereits bestehende soziale Ungleichheitsverhältnisse. Dass Benachteiligungen im Arbeitsleben vor dem Hintergrund nationalökonomischer Überlegungen legitimiert und Rechtsansprüche aus Gründen der ›Unangemessenheit‹ flexibel verändert bzw. zurückgenommen werden können, verdeutlicht die systemstabilisierende Wirkung ökonomisch begründeter, hegemonial abgesicherter Argumentationsmuster. Die damit verbundenen Auseinandersetzungen sind – insbesondere in den Bereichen Arbeit und Beschäftigung, Soziale Sicherheit und Bildung – eng mit politischen und rechtlichen Diskursen verknüpft und beeinflussen Gleichbehandlungsstrategien im erheblichen Ausmaß. Überraschend ist, dass die europäischen Antidiskriminierungsgesetze im Zusammenhang mit ›Behinderung‹ explizit auf Benachteiligungen im Berufsleben eingehen, die sich – vor allem – für Frauen ergeben können, wenn sie Angehörige begleiten und umsorgen, die behindert, krank und/oder pflegebedürftig sind.

Diskriminierung durch Assoziation

Die politischen Bemühungen der Europäischen Gemeinschaft konzentrieren sich darauf, Diskriminierungen aus allen anerkannten Gründen – insbesondere aber Benachteiligungen aufgrund des Geschlechts – zu vermeiden. Gender-Mainstreaming, die in-Frage-Stellung geschlechtsspezifischer Rollenzuschreibungen, die Umgestaltung gesellschaftlicher Verhältnisse und kulturelle Prozesse des Wandels stehen eindeutig im Zentrum der Auseinandersetzungen mit europäischen Gleichbehandlungspolitiken. Sie gehen ausdrücklich davon aus, dass die gegenwärtige Veränderung von Lebensstilen und die zunehmende Berufstätigkeit von Frauen zu neuen Fragestellungen auf der gesellschafts- und sozialpolitischen Ebene führen. Insbesondere die Begleitung und Betreuung von behinderten, kranken und pflegebedürftigen Personen wird in diesem Zusammenhang als gesellschaftliches Dilemma diskutiert, das nicht individuell gelöst werden kann. Dabei ist der Europäischen Gemeinschaft durchaus bewusst, dass sowohl die Berufstätigkeit von Frauen als auch deren reproduktive Leistungen – wie Pflege und Fürsorge – entscheidende volkswirtschaftliche und politische Größen darstellen. Dies zeigt sich vor allem in europaweiten, politischen Diskussionen über das – durch Pflege häufig eingeschränkte – Familieneinkommen, über Pensionen für alleinerziehende Mütter und die tendenziell zu erwartende, steigende Altersarmut von Frauen. Auch politische Kontroversen im Zusammenhang mit Pflegegeldern und mit dem Arbeitsschutz von Pflegerinnen/Haushaltshilfen mit Migrationshintergrund bzw. die zunehmende Anerkennung ›ehrenamtlicher‹ – also unbezahlter – sozialer Arbeit verweisen auf die gesellschaftlich hohe Relevanz von politischen Herausforderungen, die sich im Rahmen der Sicherstellung sozialer und reproduktiver (Dienst-) Leistungen ergeben Darüber hinausreichend stellt sich im Zusammenhang mit den Antidiskriminierungsgesetzen und der Gleichbehandlungsrahmenrichtlinie die Frage, ob Personen Benachteiligungen am Arbeitsplatz rechtlich beanstanden können, die selbst nicht als behindert gelten, aber alltäglich Versorgungs- und Pflegearbeit leisten.

Diskriminierung durch Assoziation – oder: Die Rechtssache Coleman.

Oben genannte Frage wurde im Rahmen der Rechtssache Coleman an den Europäischen Gerichtshof herangetragen. Frau Coleman, die als Sekretärin eines Anwalts arbeitete und als Mutter eines behinderten Kindes im Vereinigten Königreich lebt, fühlte sich aufgrund der Behinderung ihres Kindes – verglichen mit anderen Arbeitnehmerinnen und Arbeitnehmern in ähnlichen beruflichen Positionen – deutlich benachteiligt. Sie durfte nach Ende des Mutterschaftsurlaubs nicht an ihren früheren Arbeitsplatz zurückkehren und konnte nur eingeschränkt flexible Arbeitszeiten in Anspruch nehmen. Frau Coleman wurde als ›faul‹ diffamiert, wenn sie Urlaub beanspruchte, um ihr Kind zu betreuen. Ihr wurde mit Kündigung gedroht, weil sie gelegentlich zu spät kam und häufig war sie mit unangemessenen und verletzenden Äußerungen konfrontiert. Vor dem Hintergrund dieser Erfahrungen stimmte sie schließlich einer Entlassung zu, klagte den Arbeitgeber aber anschließend beim Arbeitsgericht wegen Diskriminierung am Arbeitsplatz.

Da die Gleichbehandlungsrichtlinie Diskriminierung wegen Behinderung verbietet, sich dabei aber nicht explizit ausschließlich auf Benachteiligungen bezieht, die Menschen mit Behinderungen am Arbeitsplatz erfahren, wandte sich das britische Arbeitsgericht an den Europäischen Gerichtshof. Er betonte, dass der Diskriminierungsschutz nicht nur die Interessen einer spezifischen Gruppe von Personen berücksichtigen, sondern diskriminierende Handlungen an sich vermeiden helfen soll. Sein Urteil gab Frau Coleman recht und verpflichtete darüber hinausreichend die Mitgliedstaaten dazu, grundsätzlich alle Personen vor Diskriminierung aufgrund von Behinderung zu schützen, die beeinträchtigte Personen begleiten, sie pflegen und alltäglich für sie sorgen. (Vgl. Waddington/ Lawson 2010, 17-19)

Individuelle Benachteiligungen im Berufsleben, die sich durch die Pflege- und Versorgung von behinderten Angehörigen ergeben könnten, sollen durch die Kombination von flexiblen Regelungen der Arbeitszeit mit Angeboten qualitativ hochstehender Betreuungsdienste bestmöglich verhindert werden. Auch wenn diese Maßnahmen – deren Finanzierung durch staatliche Zuschüsse teilweise übernommen wird – zweifellos dazu beitragen, (vor allem) Frauen zu entlasten, hängt deren Reichweite wesentlich von sozialpolitischen Zielen und Traditionen ab, vom öffentlichen Dienstleistungsangebot und der Höhe der finanziellen Mittel, die von staatlicher Seite zur Verfügung gestellt werden.

Vor dem Hintergrund, dass sich politische Auseinandersetzungen mit ›Behinderung‹ als entscheidende Bezugspunkte für sozialpolitische und arbeitsmarktbezogene Regelungen erweisen, kann die soziale Kategorie durchaus als strukturierender Teil sozialer Ordnungssysteme interpretiert werden. Basierend auf sozialen Wahrnehmungsmustern, leistungsorientierten Normen und Handlungserwartungen sind, die mit ›Behinderung‹ verbundenen, Klassifikationssysteme eng mit den Prinzipien funktionaler gesellschaftlicher und sozialer Einbindung – und damit auch mit Ökonomie, Politik und Staatlichkeit – verknüpft. Insbesondere die unterschiedlichen Leistungsmöglichkeiten beeinträchtigter Personen, deren gesellschaftliche Positionierung und damit verbundene soziale Ungleichheiten haben direkte und indirekte Auswirkungen auf die Lebensrealitäten – nicht nur – behinderter Personen. Auch wenn der Schutz vor Benachteiligung in Antidiskriminierungsgesetzen und in der Gleichbehandlungsrichtlinie stabil verankert zu sein scheint, ist ›Behinderung‹ als flexible Strukturkategorie mit Rechtsansprüchen verbunden, die angesichts volkswirtschaftlicher Überlegungen immer wieder in-Frage-gestellt und neu diskutiert werden können. Soziale Differenzierungen zwischen Menschen mit Behinderungen, Mehrfachdiskriminierungen und Ungleichheitsverhältnisse werden in diesem Zusammenhang zwar als politisch hoch relevant bewertet, können im Rahmen der geltenden gesetzlichen Regelungen aber nur bedingt berücksichtigt werden.

Die Problematisierung von gesellschaftlicher Über- und Unterordnung und die Auseinandersetzung mit Mehrfachdiskriminierungen und Machtverhältnissen gelten als Ausgangspunkt eines Modells, das sich den – durch den Begriff Intersektionalität umschriebenen – Zusammenhängen und Wechselwirkungen zwischen sozialen Kategorien widmet. Insbesondere bezogen auf die Analyse von Differenz und sozialer Ungleichheit ist bislang allerdings weitgehend ungeklärt geblieben, ob intersektionale Perspektiven ihren Fokus vorwiegend auf individuelle Diskriminierungserfahrungen, auf kulturelle Diskurse, institutionalisierte Handlungsformen oder auf die Merkmale sozialer Strukturzusammenhänge richten sollen. (Vgl. Davis 2010: 55) Um das Modell für ein erweitertes Verständnis des Zusammenhangs zwischen Behinderung, Geschlecht und sozialer Ungleichheit nutzbar zu machen, beschreibt der Text im Folgenden die wesentlichen Grundgedanken und Argumentationslinien intersektionaler Sichtweisen und versucht im ersten Schritt zu klären, welche (politischen) Auseinandersetzungen zur Entwicklung des Konzepts beigetragen haben.

5. Intersektionalitäten

Ausgehend von der Vorstellung, weibliche Lebens- und Erfahrungswelten wären grundsätzlich miteinander vergleichbar, verfolgten feministisch orientierte politische Konzepte der 1980er- Jahre meist den Anspruch, stellvertretend für *alle* Frauen zu sprechen. ›Women of color‹ – aber auch Frauen mit Behinderungen – fanden sich in den Analysen und Forderungen des feministischen Mainstreams[1] allerdings nicht wieder und formulierten entschiedene Kritik an generalisierenden Politikentwürfen. Mit der Problematisierung ihrer spezifischen Lebensbedingungen betonten sie die Notwendigkeit, die unterschiedlichen gesellschaftlichen und kulturellen Situierungen von Frauen – und dadurch bedingte Über- und Unterordnungsverhältnisse *zwischen* ihnen – in politischen Auseinandersetzungen zu thematisieren.

Die Erfahrung, innerhalb der Zweiten Frauenbewegung als ›die Anderen‹ repräsentiert zu werden – deren Anliegen entweder nicht wahrgenommen und/oder als Spezialinteressen bagatellisiert wurden (vgl. Walgenbach 2007: 38) – machte deutlich, dass ein feministisches ›Wir‹ nicht in der Lage ist, die Pluralität weiblicher Lebensrealitäten zu repräsentieren. Durch die In-Frage-Stellung eines kollektiv gedachten, in gewisser Weise ›universellen‹ feministischen Subjekts, wurde zudem ersichtlich, dass Unterschiede in den sozialen und materiellen Lebensbedingungen von Frauen in hohem Ausmaß auf gesellschaftliche Macht- und Herrschaftsverhältnisse

1 Kritisch eingewandt wurde vor allem, dass der feministische Mainstream sich vorwiegend an den Interessen weißer, westlicher, heterosexueller Frauen aus der Mittelschicht orientierte. (Walgenbach 2014: 57)

zurückzuführen sind, die mit Rasse/Ethnie, Klasse, Alter, Gesundheit und/oder Behinderung in Beziehung stehen.

Die Analyse und Politisierung von Differenzen *zwischen* Frauen brachte es mit sich, Dominanzverhältnisse innerhalb feministischer Kontexte (selbst-)kritisch – und immer wieder neu – zu reflektieren und trug dazu bei, Politikverständnisse weiter zu entwickeln. In einer gesellschaftlichen Situation, in der strukturell verankerte Benachteiligungen nicht ausschließen, dass einzelne im Vergleich zu anderen Personen oder sozialen Gruppen als privilegiert erscheinen, scheiterten langfristige politische Bündnisse allerdings nach wie vor häufig daran, dass Auseinandersetzungen mit (Macht-)Unterschieden im konkreten politischen Handeln weitgehend vermieden werden. Das mag ein Grund dafür sein, dass die Erfahrungen und Sichtweisen von Frauen mit Behinderungen in der Zweiten Frauenbewegung ebenso wenig Platz fanden, wie die Kategorie Geschlecht in den Auseinandersetzungen der Behindertenbewegung. Denn in beiden Kontexten dominierte ein, an gesellschaftlich dominanten Wahrnehmungen orientierter, Blick, der – wie Karin Schlücker (1997: 25) es formulierte – jene »Leerstellen und Verzerrungen« (re-)produzierte, die auch in gesellschaftlich dominanten Diskursen und Deutungsmustern zu finden waren.

»Die Erfahrung von Benachteiligung, Diskriminierung und Ausgrenzung von spezifischen Lebenslagen und Sichtweisen, wie sie feministisches Nachdenken und politisches Handeln überhaupt angestoßen hatte, wiederholte sich sozusagen *innerhalb* des *eigenen* Bewegungskontextes – mit entsprechenden Konsequenzen: zunehmend energischen Forderungen nach Berücksichtigung je eigener und unterschiedlicher Lebenslagen und Sichtweisen in Bewegung und Forschung sowie Gründung eigener Organisations- und Arbeitszusammenhänge. Nicht die eine, zentrale Differenz der Geschlechter, sondern eine Vielfalt der Differenzen auch und nicht zuletzt unter Frauen wurde damit zum zentralen Ansatzpunkt für Forschen und Handeln.« (Ebd.: 29f)

Der, im Zusammenhang mit sozialen Differenzen häufig verwendete, Begriff der *Doppelten Diskriminierung* hebt hervor, wie eng Macht- und Herrschaftsverhältnisse miteinander verknüpft sind und beschreibt, dass Benachteiligungs-, Diskriminierungs- und Ausgrenzungserfahrungen sich verschärfen, wenn zwei ungleichheitsrelevante soziale Kategorien wechselseitig in Beziehung zueinander stehen bzw. wenn Personen zu mehreren marginalisierten gesellschaftlichen Gruppen zugeordnet werden können. So betonen beispielsweise Frauen mit Behinderungen, dass sie einerseits wegen ihres Geschlechts, andererseits aufgrund ihrer Beeinträchtigungen strukturell in einem weit höheren Ausmaß von sozialen Ungleichheiten, gesellschaftlicher Isolation und Armut betroffen sind als behinderte Männer bzw. nichtbehinderte Frauen.

»Doppelte Diskriminierung, weil wir in Personalunion zwei gesellschaftlichen Gruppen angehören, die diskriminiert werden: Frauen und Behinderten. Dabei vereinen sich nicht nur die Diskriminierungen beider Gruppen in uns, vielmehr potenzieren sich die Diskriminierungen bei diesem Zusammenspiel, frau könnte sagen, dass sich die traditionelle Diskriminierung von Frauen und Behinderten wie durch ein Brennglas verstärkt.« (Köbsell zit. nach Walgenbach/Dietze/Hornscheidt/Palm 2007: 45)

Auch wenn dies nahelegt, Benachteiligungen aufgrund von Behinderung und Geschlecht würden sich in gewisser Weise additiv aneinanderreihen, betonen Frauen mit Behinderungen, dass die damit verbundenen, gesellschaftlichen Mechanismen und Effekte ›sich potenzieren‹, ›wie durch ein Brennglas verstärkt‹ wirken und eine andere, neue Qualität der Diskriminierung hervorbringen. Allerdings bleiben auch aus dieser Perspektive die konkreten sozialen Auswirkungen der diskriminierenden Handlungen, die strukturellen und gesellschaftlichen Bedingungen ihres Entstehens, ihre Muster und die Art und Weise, wie die Diskriminierungsgründe Gender und Behinderung zusammenwirken und sich beeinflussen, weitgehend unbestimmt. Diese Unklarheit könnte – so das Versprechen intersektioneller Zugangsweisen – vermieden werden, wenn »der Fokus auf das *gleichzeitige Zusammenwirken* von sozialen Kategorien bzw. sozialen Ungleichheiten gelegt wird.« (Walgenbach 2014: 55)

Die kritische Auseinandersetzung mit den – zwar aufeinander bezogenen, aber an sich spezifischen – gesellschaftlichen Machtwirkungen der sozialen Kategorien ›Behinderung‹ und Geschlecht und die Analyse der damit verbundenen Wechselwirkungen, vertieft das Verständnis von sozialen Benachteiligungen, Privilegierungen und Statusunterschieden – und spezifiziert es zugleich. Insbesondere die wechselseitige Wahrnehmung, Anerkennung und Wertschätzung von Argumentationsmustern, Erkenntnissen und politischen Initiativen der Gender- und Disability-Studies könnte dazu beitragen, theoretische und politische Deutungshorizonte und Handlungsformen zu erweitern. Denn grundsätzlich sind sowohl die Ausgangspunkte der Auseinandersetzungen, als auch die Fragestellungen durchaus miteinander vergleichbar. So beziehen sich feministische Perspektiven innerhalb der Disability Studies meist auf »representation, the body, identity, and activism« (Garland-Thomson 2004: 77), machen aber auch darauf aufmerksam, dass nicht nur die soziale Kategorie Geschlecht, sondern auch ›Behinderung‹ durch gesellschaftliche Machtverhältnisse, die Zuweisung von sozialen Positionen und durch die (Leistungs-)Anforderungen eines profitorientierten Systems beeinflusst ist. Allerdings ist es im wissenschaftlichen Kontext nur unter der Voraussetzung transdisziplinärer Bündnisse möglich, der Komplexität der Zusammenhänge und Wechselwirkungen beider sozialer Differenzkriterien zu entsprechen und ausschließlich dann, wenn Formen der Zusammenarbeit gefunden werden, in deren Rahmen soziale Ungleichheits- und Machtverhältnisse zwischen Personen mit und ohne Behinderungen thematisiert werden und nicht ausgeblendet bleiben. Denn solange politische und sozialwissenschaftliche Analysen nicht berücksichtigen, dass sich gesellschaftliche Strukturen, Normen und Werte vorwiegend an den Bedürfnissen und Möglichkeiten nichtbehinderter Menschen orientieren, wird ›Behinderung‹ weiterhin bloß als Merkmal sozialer Differenz interpretiert werden können. Vernachlässigt wird dadurch, dass die Begriffe ›Normalität‹ und ›Behinderung‹ mit der Zuweisung von sozialen Positionen und mit sozialem Status in enger Beziehung stehen und persönliche Erfahrungen mit Privilegierung, Benachteiligung und sozialer Ausgrenzung entscheidend mit beeinflussen.

»[F]irst, it [disability – Anmerkung MW] is a system for interpreting and disciplining bodily variations; second, it is a relationship between bodies and their environments; third, it is a set of practices, that produce the able-bodied and the disabled; fourth it is a way of describing the inherent instability of the embodied self. The disability system excludes the kinds of bodily forms, functions, impairments, changes, or ambiguities that call into question our cultural fantasy of the body as a neutral, compliant instrument of some transcendent will. Moreover, disability is a broad term within which cluster ideological categories as varied as sick, deformed, cracy, ugly, old, maimed, afflicted, mad, abnormal, or debilitated – all of which disadvantage people by devaluing bodies that do not conform to cultural standards. Thus, the disability systems functions to preserve and validate such privileged designations as beautiful, healthy, normal, fit, competent, intelligent – all of which provide cultural capital to those who can claim such status, who can reside within these subject positions. It is, then, the various interactions between bodies and world that materialize disability from the stuff of human variation and precariousness.« (Ebd.)

5.1 Intersektionelle Perspektiven

Intersektionalität greift mit der Anerkennung sozialer Differenzen und mit der Problematisierung von Exklusions-, Diskriminierungs- *und* Privilegierungserfahrungen zentrale gesellschaftspolitische Fragestellungen auf. Im Gegensatz zu Ansätzen der Doppelten Diskriminierung, die in gewisser Weise davon ausgehen, dass sich die Wirkungen ungleichheitsrelevanter Kategorien addieren, betonen intersektionale Perspektiven, dass sich Diskriminierungserfahrungen überschneiden, miteinander verwoben sind, sich wechselseitig verstärken bzw. abschwächen und immer wieder verändern können. Im Versuch, den Zusammenhang zwischen sozialen Kategorien[2] und den Mechanismen gesellschaftlicher Strukturierung zu veranschaulichen bzw. das Zusammenwirken unterschiedlicher Differenzkriterien zu spezifizieren, bleibt der Begriff *intersectionalities* selbst bemerkenswert unbestimmt und offen für unterschiedlichste Bedeutungshorizonte.

»Der Möglichkeitsraum, den der Plural (*intersectionalities*) umschreibt, ist offen für vielfältige Referenzen. Er ist offen für unterschiedliche Formen, die Intersektionen zu konzipieren (als Interferenzen, Vermittlungen, Kumulationen, Zusammenstöße etc.); für unterschiedliche Vorstellungen darüber, was sich überschneidet (Kategorien, Achsen, Relationen, *identities* etc); für unterschiedliche Ebenen oder Aggregationsniveaus, auf denen Überschneidungen und sich Überschneidendes anvisiert werden können, in der Soziologie konventionell die Mikro-, Meso-, Makroebene; für unterschiedliche Auffassungen darüber, ob sich überhaupt etwas überschneidet oder

2 Mit dem Ziel, unterschiedlichste Ungleichheitskategorien sichtbar zu machen und die damit verbundenen Machtverhältnisse zu problematisieren, bezieht sich Intersektionalität nicht nur auf die sozialen Kategorien Rasse/Ethnie, Klasse und Geschlecht, sondern berücksichtigt darüber hinausreichend auch Differenzkriterien wie Sexualität, Weltanschauung, Alter, Behinderung, nationale Herkunft oder (Nicht-)Sesshaftigkeit.

ob nicht die Rede von der Überschneidung und das dazugehörige ›inter‹ schon eine Entscheidung gegen prozessuale und dekonstruktive Ansätze voraussetzt; und *last but not least* bietet der Plural Platz für eine höchst unterschiedliche Auswahl von Strukturen oder Kategorien, deren Überschneidung in den Blick genommen werden soll.« (Knapp 2008: 138f)

Sozialwissenschaftliche Analysen im Zusammenhang mit Intersektionalität stellen tendenziell das individuelle Erleben von sozialen Benachteiligungen in den Vordergrund und thematisieren vorwiegend, wie sich Diskriminierungen »auf Wahrnehmung und Empfindung, auf Bewusstsein, Habitus und Handeln der Betroffenen auswirken.« (Klinger 2012: 1) Dabei gilt die Unbestimmtheit und Offenheit des Begriffs einerseits als dessen Erfolgsgeheimnis (vgl. Davis 2010: 56), andererseits aber liegt gerade in den höchst unterschiedlichen theoretischen und methodologischen Zugängen auch seine Schwäche. »Macht-, Herrschafts- und Normierungsverhältnisse bzw. Subjektivierungsprozesse, die soziale Strukturen, Repräsentationen, Praktiken und Identitäten (re)produzieren« (Walgenbach 2014: 55) gelten im Zusammenhang mit Intersektionalität als gemeinsame Bezugspunkte der Auseinandersetzung. Die Komplexität und Mehrdimensionalität der damit verbundenen Fragestellungen und die Vielfalt der theoretischen Perspektiven haben zu ›neuen‹ sozialwissenschaftlichen Ansätzen geführt, die im Folgenden aufgegriffen und spezifiziert werden.

Die Überkreuzung von ›Achsen der Differenz‹

Den Perspektiven der ›People of Color‹ verpflichtet und an der kritischen Reflexion (anti-)rassistischer und feministischer Politikformen und Strategien orientiert, führte die Rechtswissenschaftlerin Kimberlé Crenshaw (1989) den Begriff *Intersektionalität* ein, um die Wechselwirkungen zwischen den kulturellen, politischen und gesellschaftlichen Macht- und Herrschaftsverhältnissen im Zusammenhang mit Rasse und Geschlecht zu beschreiben. Dabei geht sie davon aus, dass innerhalb der Diskussion um Menschenrechte weder die geschlechtsspezifischen Aspekte rassischer Diskriminierung noch die rassistischen Implikationen geschlechtsspezifischer Benachteiligung angemessen erfasst werden können (vgl. Knapp 2010: 223). Die daraus folgende Unsichtbarkeit des Zusammenwirkens gesellschaftlicher Mechanismen und das Ausblenden von Differenzen innerhalb diskriminierter sozialer Gruppen – das Crenshaw mit dem Begriff *Intersectional Invisibility* bezeichnet – führen zu einer Verengung der politischen Perspektiven. Um ihr entgegen zu wirken, bezieht Crenshaw in ihren Analysen kulturelle Vorstellungen, tradierte Normen und gesellschaftliche Statuspositionen ebenso systematisch mit ein wie die Auseinandersetzungen mit sozialen Differenzen und Ungleichheiten in öffentlichen Diskursen und sozialen Bewegungen und unterscheidet grundsätzlich zwischen ›repräsentativer‹, ›struktureller‹ und ›politischer‹ Intersektionalität. (Vgl. Kerchner 2011, 3f)

Konzentriert auf die amerikanischen Antidiskriminierungsgesetze[3] und auf Rechtsentscheidungen im Zusammenhang mit häuslicher Gewalt, stellte Crenshaw fest, dass die gesetzlich verankerten Vorgaben meist zugunsten ›Schwarzer Männer‹ bzw. weißer Frauen ausgelegt wurden, während die Interessen und Anliegen ›Schwarzer Frauen‹ weitgehend unberücksichtigt blieben. Abgesehen davon, dass grundsätzlich in Frage steht, ob rechtliche Vereinbarungen, die sich an den Menschenrechten orientieren, tatsächlich in der Lage sind, den konkreten Lebenswirklichkeiten und Erfahrungen sozial marginalisierter Gruppen gerecht zu werden, kritisierte sie, dass sich Antidiskriminierungsgesetze ausschließlich auf je *eine* Achse sozialer Ungleichheit – also entweder auf Geschlecht *oder* auf Rasse – beziehen, deren Zusammenwirken allerdings nicht repräsentieren können. Einen gewissen Rechtsschutz bieten die Antidiskriminierungsgesetze nur dann, wenn Benachteiligungen – ganz im Sinne eines *single-issue-framework* – eindeutig auf *eine* Ursache zurückzuführen sind. Da das häufig nicht nachgewiesen werden kann, produziert das Recht Ausschlüsse, statt vor Diskriminierung zu schützen und konfrontiert – vor allem ›Schwarze Frauen‹ – in hohem Ausmaß mit sozialen Ungleichheiten.

---

3 Kimberlé Crenshaw bezieht sich in ihren Analysen beispielsweise auf eine Klage gegen die Personalpolitik der Firma General Motors, die ›Schwarze Frauen‹ systematisch nicht beschäftigte. Der Diskriminierungsgrund ›Gender‹ in diesem Zusammenhang konnte nicht geltend gemacht werden, weil weiße Frauen im Unternehmen sehr wohl Arbeit fanden. Auch eine Klage wegen rassistischer Diskriminierung lief ins Leere, weil General Motors ›Schwarze Männer‹ anstellte. (Vgl. Walgenbach 2007: 48)

»Mein Argument lautet, dass Schwarze Frauen Diskriminierungen erfahren können, die einerseits den Diskriminierungen ähneln, denen sowohl weiße Frauen als auch Schwarze Männer ausgesetzt sind, sich andererseits aber von beiden unterscheiden. Manchmal ähnelt die Diskriminierung Schwarzer Frauen derjenigen weißer Frauen; manchmal machen sie hingegen ähnliche Erfahrungen wie Schwarze Männer. Oft jedoch machen sie eine doppelte Diskriminierungserfahrung – sie spüren die kombinierten Effekte von Diskriminierungspraktiken aufgrund von ›Rasse‹ und aufgrund von Geschlecht. Und manchmal machen sie auch die Erfahrung, als Schwarze Frauen diskriminiert zu werden – eine Erfahrung, die eben nicht einfach nur die Summe von rassistischer und sexistischer Diskriminierung ist.« (Crenshaw 2010: 38f).

Crenshaw versucht, ihre Überlegungen zu Intersektionalität durch das Bild einer Straßenkreuzung zu verdeutlichen. So, wie bei einer Kreuzung verschiedene Straßen aufeinandertreffen, überschneiden sich in ihrem Modell unterschiedliche ›Achsen der Differenz‹, die mit sozialer Ungleichheit und mit Prozessen der Diskriminierung in Verbindung stehen.

»Nehmen wir als Beispiel eine Straßenkreuzung, an der der Verkehr aus allen vier Richtungen kommt. Wie dieser Verkehr kann auch Diskriminierung in mehreren Richtungen verlaufen. Wenn es an einer Kreuzung zu einem Unfall kommt, kann dieser vom Verkehr aus jeder Richtung verursacht worden sein – manchmal gar von Verkehr aus allen Richtungen gleichzeitig. Ähnliches gilt für eine Schwarze Frau, die an einer ›Kreuzung‹ verletzt wird; die Ursache könnte sowohl sexistische als auch rassistische Diskriminierung sein.« (Crenshaw 2010: 38)

Vor allem die Metapher von sich überschneidenden bzw. sich überkreuzenden Macht- und Herrschaftsverhältnissen führte zu kontroversen Diskussionen. Einerseits deshalb, weil Crenshaw davon ausgeht, dass Machtverhältnisse und -prozesse zwar interagieren, jenseits des Kreuzungspunkts aber relativ unbeeinflusst voneinander bleiben. Andererseits aber auch, weil ihr Modell eine gewisse Ähnlichkeit von Lebensrealitäten und Erfahrungen sozial marginalisierter Gruppen nahelegt[4]. Grundlegend aber geht es ihr in der Verwendung des Bildes darum, die Bedeutung jener

4 Im intersektionellen Modell Crenshaw's werden beispielsweise ›Schwarze Frauen‹ und ihre sozialen Positionen grundsätzlich als höchst verletzlich und schutzbedürftig beschrieben. (Vgl. Chebout 2013: 49)

strukturell verankerten gesellschaftlichen Ungleichheitsverhältnisse darzustellen, die durch das Zusammenwirken unterschiedlicher ›Achsen der Differenz‹ charakterisiert werden kann. Dementsprechend erfordert die Analyse von (Mehrfach-)Diskriminierung – und Privilegierung – aus ihrer Sicht,

»to capture both the structural and dynamic consequences of the interaction between two or more axis of subordination. It specifically addresses the manner in which racism, patriarchy, class oppression and other discriminatory systems create background inequalities that structure the relative positions of women, races, ethnicities, classes, and the like.« (Crenshaw 2000: o.S.)

Interdependente soziale Kategorien

Katharina Walgenbach grenzt sich mit ihrem Modell der interdependenten sozialen Kategorien kritisch vom Konzept Kimberlé Crenshaw' s ab. Da die Metapher der Straßenkreuzung suggeriert, »dass die Kategorien Gender und Race *vor* (und auch *nach*) dem Zusammentreffen an der Kreuzung voneinander getrennt existieren« (Walgenbach 2007: 49), versucht sie nachzuweisen, dass soziale Kategorien nicht isoliert voneinander betrachtet werden können, sondern als »*in sich* heterogen strukturiert« (ebd.: 61) verstanden werden müssen. Damit zieht sie entschieden in Zweifel, dass soziale Kategorien einen ›genuinen Kern‹ oder eine klare inhaltliche Bestimmung hätten und schlägt im Gegenzug vor, sie als interdependent zu konzeptualisieren. Weder sich überschneidende bzw. überkreuzende Achsen der Differenz, noch Kategorien und auch nicht deren Verwobenheit stehen in diesem Zusammenhang im Vordergrund der Auseinandersetzung. Vielmehr stellt sich die Frage nach der inhaltlichen Bestimmung und nach der gesellschaftlichen Bedeutung interdependenter sozialer Kategorien, die »*gleichzeitig auf diversen Ebenen und Feldern* (re-)produziert« (ebd.: 56) werden. Welche Erkenntnisinteressen in diesem Zusammenhang verfolgt und welche Aspekte als relevant bewertet werden, ist kontextspezifisch und abhängig von den Hintergründen, Entwicklungen, Diskursen und Praxisformen der gesellschaftlichen Bereiche, die im Fokus der Analyse stehen.

»Die Auswahl der Kontexte wird wiederum von unseren Erkenntnisinteressen abhängig sein: geht es um politische Ziele? soll ein Textkorpus analysiert werden? oder geht es um die Ordnung quantitativer Daten? Neben unserem Erkennt-

nisinteresse wird auch die Auswahl des Analysekorpus bzw. Gegenstandsfelds vorgeben, welche Aspekte eine interdependente Kategorie formieren. [...]
Ist der Kontext definiert, wären dann auf der Suche nach den inhaltlichen Bestimmungen einer interdependenten Kategorie nach den relevanten *Feldern* und *Ebenen* zu suchen, welche die Kategorie Gender in dem ausgewählten Kontext aufspannen. Um die interdependente Struktur einer Kategorie zu fassen gilt es, deren *interne Architektur* in ihrer Komplexität möglichst umfassend auszuleuchten. Dabei hebt unser ›analytischer Spotlight‹ zeitweise bestimmte Aspekte hervor, während andere in den Hintergrund treten müssen.« (Ebd.: 63).

Bezogen auf Gender richtet Walgenbach ihre Aufmerksamkeit vor allem auf die Analyse und institutionelle Verdichtung sozialer Ungleichheiten, die sich durch die Verbindung und wechselseitige Beeinflussung von sozialen Strukturen, Interaktionen, Handlungsformen und Subjektformationen ergeben. Sie betont in diesem Zusammenhang die gesellschaftlichen Effekte *interdependenter sozialer Kategorien* und widmet sich den Auswirkungen der *Interdependenzen* zwischen ihnen, die sich auf verschiedenen gesellschaftlichen Ebenen und in unterschiedlichen sozialen Feldern zeigen. (Vgl. Walgenbach 2014: 65) Dabei

»muss herausgestellt werden, dass interdependente Kategorien nicht selbstreferentiell, d.h. als in sich geschlossene Systeme operieren. Soziale Kategorien stehen vielmehr miteinander in Verbindung – nur so lassen sich ihre internen komplexen Strukturen erklären sowie die Dynamiken der Veränderung, durch die sie geprägt sind. Sie sind zum einen durch die verschiedenen *Ebenen* und *Felder* verbunden, welche zusammen historisch und lokal spezifische *Arrangements* herausbilden [...], zum anderen durch die Subjekte, welche *durch* und *in* mehreren interdependenten Kategorien positioniert sind.« (Walgenbach 2007: 64)

Das Zusammenspiel von gesellschaftlich institutionalisierten Ordnungssystemen, sozialen Praktiken, subjektiven Überzeugungen und Erfahrungen bilden, den Überlegungen Walgenbachs folgend, den Hintergrund für strukturelle Dominanzverhältnisse[5], die »gesellschaftliche Realitäten *fundamen-*

5 Katharina Walgenbach interpretiert den Begriff *strukturelle Dominanz* folgendermaßen: »Unter struktureller Dominanz verstehe ich, dass ein interdependentes Dominanzverhältnis bzw. eine interdependente Kategorie *gleichzeitig*

tal auf materielle und diskursive Weise prägen.« (Ebd.) Mit Hilfe dieser Perspektive können spezifische (politische) Arrangements sicht- und analysierbar gemacht werden, in denen sich gesellschaftliche Strukturen, politische Regulierungen und soziale Handlungsformen verbinden und systemstabilisierend wirken. Um die Wechselwirkungen der damit verbundenen gesellschaftlichen Machtverhältnisse erfassen zu können, gilt es, »die Ebenen nicht additiv zu analysieren« (ebd.: 57), sondern sich auf die wesentlichen Felder der (Re-)Produktion von Dominanzverhältnissen zu konzentrieren, die in den Bereichen *Ökonomie, Recht, Politik, Kultur oder Körper* verortet sind. Soziale Ungleichheiten und Asymmetrien kontextspezifisch und im Rahmen struktureller Dominanzverhältnisse zu analysieren, ist das politische Anliegen der Auseinandersetzung mit interdependenten sozialen Kategorien. Abhängig von ihrer Spezifität und inneren Architektur zielt sie darauf, deren Spezifität und Heterogenität zu erkennen und die dynamischen Wechselwirkungen von gesellschaftlichen Macht- und Herrschaftsverhältnissen zu erfassen. Ein Argumentationszusammenhang, den Heike Raab aufgreift, wenn sie von ›Behinderung‹ als interdependenter Kategorie spricht.

Behinderung als interdependente Kategorie

Ausgehend von Erkenntnissen der Gender-, Queer- und Disability Studies versucht Heike Raab, das Konzept interdependenter Kategorien für die Auseinandersetzung mit ›Behinderung‹ nutzbar zu machen. In entschiedener Abgrenzung zu einer Perspektive, die ›Behinderung‹ als ›natürliches‹ und körperbezogenes Differenzmerkmal begreift, betont sie die kulturelle Verankerung des Phänomens und beschreibt es als »soziokulturelle Praxis [...], in die Macht und soziale Ungleichheit gleichsam eingelassen sind.« (Raab 2007: 129) Angesichts der gesellschaftlichen Vielfalt an Lebensweisen, im Zusammenhang mit einer großen Bandbreite an institutionalisierten

---

auf diversen *Ebenen* und *Feldern* (re-)produziert wird. Es handelt sich mit anderen Worten um ein historisch, sozial, politisch und kulturell tradiertes Dominanzverhältnis, das mehrere gesellschaftliche Bereiche durchzieht und Lebensrealitäten auf *fundamentale* Weise prägt. Wobei diese Prägung nicht als deterministisch verstanden wird, sondern als Produkt von sozialen Kämpfen bzw. *Kräfteverhältnissen*.« (Walgenbach 2007: 56)

Handlungsorientierungen und im Hinblick auf die Heterogenität kultureller Repräsentationsformen, ist es aus ihrer Sicht höchst fragwürdig, ›Behinderung‹ als – weitgehend homogene – Masterkategorie zu entwerfen. Denn die Komplexität des Begriffes kann ausschließlich durch ein *multiples Konzept* erfasst werden, das gesellschaftliche ›Achsen der Differenz‹ ebenso mit einbezieht wie die interdependenten (Macht-)Wirkungen der sozialen Kategorie ›Behinderung‹.

»Behinderung als multiples Konzept bedeutet davon auszugehen, dass Behinderung durch verschiedene gesellschaftliche Achsen wie z.B. Rassismus, Homophobie, Klasse oder Sexismus (mit-)reguliert wird und umgekehrt. Der Hinweis auf die historische Bedingtheit und die Vielfältigkeit von Behinderung zeugt hingegen davon, dass analytische Verfahren auf der Grundlage homogenisierender Identitäten die Heterogenität und entsprechend die vielschichtigen Konstruktionsprozesse von Behinderung konzeptionell nicht zu bestimmen vermögen. Aus intersektionaler Sicht ist Behinderung als Masterkategorie der Disability Studies deshalb nicht identitätsparadigmatisch ausgerichtet. Vielmehr wird von Behinderung als einer interdependenten Analysekategorie ausgegangen. Erst eine intersektionale Herangehensweise ermöglicht es, jene oben genannte Pluralität und Interdependenz von Behinderung zu untersuchen.« (Raab 2010: 77)

Intersektionale Perspektiven im Zusammenhang mit dem Thema ›Behinderung‹ erfordern »eine Herangehensweise, die nicht nur ökonomische, juridische, soziale und subjektivierende Verfahrensweisen des ›Behindert-Machens‹ untersucht« (Raab 2007: 128), sondern sich darüber hinausreichend bewusst darum bemüht, Herrschaftsverhältnisse wie Heteronormativität, Sexismus und Rassismus mit zu berücksichtigen. Dabei stellt Heike Raab vor allem die Verknüpfung und wechselseitige Bedingtheit von ›Behinderung‹, Heteronormativität und Geschlecht ins Zentrum ihrer Analysen. Ausgehend davon, dass Heterosexualität »als Norm der Geschlechterverhältnisse, die Subjektivität, Lebenspraxis, symbolische Ordnung und das Gefüge der gesellschaftlichen Organisation strukturiert« (Wagenknecht 2007: 17), verweist sie insbesondere auf die Machtwirkungen heteronormativer Körperpolitiken und erweitert den Analyserahmen, indem sie ›Behinderung‹ einbezieht.

»Die heteronormative Ordnung der Geschlechterdifferenz funktioniert nicht nur entlang der Vektoren Körper, Geschlecht und Sexualität. Als ein weiterer Heteronormativität produzierender Schauplatz ist der Bereich der Behinderung zu nennen. Heteronormativität [...] produziert nicht nur Männlichkeit, Weiblichkeit und Homosexualität, sondern zugleich auch Formen von Asexualität und Ageschlechtlichkeit – wenn auch auf unterschiedliche Art und Weise: Während die Hetero/Homo-Dichotomie – als Heteronorm – die heterosexuelle Ordnung aufrecht erhält, besteht im Falle von Behinderung die Gefahr, völlig von dieser binären soziokulturellen Ordnung ausgeschlossen zu werden.« (Raab 2007: 140f).

Ein intersektionaler Zugang zum Thema »gestattet eine Neubestimmung von Behinderung als soziokulturelles Differenzierungsverfahren jenseits dualer und hierarchischer Gegensätze« (ebd.: 142f), indem er Differenzkategorien »wie Heteronormativität und Geschlecht systematisch berücksichtigt« (ebd.: 143) und darüber hinausreichend darauf hinweist, dass ›Behinderung‹ einen wesentlichen Bezugspunkt für sozialpolitische Regulierungen darstellt. Zunehmend gefordert ist beispielsweise ein System von *able-bodied heteronormativity*, das es ermöglicht, Personen – mit und ohne Behinderungen – flexibel, möglichst effektiv und funktional gesellschaftlich einzubinden. Freilich erfordert eine Analyse der damit verbundenen Interdependenzen und Machtwirkungen ›neue‹ methodische Konzepte. Fragen nach den konkreten Effekten dieser Zusammenhänge jedenfalls, sind bislang weitgehend offen geblieben, was – Heike Raab folgend – darauf zurückzuführen sei, dass das ›methodische Handwerkszeug‹ für eine vielfältige soziokulturelle Problematisierungsweise von ›Behinderung‹ noch fehle und erst durch transdisziplinäre Kooperationen ›neu‹ bestimmt werden müsse. (Vgl. ebd.)

Mehrebenenanalysen

Gabriele Winker und Nina Degele erweitern das intersektionale Konzept durch ihren Ansatz der Mehrebenenanalyse, der von einer Wechselwirkung von gesellschaftlichen Strukturen, symbolischen Repräsentationsformen und Identitäten ausgeht, darüber hinausreichend aber auch konkrete methodische Anregungen zur Verfügung stellt, um Intersektionalität für die empirische Analyse sozialer Ungleichheiten nutzbar zu machen. (Vgl. Winker/Degele 2009: 11). Als »theoretische Klammer« (ebd.: 25) nutzen die

Autorinnen kritische Auseinandersetzungen mit der kapitalistisch strukturierten Gesellschaft und betonen dabei die systemstabilisierende Bedeutung der auf Profitmaximierung ausgerichteten ökonomischen Verhältnisse. Aus ihrer Sicht erfordert die Analyse sozialer Ungleichheiten, die sich beispielsweise durch geschlechtsspezifische Arbeitsteilung innerhalb der Produktions- und Reproduktionssphäre, durch die ungleiche Verteilung von Löhnen und Gehältern und unterschiedliche Zugangsmöglichkeiten zum Arbeitsmarkt zeigen, einen mehrdimensionalen analytischen Zugang. Die Fragen, wie soziale Ungleichheitsverhältnisse (symbolisch) (re-)produziert, repräsentiert und legitimiert werden, verweisen über die stabilisierende Funktion gesellschaftlicher Strukturen hinausreichend auf die Notwendigkeit, sich kritisch mit sozialen Normen, Ideologien und hegemonial abgesicherten Begründungen auseinanderzusetzen. In diesem Sinne bemühen sich Winker und Degele darum, die ökonomische, politische *und* kulturelle Dimension intersektionaler Analysen sichtbar zu machen. Ausgehend vom Versuch, die Bedeutung, den Geltungsraum und die Wirkkraft unterschiedlicher sozialer Kategorien zu spezifizieren, widmen sie sich dabei – auf unterschiedlichen gesellschaftlichen Ebenen – einer Analyse der wechselseitigen Beziehungen zwischen ungleichheitsgenerierenden sozialen Differenzierungen.

> »Wir berücksichtigen sowohl gesellschaftliche Sozialstrukturen inklusive Organisationen und Institutionen (Makro- und Mesoebene) sowie Prozesse der Identitätsbildung (Mikroebene) als auch kulturelle Symbole (Repräsentationsebene).« (Ebd.: 18)

Vor dem Hintergrund einer kritischen Auseinandersetzung mit neo-liberalen Politikentwicklungen und ökonomischen Krisenlagen stehen die Zusammenhänge zwischen Sozialstruktur, symbolischer Repräsentation und Identität[6] im Zentrum der intersektionalen Mehrebenenanalyse. In Anbe-

---

6 Winker und Degele beschreiben Identität nicht als feststehende Größe, sondern als »eine soziale Positionierung, um die in Prozessen sozialer Auseinandersetzungen gerungen wird.« (Winker/Degele zit. nach Langreiter/Timm 2011: 68) Dabei betonen sie, dass sich Identität nur auf der Grundlage von Differenz und ausschließlich im Rahmen expliziter und impliziter Abgrenzungsprozesse konstituieren kann.

tracht der Tatsache, dass Personen bezogen auf die Sicherung individueller Existenzgrundlagen gegenwärtig mit ›neuen‹ Herausforderungen und mit vielfältigen Risiken konfrontiert sind – was auf der Identitätsebene »für viele zu erhöhter Verunsicherung« (ebd.: 26) führt – betonen Winker und Degele, dass die genannten drei Analyseebenen »nicht nur durch den kontextuellen Rahmen der kapitalistischen Akkumulation« (ebd.: 27) miteinander verbunden sind. Sie betonen in diesem Zusammenhang insbesondere die Bedeutung des kontextbezogenen und alltäglichen sozialen Handelns bzw. Sprechens, das in der Lage ist, den Einfluss symbolischer Repräsentationsformen zu verstärken oder zu vermindern, das gesellschaftliche Strukturen stützt oder sie in Frage stellt und das eine entscheidende Rolle bei der Übernahme oder Zurückweisung von Identitätszuschreibungen spielt.

»Konkret heißt das [...], dass wir den Zusammenhang von Klassen-, Geschlechter-, Rassen- und Körperverhältnissen sehr wohl im Blick haben, unbeeindruckt davon aber mit der Analyse im Alltag von Menschen beginnen: Um welche Probleme, Themen und Fragen organisieren sie ihr alltägliches Tun? Welche Differenzierungskategorien nutzen sie zur Darstellung und Konstruktion ihres Alltags? [...] Darauf aufbauend analysieren wir Strukturen und Repräsentationen, die diese Praxen fortschreiben und aus ihnen resultieren« (Winker/Degele 2009: 64).

Die Komplexität der intersektionalen Mehrebenenanalyse ermöglicht es, von vielfältigen – vor allem aber von konkreten – sozialen Handlungsformen und individuellen Erfahrungen ausgehend, Verknüpfungen zu symbolischen Repräsentationsformen und Sozialstrukturen herzustellen. Im Rahmen empirischer Forschung sind die Zusammenhänge und Wechselwirkungen dieser Ebenen und die ihnen immanenten Machtwirkungen von ungleichheitsrelevanten sozialen Kategorien allerdings nicht immer eindeutig zu beschreiben, sondern in sich höchst widersprüchlich und oft auch gegenläufig. Das beschreiben Winker und Degele am Beispiel des Diskriminierungsverbots für Frauen und Homosexuelle, das zwar grundsätzlich versucht, soziale Benachteiligungen zu unterbinden, sie im alltäglichen Handeln und Sprechen aber nicht verhindern kann. Ausgehend davon, dass soziale Wirklichkeiten nicht immer den geforderten gesetzlichen gesellschaftlichen Rahmenbedingungen entsprechen, erfordert der Anspruch, den damit verbundenen gesellschaftlichen Widersprüchen, Uneindeutigkeiten und den dynamischen Effekten intersektionaler Machtprozesse gerecht zu werden, eine Kombination von ergebnisoffener und theoriegeleiteter Forschung, den konsequenten Bezug auf empirische Forschung und die beständige Reflexion darüber, welche inhaltlichen Bezüge sich im Rahmen spezifischer Fragestellungen und kontextorientiert ergeben.

Die Untersuchung muss offen sein für Überraschungen, das heißt jedwede Kategorie kann relevant sein oder auch nicht – die Forscherin/der Forscher muss diese Relevanzen aber auch sehen können. [...] Zunächst gehen wir in der empirischen Forschung von Phänomenen, Problemen und Zusammenhängen aus, nicht von Kategorien. Wir geben für die empirischen Auswertungen also keine Kategorien vor, sondern plädieren im Gegenteil dafür, die Vielfältigkeit des empirischen Materials sprechen zu lassen.« (Winker/Degele zit. nach Langreiter/Timm 2011: 69)

Die Ergebnisoffenheit intersektionaler Forschung soll dazu beitragen, ›neue‹ Denkansätze, Wahrnehmungsweisen und Handlungsmöglichkeiten zu entwickeln, die politisch irritieren *müssen*, »um durch die Verunsicherung die Reflexionspotenziale gesellschaftlich produktiv zu machen« (ebd.: 73) und zielt bewusst darauf ab, soziale Bewegungen zu beeinflussen und dadurch widerständiges politisches Handeln zu ermöglichen

Interaktive Intersektionalität

Auch Myra Marx Ferree begreift Intersektionalität als dynamischen gesellschaftlichen Prozess, der wesentlich von den strukturellen Bedingungen und Machtdynamiken des kapitalistischen Systems und den damit verbundenen soziale Praktiken bestimmt wird. Interaktions- und Verständigungsprozesse und (ungleichheitsrelevante) Diskurse gelten im Modell der *interaktiven Intersektionalität* (Ferree 2010: 70) als *die* entscheidenden Schauplätze des politischen Handelns. Sie beeinflussen nicht nur die Sozialstruktur einer Gesellschaft, gesellschaftliche Regulierungen und gesetzliche Regelungen, sondern prägen darüber hinausreichend auch die (historische) Entwicklung von Institutionen, das gesellschaftliche Bewusstsein und die Möglichkeiten des sozialen Handelns. Der Begriff *framing work* beschreibt in diesem Zusammenhang »das allgegenwärtige Ringen diverser politischer Akteure um politische Bedeutungsinhalte« (ebd.: 73), das dazu dienen soll, politischen Konzepten Sinn zu verleihen, sie kontextuell einzubetten und handlungsleitende Ideen für Prozesse des sozialen Wandels zu entwickeln.

Mit dem Ziel, unterschiedliche Perspektiven und politische Anliegen zu repräsentieren, stehen Frameworks vor der Aufgabe, Gemeinsamkeiten, Ähnlichkeiten, Differenzen und Inkonsistenzen der politischen Debatte zu identifizieren und sichtbar zu machen.

»Das Framework der politischen Debatte besteht nicht aus einem disziplinären Kanon, sondern aus *autoritativen Texten*, wie Verfassungen, Gesetzen, Gerichtsentscheidungen, Verträgen und administrativen Regelungen. Solche Texte sprechen nie ›für sich selbst‹; sie müssen interpretiert, umgesetzt und ihre Geltung muss durchgesetzt werden. Trotzdem bieten sie ein diskursives Gerüst an – ein institutionalisiertes Rahmenwerk von Verbindungen, die zwischen Menschen, Konzepten und Ereignissen hergestellt werden. Diese Struktur prägt die Durchsetzungschancen von politischen AkteurInnen, indem sie bestimmte Arten von Verbindungen als unvermeidlich erscheinen lässt – andere hingegen als verdächtig unsicher und daher besonders verlockend für Debatten.« (Ebd.: 72).

›Autoritative Texte‹ – die als ›diskursives Gerüst‹ Verbindungen zwischen Menschen, Konzepten und Ereignissen deutlich machen sollen – legen aus der Perspektive interaktiver Intersektionalität den Rahmen für die Koordination und Interpretation politischer Entscheidungen und sozio-ökonomischer Entwicklungen fest. In der Auseinandersetzung mit ihnen stellt sich in hohem Ausmaß die Frage, aus welcher Perspektive Interessen formuliert werden und welche Bedeutung den Handelnden im politischen Prozess zukommt. Vor dem Hintergrund einer Politikentwicklung, die den Dialog zwischen staatlichen Institutionen und den Vertreterinnen und Vertretern sozialer Bewegungen bzw. zivilgesellschaftlicher Organisationen nicht nur vorsieht, sondern zunehmend fordert, stellen sich gegenwärtig neue Herausforderungen. Einerseits eröffnen sich deutlich erweiterte Möglichkeiten der politischen Partizipation und Einflussnahme, andererseits steigt aber auch die Komplexität der politischen Auseinandersetzungen und Verständigungsprozesse. Abgesehen davon, dass die Existenz eines privilegierten normativen Erkenntnisstandpunktes aufgrund der Standortgebundenheit und Kontextbezogenheit individueller Erfahrung grundsätzlich in Frage gestellt werden muss, vervielfältigen sich die formulierten und wahrgenommenen Ziele, Interessen und Anliegen und stehen häufig im Gegensatz zueinander. Auftrag kann also nicht nur sein, möglichst allen sozialen Gruppen Einfluss im Prozess der gesellschaftlichen Veränderung und politischen

Entwicklung zuzugestehen und ihnen die Beteiligung an politischen Entscheidungen zu gewährleisten, darüber hinausreichend geht es auch darum, gemeinsame und differierende Erfahrungshintergründe, (Lebens-)Herausforderungen und Perspektiven sichtbar zu machen und zu politisieren.

»Each group speaks from its own standpoint and shares its own partial, situated knowledge. But because each group perceives it's own truth as partial, its knowledge is unfinished. Each group becomes better able to consider other groups' standpoint without relinquishing the uniqueness of its own standpoint or suppressing other groups' partial perspectives. [...] Partiality and not universality is the condition of being heard; individuals and groups forwarding knowledge claims without owning their position are deemed less credible than those who do.« (Hill Collins 1990)

Selbst wenn die Berücksichtigung standortspezifischer Perspektiven gegenwärtig als unverzichtbare Bereicherung im Rahmen des politischen Dialogs gilt, konfrontiert die Partikularität des damit verbundenen Wissens mit neuen Herausforderungen und Fragestellungen. Denn auch die – notgedrungen unvollständige – politische und kulturelle Repräsentation (gruppen-) spezifischer Sichtweisen und Erfahrungen ist mit Machtdynamiken und sozialen Ungleichheiten verbunden. Die strukturellen Vorbedingungen politischer Verständigungsprozesse – in denen längst nicht alle Anliegen Gehör finden – produzieren nicht nur Privilegierungen *und* Diskriminierungen der handelnden Personen, sondern hierarchisieren auch deren Anliegen, Interessen und Forderungen. Die Offenheit standortspezifischen Erfahrungen und politischen Interpretationen gegenüber, muss deshalb mit dem Bemühen verbunden bleiben, Machtverhältnisse innerhalb politischer Kontexte zu problematisieren, unterschiedlichste politische Ansprüche wahrzunehmen, sie argumentativ zu begründen und sich den damit verbundenen kontroversen Diskussionen zu stellen. Bedingt durch gegenwärtige gesellschaftliche Entwicklungen ist allerdings zu befürchten, dass ökonomische Interessen im Rahmen politischer Verständigungsprozesse häufig stärker gewichtet werden könnten, als die Anerkennung sozialer Differenz, als der politische Wille, soziale Ungleichheiten zu vermeiden und sozial wertvolle Güter ›gerecht‹ zu verteilen, als die gesellschaftliche Selbstverpflichtung auf menschenrechtliche Normen und Solidarität.

Soziale Ungleichheiten und das Zusammenwirken von (kontext-)spezifischen Machtwirkungen können nur mit Hilfe vielfältiger Perspektiven analysiert werden. Dabei gelingt es immer weniger, ›Macht‹ als eindeutig repressiven Effekt von Herrschaft zu charakterisieren. Asymmetrische gesellschaftliche Verhältnisse werden stattdessen häufig mit dem Begriff *Dominanzkultur* beschrieben und mit einem omnipräsenten, vielfältigen und unsichtbaren »*Geflecht verschiedener Machtdimensionen*« in Verbindung gebracht, »die in Wechselwirkung zueinander stehen.« (Rommelspacher 1995: 23)

> »Der Begriff Dominanz bezieht sich dabei auf die Vorstellung, dass sich die Machtverhältnisse weder auf eindeutige Strukturen von Herrschaft reduzieren lassen noch durch frei flottierende Zirkulationen von Macht hinreichend beschrieben werden können. Vielmehr speist sich die Macht [...] aus vielen unterschiedlichen Quellen, vernetzt sich und bildet dabei beständige Asymmetrien heraus, die den Anspruch auf soziale Unterscheidung und Überlegenheit durchsetzen. Kultur ist dabei als ein Medium zu begreifen, mit dem symbolische Grenzen gezogen werden und das Menschen ›ihre‹ Position in der Gesellschaft zuweist. Denn über Kultur wird auch festgestellt, wer in der Norm lebt und sie repräsentiert und wer von ihr abweicht.« (Rommelspacher 2009: 3)

In Modellen, die gesellschaftliche Dominanz ins Zentrum der Analyse stellen, wird ›Macht‹ mit Kräfteverhältnissen assoziiert, die als – in sich dynamische und veränderbare Größen – in gesellschaftlichen Kämpfen und Auseinandersetzungen entstehen und sich auf unterschiedlichen Ebenen zeigen. Den Bereichen Ökonomie, Politik und Kultur kommt in diesem Zusammenhang besondere Bedeutung zu, da sie im direkten Verhältnis zueinander stehen, (funktional) eng miteinander verknüpft und in hohem Ausmaß durch gesellschaftliche Kämpfe um die Durchsetzung von Macht- und Herrschaftsinteressen charakterisierbar sind. (Vgl. Becker-Schmidt 2004: 67) Als entscheidend für die (Re-)Produktion gesellschaftlicher Dominanz und für die Wirkkraft der damit verbundenen gesellschaftlichen Mechanismen gelten einerseits Dynamiken, die entstehen, wenn »sich viele Machtquellen vernetzen und damit ein Anspruch auf soziale Unterscheidung und Überlegenheit durchgesetzt wird« (Rommelspacher 1995: 25).

Dem Modell der Dominanzkultur folgend, stützen sich asymmetrische gesellschaftliche Strukturen und sozial ungleiche Zugangsmöglichkeiten zu

Ressourcen bzw. zu sozialen Positionen auf normative Handlungsorientierungen, die positiv bewertet werden und weitgehende Zustimmung erfahren. Subjektive Lebenswirklichkeiten gelten in diesem Zusammenhang nicht bloß als ›Effekte‹ gesellschaftlicher Machtmechanismen und – ökonomisch bzw. politisch motivierter – Privilegierung oder Benachteiligung. Vielmehr werden sie explizit als Teil einer kulturellen Praxis interpretiert, in der jede und jeder dazu aufgefordert ist, sich aktiv auf politische Diskurse und kulturelle Deutungsrahmen zu beziehen und gesellschaftliche Bedingungen mitzugestalten.

Vor allem soziale Bewegungen versuchen bewusst – über den Bezug auf ökonomische und politisch-rechtliche Fragestellungen weit hinausreichend – soziale Ungleichheitsverhältnisse (auch) durch die kritische Reflexion kultureller Muster und die Politisierung des ›Privaten‹ zu verändern und erweitern damit das Spektrum politisch relevanter Fragestellungen in erheblichem Ausmaß. Mit der zunehmenden Fokussierung auf Kulturkritik, der Betonung von Differenzen zwischen Frauen und der verstärkten Auseinandersetzung mit Identitäten sei allerdings – so Nancy Fraser (2009) – beispielsweise im Rahmen der Zweiten Frauenbewegung eine Akzentverschiebung in den politischen Zielvorstellungen zu beobachten. Vor allem die Vorstellung, individuelle und gesellschaftliche Anerkennung primär durch Lohnarbeit erreichen und sich damit aus Autoritäts- und Abhängigkeitsverhältnissen befreien zu können, habe zu einem subtilen Werte- und Bedeutungswandel innerhalb der Frauenbewegung geführt. Durch den Versuch, gesellschaftliche Institutionen im Sinne der Geschlechtergerechtigkeit umzugestalten, sei die grundsätzliche Kritik am kapitalistischen System ins (politische) Abseits geraten und folglich hätten sich auch sozio-ökonomische Forderungen entscheidend verändert. Während strategische politische Ziele nur teilweise erreicht werden konnten und sich emanzipatorische Ansprüche und Hoffnungen nur punktuell erfüllten, wurden kritische feministische Analysen zum überwiegenden Teil gesellschaftlich vereinnahmt, so dass die Zweite Frauenbewegung »unwissentlich und unwillentlich dem neuen Geist des Neoliberalismus eine ganz wesentliche Zutat lieferte.« (Fraser 2009: 52).

Auf der politischen Ebene stellt sich im Zusammenhang mit interaktiver Intersektionalität immer wieder die Frage, welche Anliegen und Interessen als so relevant gelten, dass sie zu einem Thema des Dialogs und zum Zielpunkt konkreter Interventionen werden. Bezogen auf Disability-Mainstreaming und hinsichtlich der Vereinbarungen, die im Rahmen der UN-Behindertenrechtskonvention formuliert und als verbindliche Handlungsorientierungen anerkannt wurden, besteht die Befürchtung, dass die politischen Hoffnungen auf eine Implementierung der Rechtsansprüche von Menschen mit Behinderung nicht zur Gänze erfüllt werden könnten. Völlig ungeklärt nämlich ist, welche politischen Ansprüche aufgegriffen und erfüllt werden, ob und wie sie sich im Rahmen (trans-)nationaler Verständigungsprozessen verändern werden und ob nicht auch sie Gefahr laufen könnten, vereinnahmt und zu einem wesentlichen Bestandteil der neoliberalen Gesellschaftsentwicklung zu werden.

6. Europa und die UN-Behindertenrechtskonvention

Auch wenn der – durch die Ratifizierung der UN-Behindertenrechtskonvention bekräftigte – politische Wille, Menschen mit Behinderungen ein selbstbestimmtes und gleichberechtigtes Leben zu ermöglichen, innerhalb der Europäischen Gemeinschaft als gegeben gilt und zu einer gewissen Neuorientierung des sozialpolitischen, pädagogischen und rehabilitativen Handelns geführt hat, sind die konkreten Effekte der damit verbundenen Reformen (noch) nicht absehbar. Insbesondere die Fragen, welche Prioritäten gesetzt und in welcher Reichweite die getroffenen Vereinbarungen umgesetzt werden sollen, sind mit kontroversen Auseinandersetzungen, sozialen Konflikten und Interessensgegensätzen verbunden, die zu dynamischen Veränderungen der Übereinkünfte führen könnten. Anders formuliert: Was die Konvention grundsätzlich an gesellschaftlichen Veränderungsmöglichkeiten eröffnet hat, könnte im Rahmen ihrer Implementierung auf europäischer und nationalstaatlicher Ebene (graduell) wieder geschlossen werden. Denn erst im Rahmen politischer Verständigungsprozesse wird – immer wieder neu – entschieden, im Rahmen welcher konkreten politischen Maßnahmen Rechtssicherheit, gesellschaftliche Teilhabe und Chancengleichheit für beeinträchtigte Personen verwirklicht werden sollen.

»Implementation of policies moreover is always a political process, subject to all mechanisms of political processes. In the phase of implementation of [...] equality policies, therefore it can never be a matter of just doing what has been agreed on. The involvement of new actors will often mean that the illusion of consensus about the problem diagnosis is shattered or challenged. Furthermore, there is an ongoing dynamic in political and bureaucratic contexts, which in itself would introduce a political dimension in the process of implementation.« (Verloo 2001: 14)

Vor dem Hintergrund der gegenwärtigen gesellschaftlichen und ökonomischen Entwicklungen ist die Europäische Gemeinschaft mit der Herausforderung konfrontiert, politische Strategien zu entwickeln und Maßnahmen umzusetzen, die einerseits auf eine Vervielfältigung individueller Wahlmöglichkeiten abzielen und andererseits dazu beitragen, Armut, Arbeitslosigkeit und soziale Ausgrenzung zu verhindern. Mit der Absicht, »die Union zum wettbewerbsfähigsten und dynamischsten wissensbasierten Wirtschaftsraum in der Welt zu machen« (Europäischer Rat 2000: 3) einigten sich die Mitgliedstaaten deshalb auf international verbindliche Vereinbarungen, die größtmögliches Wirtschaftswachstum, Vollbeschäftigung und den Zugang zu Ressourcen, Gütern und sozialen Dienstleistungen sicherstellen sollen. Insbesondere durch die Erweiterung der Antidiskriminierungsgesetze macht die Europäische Gemeinschaft in diesem Zusammenhang deutlich, wie sehr sie sich der Notwendigkeit bewusst ist, Benachteiligungen im Allgemeinen – Mehrfachdiskriminierungen im Besonderen – gezielt bekämpfen zu müssen. . Gender Mainstreaming hat dabei eindeutig oberste Priorität und steht im Vordergrund der politischen Bemühungen.

6.1 GENDER MAINSTREAMING

Im Zusammenhang mit politischen Auseinandersetzungen im Rahmen der vierten Weltfrauenkonferenz, die im Jahr 1995 in Peking stattfand, wurde Gender Mainstreaming europaweit als handlungsleitendes politisches Prinzip eingeführt. Ausgehend von der Frage, wie sich Rechtsvorschriften, politische Prozesse und Strategien auf die Lebensrealitäten *beider* Geschlechter auswirken (könnten), sollen gezielte Maßnahmen und Initiativen dazu führen, soziale Ungleichheiten auszuschließen. Interpretiert als,

»the (re)organisation, improvement, development and evaluation of policy processes, so that a gender equality perspective is incorporated in all policies at all levels and at all stages, by the actors normally involved in policy-making« (Council of Europe 2009: 1), konzentriert sich Gender Mainstreaming vorwiegend auf die Analyse von ›Gender-Effekten‹ im Zusammenhang mit Gleichstellungspolitiken. Vor dem Hintergrund, dass für die Umsetzung der damit verbundenen Forderungen »eine Umgestaltung von Institutionen und/oder Organisationen notwendig sein könnte« (European Commission 2010: 24), setzt Gender Mainstreaming nicht auf vereinzelte Initiativen, sondern auf langfristige Strategien, als deren Ziel soziale Veränderung – insbesondere aber die Umgestaltung bestehender Geschlechterverhältnisse – gilt. Die kontinuierliche Auseinandersetzung mit gesellschaftlichen Entwicklungen, Organisationsformen und Regulierungen, mit politischen und bürokratischen Verfahren und vor allem die netzwerkartige Kooperation der politisch Handelnden sollen in diesem Zusammenhang dazu beitragen, die politische Wirkkraft der geplanten Maßnahmen zu verstärken.

»Corrective strategies are usually not sufficient« (Council of Europe 2009a, 2), so beschreibt der Europarat den Ausgangspunkt seiner strategischen Überlegungen. Ihm entsprechend basiert Gender Mainstreaming nicht auf politischen Plänen und Initiativen, die zentral gesteuert, evaluiert und immer wieder neu gestaltet werden, sondern auf den Überzeugungen und Selbstverpflichtungen jener Personen, die richtungsweisende Entscheidungen treffen. Dementsprechend werden – vor dem Hintergrund europaweiter Analysen – Leitbilder, Zielsetzungen und konkrete Vorschläge zunächst auf Regierungsebene und in den Leitungsetagen von Organisationen formuliert, die Umsetzung des Gender Mainstreamings liegt allerdings vorwiegend in Händen interessierter Mitarbeiterinnen. Auch wenn in diesem Zusammenhang wiederholt darauf hingewiesen wird, dass die quantitativ und qualitativ gleichwertige Beteiligung von Frauen *und* Männern eine der wesentlichen Voraussetzungen für den Erfolg der Initiativen darstellt, werden vor allem weibliche Sichtweisen und Kompetenzen für die Entwicklung von Konzepten und gendersensiblen Methoden genutzt. Hohes Engagement und fundiertes praktisches Wissen gelten dabei als Basis für die Durchsetzung der erwünschten Ziele, deren Realisierung hängt allerdings entscheidend vom politischen Willen der Führungskräfte und vom Ausmaß der zur Verfügung gestellten finanziellen, zeitlichen und personellen Ressourcen ab. Systematische und gezielte Schulungsmaßnahmen, Workshops und soft-skill Trainings, die Orientierung an ›best-practice‹ Modellen, Vernetzung und Öffentlichkeitsarbeit tragen zwar entscheidend dazu bei, Geschlechtergerechtigkeit zu erreichen, in Entscheidungsprozessen sind Frauen und ihre (politischen) Prioritäten, Bedürfnisse und Interessen allerdings nach wie vor unterrepräsentiert. Darüber hinausreichend scheinen die kritische Auseinandersetzung *mit* und die strukturelle Veränderungen *von* gesellschaftlichen Bedingungen im Modell des Gender Mainstreamings weder gefordert noch erwünscht zu sein. Im Gegenteil: Kritischen Stimmen folgend, werden Geschlechtergerechtigkeit und Gender Kompetenzen vorwiegend auf der individuellen Ebene realisiert und sollen auch im Berufs- und Arbeitsleben flexibel, kooperativ und partnerschaftlich – vor allem aber im Mainstream gesellschaftlicher Prozesse – umgesetzt werden. So gesehen, präsentiert sich Gender Mainstreaming immer mehr als administratives und technokratisches Instrument der Organisationsentwicklung, das Chancengleichheit nur im Bestehenden ermöglicht (vgl. Weiss 2007: 33) und von individuellen Handlungsoptionen ausgeht, »die häufig gar nicht existieren.« (Soiland 2007: 50)

> »Unter dem Druck neoliberaler Restrukturierung wird Gender Mainstreaming zunehmend als ein Instrument der Organisationsentwicklung aufgefasst und Gleichstellung damit zu einem Problem von zu optimierenden Verwaltungsabläufen umdefiniert. Verfolgten internationale Frauennetzwerke mit GM [Gender Mainstreaming – Anmerkung MW] ursprünglich die Einflussnahme auf makroökonomische Rahmenbedingungen, droht heute das Konzept zu einem Instrument der Anpassung von Frauen an die Erfordernisse spätkapitalistischer Produktion zu verkommen.« (Soiland zit. nach Krondorfer 2007: 45)

Vor dem Hintergrund ökonomischer Krisen und sich verschärfender sozialer Ungleichheiten setzt Gender Mainstreaming nicht auf den ›Kampf‹ um politische und soziale Rechte, sondern auf Eigenverantwortlichkeit, Eigeninitiative und auf institutionelle bzw. organisationsinterne Entwicklungsprozesse. Bezogen auf die zur Verfügung stehenden finanziellen Mittel bedeutet das allerdings nicht, »that more must be spent on women« (Council of Europe 2009a: 1). Die Gleichstellung der Geschlechter – »which is a major advantage at a time of declining economic growth« (ebd.) – wird im Gegenteil mehr und mehr allgemeingesellschaftlichen Prinzipien untergeordnet und soll durch den möglichst effektiven, kostengünstigen Einsatz von Ressourcen realisiert werden. Nicht mehr die Europäische Gemeinschaft, sondern vor allem die Regierungen der Mitgliedstaaten, Nichtregierungsorganisationen und Arbeitgeber_innen sollen sich aktiv am Aufbau einer geschlechtergerechten Gesellschaft beteiligen und zukünftig den Großteil der budgetären Verantwortlichkeit übernehmen. Zu befürchten ist, dass Gender Mainstreaming unter diesen Bedingungen nur noch »den moderaten und moderierenden Rahmen zur Abwehr offensichtlicher Benachteiligung« (Sauer/Wöhl 2008: 269) darstellen kann, als politisches Grundprinzipien der Antidiskriminierungspolitik allerdings deutlich an Bedeutung verlieren könnte.

Auch wenn die Reflexion der Konzepte, Strategien und Erfolge des Gender Mainstreamings es ermöglicht, sich positiv auf politische Erfahrungen und bewährte gesellschaftliche Regulierungen zu beziehen, können die damit verbundenen Prinzipien nicht umstandslos auf andere soziale Ungleichheitsverhältnisse – und schon gar nicht auf mehrfache Benachteiligungen – übertragen werden.

»The fact that inequalities are dissimilar means that such ›equality‹ main-streaming cannot be a simple adaptation of current tools of gender mainstreaming. Whether one thinks of checklists, training, impact assessment or expert meetings, a clear conceptualization of how intersectionality operates, a theory of the power dynamics of a specific inequality, as well as a choice for a clear political goal will be needed. Moreover, the fact that multiple inequalities are not independent means that such ›equality‹ mainstreaming cannot be a simple extrapolation of gender mainstreaming. If intersectionality is at work in strategies against inequalities, then new and more comprehensive analytical methods are needed and methods of education, training and consultation will have to be rethought.« (Verloo 2006: 222)

Das wachsende politische Bewusstsein für die Spezifität sozialer Ungleichheitsverhältnisse verdeutlicht die Notwendigkeit, die strukturellen Bedingungsfaktoren divergenter Diskriminierungserfahrungen zu vergleichen und sich auf unterschiedlichen gesellschaftlichen Ebenen und bezogen auf verschiedene soziale Felder mit Machtdynamiken auseinanderzusetzen. Erst vor diesem Hintergrund können Wechselwirkungen zwischen gesellschaftlichen Bedingungen und ihren sozialen Effekten analysiert und politische Maßnahmen diskutiert werden, die auf unterschiedliche Art und Weise auf die Verbesserung der Lebensverhältnisse marginalisierter Personen und sozialer Gruppen abzielen. Um sozialen Konflikten bzw. Interessengegensätzen gewissermaßen *vorausschauend* gerecht zu werden, ist die Europäische Gemeinschaft darüber hinausreichend mit der Herausforderung konfrontiert, gesellschaftliche, demographische und wirtschaftliche Entwicklungsprozesse analytisch mit einzubeziehen.

6.2 DISABILITY ACTION PLANS

Bezogen auf ›Behinderung‹ liegt der Fokus der europäischen Antidiskriminierungspolitik auf einer Erweiterung der sozialen, ökonomischen und politischen Teilhabemöglichkeiten für Menschen mit Behinderungen, die durch eine Verbesserung der Arbeits- und Berufssituation erreicht werden soll. In diesem Zusammenhang wird es häufig erforderlich sein, arbeitsmarktbezogene Initiativen durch ein bedarfsgerechtes Angebot an sozialen Dienstleistungen und Unterstützungssystemen zu ergänzen, existenzsichernde, finanzielle Grundlagen sicherzustellen und soziale Sicherungssysteme aufrechtzuerhalten.

Auch wenn nach wie vor ein deutlicher Mangel an politischer Aufmerksamkeit besteht, wenn es um Anliegen, Bedürfnisse und Interessen von Personen mit Behinderungen geht, zeigt die Ratifizierung der UN-Behindertenrechtskonvention, dass die Rechte beeinträchtigter Personen weltweit und im europäischen Raum zunehmend wahrgenommen werden. Ausgehend von den formulierten Zielen, sieht die Europäische Gemeinschaft verbindliche Auflagen für die Mitgliedstaaten vor, die eine koordinierte Ausführung, Evaluation und Weiterentwicklung behinderungspolitischer Maßnahmen gewährleisten sollen und – finanzielle – Verantwortlichkeiten festlegen. Die in diesem Zusammenhang entwickelten Aktionspläne dienen – als strategische und auf Kooperation ausgerichtete Handlungsprogramme – dazu, zentrale politische Fragestellungen zu analysieren, Ziele festzulegen, konkrete Maßnahmen zu planen und europaweit deren Erfolg zu überprüfen. Ausgehend von den Erkenntnissen der gemeinsamen Arbeit sollen politische Instrumente und nationale Strategien entwickelt werden, die Diskriminierung verhindern, Gleichstellung bzw. Chancengleichheit fördern und die allgemeine Zugänglichkeit zu Gütern und sozialen Dienstleistungen gewährleisten. Der Dialog über die Verbesserung der Lebenssituationen behinderter Personen wird folglich von vielfältig zusammengesetzten Gremien getragen, die für politische Maßnahmen und Strategien verantwortlich sind und gewährleisten sollen, dass »die Mitgliedstaaten die Behinderungsthematik vorausschauend in einschlägige Politikbereiche einbeziehen.« [KOM(2007) 738: 3]

Das europäische Jahr der Menschen mit Behinderungen

Um den politischen Zielvorstellungen Nachdruck zu verleihen, erklärte die Europäische Gemeinschaft das Jahr 2003 zum *Jahr der Menschen mit Behinderungen.* Ausgerichtet darauf, die »Förderung eines hohen Beschäftigungs- und Sozialschutzniveaus sowie die Verbesserung des Lebensstandards und der Lebensqualität in den Mitgliedstaaten« (2001/ 903/EG: 1) sicherzustellen, konzentrierten sich die politischen Bemühungen auf die Beseitigung von Barrieren, »die auf gesellschaftlicher Ebene und im Bereich von Architektur und Design ungerechtfertigte Hindernisse für die Teilnahme von Menschen mit Behinderungen am wirtschaftlichen und sozialen Leben darstellen.« (Ebd.: 2). Das Jahr der Menschen mit Behinderungen eröffnete – mit maßgeblicher Beteiligung behinderter Personen – die Möglichkeit, für politisch relevante Themen zu sensibilisieren, Anliegen und Forderungen europaweit zu diskutieren, Prioritäten festzulegen und konkrete Maßnahmen zur Verbesserung der Lebenssituation von Menschen mit Behinderungen zu initiieren.

»Dem EJMB [Europäischen Jahr für Menschen mit Behinderungen – Anmerkung MW] lag der Gedanke zugrunde, einen Prozess einzuleiten, an dem alle Bürger teilhaben; dank seiner einmaligen Struktur konnten die behinderten Menschen selbst wesentlich zur Festlegung des Konzepts für das Jahr beitragen; auch ihren Organisationen kam eine ausschlaggebende Rolle bei der Ausgestaltung der entsprechenden Kampagne auf EU-Ebene und auf nationaler Ebene zu: sie waren in den nationalen Koordinierungsgremien vertreten, beteiligten sich an der Formulierung der Schlüsselbotschaften des EJMB, waren in die Auswahl des Logos und des Slogans eingebunden usw. In den teilnehmenden Ländern fanden tausende von Veranstaltungen statt, um die Rechte der Menschen mit Behinderungen in den Mittelpunkt zu rücken und auf die Hindernisse aufmerksam zu machen, mit denen sie tagtäglich in der Gesellschaft konfrontiert sind. Es wurden zeitgleich Aktionen auf europäischer, nationaler, regionaler und lokaler Ebene durchgeführt, an denen viele unterschiedliche Stakeholder teilnahmen: Menschen mit Behinderungen, ihre Familien, Behindertenorganisationen, Nichtbehinderte, Entscheidungsträger auf allen Ebenen, die Sozialpartner sowie maßgebliche Akteure aus dem öffentlichen und privaten Sektor.« [KOM (2003) 650: 11]

Insbesondere aufgrund zahlreicher politischer Aktionen, in deren Rahmen ›tausende von Veranstaltungen‹ öffentlichkeitswirksam auf die Lebensrealitäten behinderter Personen aufmerksam machten, konnten die politischen Analyse- und Handlungskompetenzen der Europäischen Gemeinschaft gesteigert und konkrete Initiativen zur Verwirklichung von Chancengleichheit angeregt werden. Auch wenn die meisten behinderungspolitischen Maßnahmen «in erster Linie in den Zuständigkeitsbereich der Mitgliedstaaten« fallen und »am effizientesten auf nationaler Ebene durchgeführt werden« [KOM (2003) 650: 14] können, legte die Europäische Gemeinschaft strategische Ziele als verbindliche politische Handlungsaufforderungen fest, die sich vorwiegend auf die Gleichbehandlung von Menschen mit Behinderungen in Beschäftigung und Beruf bzw. auf die Sicherstellung ihres Zugangs zu Produkten, Dienstleistungen und zur baulichen Umwelt beziehen.

Strategische Ziele

Die europäischen Antidiskriminierungsgesetze stehen in engem Zusammenhang mit beschäftigungspolitischen Strategien, die die (Wieder-)Eingliederung von benachteiligten Personen in den Arbeitsmarkt sowie soziale Sicherheit gewährleisten sollen. Als das bedeutsamste und erfolgversprechendste Mittel, um die Lebensverhältnisse von Menschen mit Behinderungen dauerhaft zu verbessern und uneingeschränkte soziale Integration zu verwirklichen gilt das *Konzept des integrativen Arbeitsmarktes.*

»Die Teilhabe am Arbeitsmarkt ermöglicht es, dass die Menschen ihren Lebensunterhalt selbst bestreiten und in stärkerem Maße am gesellschaftlichen Leben partizipieren. Außerdem gewährleistet sie die Wahrung der Würde und eine gewisse Eigenständigkeit. Die europäische Beschäftigungsstrategie trägt zu einer allgemeinen Verlagerung des Schwerpunkts von behindertenspezifischen Programmen auf einen breiteren Ansatz zugunsten von Menschen mit Behinderungen bei. Die meisten Mitgliedstaaten haben einen Wandel vollzogen von aktiven Maßnahmen zur Bekämpfung der Massenarbeitslosigkeit hin zu individualisierten Maßnahmen, die auf die Bedürfnisse einzelner Menschen zugeschnitten sind, auch auf die Bedürfnisse der besonders benachteiligten Gruppen wie z. B. der Menschen mit Behinderungen.« [KOMM (2003) 650: 5]

Maßnahmen zu ergreifen, die individuelle Zugangshindernisse zum Arbeitsmarkt beseitigen können, gilt als große Herausforderung für – öffentliche und private – Arbeitgeber_innen, die ohne erhebliche finanzielle Unterstützung seitens der Europäischen Gemeinschaft nicht zu bewältigen ist.[1] Job-Sharing, Job-Rotation, Aus- und Weiterbildungsmöglichkeiten, Beratung und Schulung sollen zu Chancengleichheit und zur Erweiterung individueller Fähigkeiten und Kompetenzen führen und darüber hinausreichend zur erhöhten Wettbewerbsfähigkeit von Menschen mit Behinderungen beitragen. Um deren Erwerbsquote zu steigern und beeinträchtigten Personen ein angemessenes Einkommen zu sichern, sind darüber hinausreichend flexible Beschäftigungsmöglichkeiten und Unterstützungsleistungen am Arbeitsplatz vorsehen. Die Beseitigung von Barrieren, die Adaptierung von Arbeitsplätzen, persönliche Assistenz, lebenslanges Lernen und die Weiterentwicklung neuer Technologien sollen Beschäftigungs- und Teilhabemöglichkeiten entscheidend erweitern und eine weitgehend eigenständige und selbstbestimmte Lebensführung ermöglichen.

Im Prozess der Planung architektonischer, verkehrstechnischer und organisatorischer Veränderungen der sozialen Umwelt sowie bei der Entwicklung technischer Hilfsmittel und benutzerfreundlicher Informations-

1 Im Zusammenhang mit der Umsetzung der Antidiskriminierungsgesetze werden gegenwärtig Initiativen vom Europäischen Sozialfonds und dem Fonds für regionale Entwicklung mitfinanziert. Unterstützt werden Projekte, die dazu beitragen, die Arbeitsrealitäten von Menschen mit Behinderungen zu erfassen, sie zu analysieren bzw. zu verbessern. Vorgesehen sind Beihilfen für konkrete Maßnahmen, die Unternehmer_innen auf dem Weg zum integrativen Arbeitsmarkt unterstützen. Vehement betonen Arbeitgeber_innen, dass ihre Bedürfnisse und finanziellen Grenzen im Zusammenhang mit behinderungspolitischen Anliegen stärker berücksichtigt werden müssen und fordern die Europäischen Gemeinschaft auf, sie in einem höheren Ausmaß als bisher finanziell zu unterstützen. [Vgl. KOM(2007) 738: 9] Die Verwaltung der Gelder und die Begleitung der Projekte liegen im Zuständigkeitsbereich der Mitgliedstaaten, die die Qualität, Effizienz und Kohärenz der Initiativen jährlich prüfen und die Projektträger gegebenenfalls auffordern, Konzepte zu überarbeiten und/oder zu verändern.

und Kommunikationstechnologien werden die Bedürfnisse und Wünsche beeinträchtigter Kundinnen und Kunden von Anfang an bewusst mit einbezogen, um deren Mobilität, gesellschaftliche Integration und Lebensqualität nachhaltig zu steigern. Als Ziel dieses Prozesses gilt es einerseits, Produkte, Dienstleistungen und Infrastrukturen so zu gestalten, dass sie allgemein zugänglich sind und nutzbar gemacht werden können, andererseits spezifische Unterstützungsmöglichkeiten anzubieten, die in der Lage sind, gesellschaftliche Benachteiligungen zu verhindern.

»Die Barrierefreiheit von Produkten, Dienstleistungen und Infrastrukturen ist ein zentraler Faktor, um – parallel zur Beseitigung von Zugangshindernissen zur Bildung und zum Arbeitsmarkt – in einer alternden Gesellschaft eine diskriminierungsfreie, integrative Teilhabe an vielen Aspekten des täglichen Lebens zu gewährleisten. Die Barrierefreiheit steht auch im Zentrum der UN-Konvention und ermöglicht es, auf die unterschiedlichen Bedürfnisse von Männern und Frauen mit Behinderungen auf eine integrierte Art und Weise einzugehen. Um Barrierefreiheit zu verwirklichen, müssen Erschwernisse vermieden bzw. beseitigt werden, die Menschen mit Behinderungen an der Ausschöpfung ihrer Fähigkeiten und an der vollen, gleichberechtigten Teilhabe an der Gesellschaft hindern. Das integrative ›Design für Alle‹ – Konzept muss hierfür mit spezifischen Unterstützungslösungen kombiniert werden, und zwar in allen Politikbereichen und bei allen Instrumenten, um systemimmanente Formen der Diskriminierung zu eliminieren.« [KOMM (2003) 650: 8]

Zwischenbewertung der Disability Action Plans (2003-2010)

Vor dem Hintergrund der Vereinbarungen und Zielvorstellungen, die bezogen auf die UN-Behindertenrechtskonvention im Rahmen der Europäischen Gemeinschaft formuliert wurden, überprüfte das *Centre for Strategy and Evaluation* den Erfolg der bisher umgesetzten Aktionspläne zur Förderung der Chancengleichheit. Auch wenn in diesem Zusammenhang wiederholt auf die »Notwendigkeit eines verstärkten politischen Engagements seitens der Kommission« (Europäische Kommission 2009b: 11) hingewiesen wird, hat sich der politische Wille, sich für Disability Mainstreaming einzusetzen, in der europäischen Politik und Gesetzgebung – zögerlich, aber nachweisbar – manifestiert. So werden die Entwicklungen in den Bereichen Beschäftigung und Beruf, die Verbesserungen der Zugänglichkeit von (öffentlichen) Gebäuden, der Ausbau von hochwertigen Unterstützungs- und

Pflegediensten und die Bemühungen um cin ›Design für Alle‹ von allen befragten Personen uneingeschränkt positiv bewertet. Um die Nachhaltigkeit der Maßnahmen auch langfristig sicher zu stellen, setzten sich Entscheidungsträger_innen entschieden für die Fortsetzung und Weiterentwicklung der politischen Initiativen ein, betonten aber auch, wie wichtig es sei, all jene Personen in erhöhtem Ausmaß zu unterstützen, die mit intersektionaler Diskriminierung konfrontiert sind. In diesem Zusammenhang bewerteten einige Mitgliedstaaten die europäischen Aktionspläne als «hochrangiges Rahmenwerk«, in dessen Grenzen «sie arbeiten können«, während andere die Meinung vertraten, »dass der Aktionsplan zu komplex sei und keinen Bezug zu ihren tagtäglichen Sorgen und Prioritäten« (Europäische Kommission 2009b: 16) habe. In Frage gestellt wurde vor allem der – in den Aktionsplänen vorgesehene – zweijährliche Wechsel behinderungspolitischer Prioritäten. Das Bedürfnis nach »mehr Zeit für den Austausch nationaler Erfahrungen in Bezug auf ganz bestimmte Disability Mainstreaming Ansätze« (ebd.: 9) wird dabei ebenso formuliert wie die Forderung, die europäischen Mitgliedstaaten in verstärktem Ausmaß in die Entwicklung der Aktionspläne mit einzubeziehen.

Die Methode der Offenen Koordinierung.

Da politische Entscheidungen »zunehmend in informellen, de-institutionalisierten politischen Substrukturen ausgehandelt« werden, »in denen Nationalstaaten tendenziell nur noch eine Partei unter vielen [...], aber nicht mehr privilegierte Akteure sind« (Pühl/Sauer 2004: 168), wird es immer wichtiger, genau zu präzisieren, welche Fragestellungen in welchem Rahmen verhandelt und auf welcher politischen Ebene Entscheidungen getroffen werden.

> »Es wird immer erklärungsbedürftiger, allein den Nationalstaat als Ort, Rahmen und Regulator sozialer Gerechtigkeit zu positionieren. Unter diesen Umständen ist es erforderlich, die Fragen auf dem richtigen Niveau zu stellen: Man muss entscheiden, welche Angelegenheiten wesentlich national, welche lokal, regional und welche global sind.« (Fraser 2002: 8)

Vor dem Hintergrund der – vom Ministerrat der Europäischen Gemeinschaft – beschlossenen Ziele und Richtlinien sind die europäischen Mitgliedstaaten dazu aufgefordert, die Reichweite und den Erfolg ihrer Sozial- und Beschäftigungspolitiken zu reflektieren und im Abstand von zwei Jahren über die gesellschaftliche Situation behinderter Personen zu berichten. Die Vernetzung und Kooperation der Mitgliedstaaten, der Vergleich der Fortschritte und die Förderung von wechselseitigen Lernprozessen sollen durch die *Methode der offenen Koordinierung* optimiert werden. Erst im internationalen Vergleich wird deutlich, wie effizient Vereinbarungen und Antidiskriminierungsrichtlinien auf nationaler Ebene umgesetzt werden konnten. Die daran anschließende europaweite Reflexion der bewährten Strategien, Verfahren und Modelle trägt dazu bei, nationale Handlungsformen zu verbessern und neue Perspektiven zu entwickeln. Mit dem Ziel europaweit koordinierte Lösungen für politische, wirtschaftliche und soziale Herausforderungen zu entwickeln, überwacht die Europäische Kommission die damit verbundenen gesellschaftspolitischen Prozesse[2], analysiert die Beschäftigungslage und die soziale Situation in Europa und fördert den Erfahrungsaustausch zwischen den Mitgliedstaaten und der Zivilgesellschaft.

»Die ›offene Koordinierungsmethode‹ wird fallweise angewandt. Sie fördert die Zusammenarbeit, den Austausch bewährter Verfahren sowie die Vereinbarung gemeinsamer Ziele und Leitlinien von Mitgliedstaaten, die manchmal wie im Falle der Beschäftigung und der sozialen Ausgrenzung durch Aktionspläne von Mitgliedstaaten unterstützt werden. Diese Methode beruht auf einer regelmäßigen Überwachung der

---

2 Mit dem Ziel, das soziale und wirtschaftliche Wachstum Europas zu unterstützen bzw. nachhaltige, integrative Beschäftigungsmaßnahmen und soziale Schutzbestimmungen umzusetzen, bietet die Europäische Gemeinschaft den Mitgliedstaaten, EU-Bewerbern und den EFTA/EWR-Ländern im Rahmen des Programms ›*Progress*‹ finanzielle Unterstützung für Projekte an, die sich der Analyse, Umsetzung und Verbesserung politischer Initiativen widmen. Das ursprüngliche Budget des Programms - das verteilt auf den Zeitraum von sieben Jahren (2007-2013) 743,25 Millionen Euro betragen sollte - wurde als Reaktion auf die Finanzkrise allerdings auf 60 Millionen Euro gekürzt (vgl. Europäische Kommission 2011: 7). Damit stehen den Mitgliedsstaaten, den lokalen und regionalen Behörden, den öffentlichen Arbeitsagenturen, Universitäten und Forschungsinstituten, den Sozialpartnern und Nichtregierungsorganisationen nur höchst eingeschränkte finanzielle Mittel für zentrale Aufgaben der Europäischen Gemeinschaft zur Verfügung.

bei der Verwirklichung dieser Ziele erreichten Fortschritte und bietet den Mitgliedstaaten die Möglichkeit, ihre Anstrengungen zu vergleichen und aus den Erfahrungen der anderen zu lernen.« [KOM (2001) 428: 28]

Die Methode der offenen Koordinierung erleichtert den Verantwortlichen eine schnelle Reaktion auf eventuelle Schwierigkeiten und ermöglicht eine zielgerichtete Steuerung von Programm- und Budgetbeschlüssen. Im Zuge der damit einhergehenden transnationalen politischen Auseinandersetzungen werden Wahrnehmungs-, Analyse-, Interpretations- und Handlungsmuster in erhöhtem Ausmaß in Frage gestellt, begründungsbedürftig und diskutierbar: ein politischer Prozess, der nahezu ›zwangsläufig‹ mit gesellschaftlicher Veränderung verbunden ist, allerdings auch mit spezifischen politischen Machtwirkungen in Zusammenhang steht. Denn durch den verbindlichen Charakter der Ziele, Richtlinien und Instrumente der Europäischen Gemeinschaft werden alternierende Handlungsoptionen in gewisser Weise von vorneherein eingeschränkt. In diesem Sinne kann die Methode der offenen Koordinierung einerseits als Chance für transnationales, konsensorientiertes und effektives Handeln interpretiert werden, gilt andererseits aber auch als mögliches Hindernis für demokratische Prozesse. (Vgl. Buchkremer/Zirra 2007: 16f)

Sozialschutz und soziale Eingliederung

Im Rahmen der *Lissabonner-Strategie für Wachstum und Beschäftigung* bzw. der *Strategie Europa 2020* sind die Mitgliedstaaten zu Maßnahmen verpflichtet, die wirtschaftliche Interessen der Europäischen Gemeinschaft mit den politischen Anliegen des Sozialschutzes und der sozialen Eingliederung verbinden. Während der Zugang zum Arbeitsmarkt als wichtigster Faktor sozialer Teilhabe und gesellschaftlicher Partizipation gilt, wird die Ausgrenzung aus Erwerbsarbeitsverhältnissen zunehmend als ökonomisch prekär und ineffizient bewertet, als nicht mehr finanzierbar und nur schwer zu legitimieren. (Ebd.: 12)

»Die Ausgrenzung von Menschen mit Behinderungen aus dem Arbeitsmarkt ist ein schwerwiegendes Problem, und zwar nicht nur im Hinblick auf die Chancengleichheit. Vielmehr hat das Problem auch eine wirtschaftliche Dimension: Da die Gesamtzahl der Arbeitskräfte aufgrund des demographischen Wandels rückläufig ist, unterstrich der Europäische Rat [...] die Notwendigkeit, das Potenzial der aus dem Arbeitsmarkt ausgegrenzten Bevölkerungsgruppen auszuschöpfen, und zählte in diesem Zusammenhang Menschen mit Behinderungen ausdrücklich zu den prioritären Gruppen.« [KOM(2007) 738: 3f]

Die Transformation der nationalen Sozial- und Beschäftigungsordnungen in einen »active welfare state based on employment« (Europäischer Rat 2000a) soll dazu beitragen, soziale Ausschlussmechanismen, Nichterwerbstätigkeit und die damit verbundenen Armutsrisiken zu verhindern. Mit dem Ziel, auf der individuellen Ebene wirtschaftliche Unabhängigkeit bzw. selbstbestimmte Lebensgestaltung zu ermöglichen und politisch zur Wettbewerbsfähigkeit Europas beizutragen, werden europaweit insbesondere für sozial benachteiligte Gruppen ›Beschäftigungsanreize‹ geschaffen, die nicht nur motivieren, sondern auch zu einer Verringerung der Staatsausgaben beitragen sollen. Letztlich sind die Mitgliedstaaten, die Unternehmen und Betriebe bzw. jede einzelne (sozial benachteiligte) Person in hohem Ausmaß dazu aufgefordert, sich aktiv und eigenverantwortlich um den – möglichst barrierefreien – Zugang zu Arbeit und Beschäftigung, um Aus-, Fort- und Weiterbildung, Assistenzleistungen und andere arbeitsmarktbezogene Maßnahmen zu bemühen.

»Moderne Sozialschutzsysteme sind unerlässlich, um behinderte Menschen, die nicht genügend durch ihre Arbeit verdienen können, angemessen zu unterstützen und um denjenigen, die zwar vom Arbeitsmarkt ausgeschlossen sind, jedoch die Fähigkeit haben, ihren Lebensunterhalt zu verdienen, den Zugang zur Beschäftigung zu ermöglichen. Daher wird Maßnahmen zur Schaffung von Beschäftigungsanreizen mehr und mehr Aufmerksamkeit geschenkt, damit Arbeit sich lohnt und die Auswirkungen von ›Leistungsfallen‹ vermieden werden. Sofern der spezifischen Situation Rechnung getragen wird, kann sich eine Verlagerung von einer Langzeitabhängigkeit von passiven Sozialhilfeleistungen zu aktiven arbeitsmarktpolitischen Maßnahmen positiv auf die wirtschaftliche Lage der Leistungsempfänger und ihr Selbstwertgefühl auswirken. Auch Struktur und Qualität der Staatsausgaben können so verbessert werden und es kann ein Beitrag zu mehr Nachhaltigkeit auf mittlere Sicht geleistet werden.« [KOM(2003) 650: 5f]

Im Zusammenhang mit dem Konzept des aktivierenden Sozialstaates zielen die – durch den Begriff *flexicurity* umschriebenen – Initiativen der Europäischen Gemeinschaft einerseits auf eine flexible Anpassung der Arbeitnehmer_innen an ökonomische und volkswirtschaftliche Entwicklungen ab, andererseits sehen sie sich aber auch der Stärkung europäischer Sozialmodelle, den Werten des Sozialschutzes, des sozialen Zusammenhalts und der Solidarität verpflichtet. (Vgl. Europäische Kommission 2007a: 7) Vor dem Hintergrund des deutlichen Mangels an Beschäftigungs- und Arbeitsmöglichkeiten für Menschen mit Behinderungen und angesichts der Tatsache, dass gegenwärtig weder Arbeitsplätze noch angemessene Löhne in Aussicht gestellt werden können, unterstützt die Europäische Gemeinschaft explizit nationale Bemühungen, die sich *gegen* ›Sozialleistungsabhängigkeit‹ und *für* ›aktive arbeitsmarktpolitische Maßnahmen‹ aussprechen. In diesem Sinne werden europaweite politische Initiativen

»nationale Bemühungen unterstützen und ergänzen, die darauf abstellen, die Arbeitsmarktsituation von Menschen mit Behinderungen zu analysieren; gegen die Sozialleistungsabhängigkeit von Menschen mit Behinderungen vorzugehen, die sie davon abhalten, in den Arbeitsmarkt einzutreten; die Eingliederung von Menschen mit Behinderungen in den Arbeitsmarkt mithilfe des Europäischen Sozialfonds (ESF) zu erleichtern; aktive arbeitsmarktpolitische Maßnahmen zu entwickeln; Arbeitsplätze besser zugänglich zu machen; Dienstleistungen für Stellenvermittlung, Unterstützungsstrukturen und Schulung am Arbeitsplatz zu entwickeln; die Nutzung der Allgemeinen Gruppenfreistellungsverordnung zu fördern, die vorsieht, dass staatliche Beihilfen ohne vorherige Anmeldung bei der Kommission gewährt werden können.« [KOM(2010) 636: 8]

In Anbetracht gekürzter nationaler Sozialbudgets und im Zusammenhang mit dem Rückgang sozialer Sicherungsniveaus ist insbesondere für behinderte, niedrigqualifizierte, langzeitarbeitslose und ältere Menschen eine Verschärfung lebensgeschichtlicher Risiken zu befürchten. Denn auch wenn Vollbeschäftigung als prioritäres arbeitsmarktpolitisches Ziel der Europäischen Gemeinschaft gilt, stehen ihnen – wenn überhaupt, dann – meist nur atypische Beschäftigungsverhältnisse offen. Abgesehen davon, dass die Hoffnung, sie als eine Art ›Sprungbrett‹ in den ersten Arbeitsmarkt nutzen zu können, grundsätzlich nur dann erfüllt werden könnte, wenn sie mit arbeitsrechtlich geschützten Verträgen und einem gewissen Kündigungsschutz verbunden wären (vgl. Keller/Seifert 2008: 26), werden in diesem Zusammenhang niedrige Einkommen, unzureichende existenzielle Grundlagen und mangelnde Altersversorgung immer häufiger als kaum zu bewältigende politische Herausforderungen im europäischen Raum thematisiert.

»Atypische Beschäftigungsverhältnisse nehmen zu und machen inzwischen mehr als ein Drittel des Gesamtarbeitsmarktes aus. Hierzu gehören geringfügige (Mini- und Midi-Jobs) und befristete Beschäftigung, Leiharbeit und Teilzeitarbeit. Sie erhöhen die Flexibilität am Arbeitsmarkt, sind aber im Vergleich zum Normalarbeitsverhältnis deutlich höheren sozialen Risiken ausgesetzt; dieser Zusammenhang gilt sowohl in der Erwerbs- als auch in der Nacherwerbsphase. Die Einkommen sind niedriger, die Ansprüche an die Rentenversicherung geringer, die Zugangsmöglichkeiten zu betrieblicher Weiterbildung eingeschränkt, die Beschäftigungsstabilität, mit Ausnahme der Teilzeitarbeit, niedriger. Die geringe Beschäftigungsstabilität verhindert die Integration in die betriebliche Altersversorgung. Niedrige Einkommen und wiederholte Phasen der Erwerbslosigkeit erschweren eine eigenverantwortliche Altersvorsorge. Das Risiko der Altersarmut ist daher vergleichsweise hoch.« (Keller/Seifert 2008a: 2)

Mit der Zunahme atypischer Beschäftigungsverhältnissen, die im steigenden Ausmaß die Lebenswirklichkeiten – nicht nur – sozial marginalisierter Personen bestimmen, haben sich soziale Risiken erheblich verschärft. Dabei steht der Notwendigkeit, Erwerbsbiographien flexibel an ökonomische und gesellschaftliche Erfordernisse anzupassen, ein viel ›zu wenig‹ an sozialer Sicherheit gegenüber.

Angemessene Einkommensbeihilfe

Grundsätzlich erkennen die Mitgliedstaaten der Europäischen Gemeinschaft den individuellen Anspruch auf staatliche Unterstützungsleistungen für ein Leben ›in Würde‹ an. Die damit verbundenen politischen Diskussionen über gesicherte Mindesteinkommen, Pensionssysteme, Familien- und Kinderzuschüsse, Invaliditätsunterstützungen, Mietzulagen und Sachleistungen beziehen sich vor allem auf die – durch systematische Analysen erhobenen – Bedürfnisse von sozialen Gruppen in besonders prekären Lebenssituationen. Die meisten Mitgliedstaaten der Europäischen Gemeinschaft orientieren sich bei der Einschätzung des Anspruchs auf Unterstützung an zwei Kriterien: einerseits an der sozialen und finanziellen Situation *aller* Personen, die mit Antragsstellerinnen und Antragsstellern gemeinsam in einem Haushalt leben und andererseits an der Frage, in welchem Ausmaß die potentiell anspruchsberechtigte Person in den Arbeitsmarkt integriert war/ist.

»In nahezu allen Mitgliedstaaten erfolgt die Prüfung der Bedürftigkeit nicht auf Basis der individuellen Ressourcen, sondern auf Haushaltsbasis, was zur Abhängigkeit der Frau vom Einkommen des Partners beitragen kann. Diese Abhängigkeit kann zudem dadurch verstärkt werden, dass die konkrete finanzielle Unterstützung dem Hauptverdiener des Haushalts (also für gewöhnlich dem Mann) überwiesen wird, was die Einkommensdiskrepanz im Haushalt noch verschärft.« (European Commission 2010: 26)

Im Zusammenhang mit ›Behinderung‹ ergibt sich darüber hinausreichend die Frage, wie der Anspruch auf soziale Leistungen bemessen und die individuelle Bedürftigkeit beeinträchtigter Personen beurteilt werden sollen. Während das Verständnis von ›Behinderung‹ im Rahmen der Antidiskriminierungsgesetze relativ breit gefasst ist und auch leichtere Beeinträchtigungen mit einschließt, sind Regelungen, die sich auf »die Inanspruchnahme sozialpolitischer Maßnahmen beziehen, restriktiver, da sie zur Verteilung knapper Mittel an die Bedürftigen dienen.« (Maschke 2008: 41) Als Grundlagen für die Höhe der sozialen Leistungen gelten dem entsprechend die Klassifikation einer Person als ›behindert‹, der Schweregrad, die Ursache, die Art der Beeinträchtigung und der Grad der individuellen Arbeits- bzw. Erwerbsfähigkeit. Ärzte, (Arbeits-)Gerichte und andere Entscheidungsträger_innen müssen deshalb zunächst

»die Gruppe der nicht-behinderten Personen klar von der Gruppe der behinderten Personen trennen und diese wiederum nach unterschiedlichem Bedarf klassifizieren. Behindertenpolitik bedarf wie jede nicht universalistische sozialpolitische Intervention einer Normierung sozialer Tatbestände. Durch eine Ausnahme-Regel-Konstruktion wird bestimmt, welche Lebensweisen als allgemeingültig und zumutbar betrachtet werden und welche als Ausnahme gelten und mit Maßnahmen der Abhilfe verkoppelt werden.« (Maschke 2008: 39)

Insbesondere aus der Perspektive des sozialen Modells von Behinderung ist mehr als hinterfragbar, ob die – medizinisch begründete – kategoriale Zuerkennung von Unterstützungsleistungen tatsächlich ausreicht, um den Lebens- und Bedürfnislagen beeinträchtigter Personen gerecht zu werden. Ohne gesellschaftliche Strukturveränderungen und ohne die bedarfsgerechte Umgestaltung sozialer Dienstleistungen wird es – so der politische Einwand – selbst durch staatliche Unterstützungsleistungen nicht gelingen, konkrete Armutsrisiken abzuwenden und der Verpflichtung nachzukommen, existenzsichernde finanzielle Mittel zur Verfügung zu stellen und bedarfsorientierte rehabilitative, therapeutische und medizinische Leistungen anzubieten.

Vor dem Hintergrund zunehmender Wirtschafts- und Etatzwänge fordert die Europäische Kommission die Mitgliedstaaten deshalb ausdrücklich dazu auf, »die von den nationalen Behörden gesetzten Prioritäten und die öffentliche Finanzlage zu berücksichtigen, um die richtige Gewichtung von Anreizen zur Arbeit, Armutsbekämpfung und nachhaltiger Kostenentwicklung zu finden.« (Europäische Kommission 2008: 14) Die Befürchtung, dass Einkommenssicherungssysteme auch »zu Arbeitslosigkeit oder in eine Nichtaktivitätsfalle« (European Commission 2010: 26) führen könnten, hat dementsprechend die immer konsequenter werdende Überprüfung der Leistungsbereitschaft und Bedürftigkeit von potentiell anspruchsberechtigten Personen zur Folge. Grundsätzlich soll finanzielle Unterstützung nur dann gewährt werden, wenn sich Personen für Erwerbstätigkeit oder Berufsausbildung »tatsächlich zur Verfügung halten.« (Europäische Kommission 2008: 12) Den Grundgedanken des aktivierenden Sozialstaates folgend, befürwortet die Europäische Kommission ausdrücklich entsprechende nationale Maßnahmen und schließt sie bezogen auf die Überprüfung der Ansprüche auf Einkommensbeihilfen auch für Menschen mit Behinderungen nicht dezidiert aus. Im Allgemeinen erkennen die Mitgliedstaaten der Europäischen Gemeinschaft aber die besondere Lebenssituation von beeinträchtigten Personen an, die am Arbeitsmarkt nicht – oder nur begrenzt – teilnehmen können und bekräftigen wiederholt ihren politischen Willen, Menschen mit Behinderungen ein würdevolles Leben zu ermöglichen und sie dabei mit dem »größtmöglichen gesellschaftlichen Beitrag« (European Commission 2010: 23) zu unterstützen.

Zugang zu hochwertigen Dienstleistungen

Angesichts der demographischen Entwicklung, bezogen auf Personen, die in prekären sozioökonomischen Verhältnissen leben bzw. im Zusammenhang mit Menschen mit Behinderungen und ethnischen Minderheiten stellt das Europäische Sozialschutzkomitee einen eklatant steigenden Bedarf an qualitativ hochwertigen sozialen Dienstleistungen fest. (Vgl. The Social Protection Committee 2010, 2f) In diesem Zusammenhang gilt es als politisches Ziel der Europäischen Gemeinschaft, behinderten Personen jeden Alters die eigenständige Lebensführung außerhalb von Institutionen zu ermöglichen. Ihnen sollen dieselben Entscheidungs- und Kontrollmöglichkeiten bei der Gestaltung des Alltagslebens offen stehen, wie nichtbehinderten Personen auch. [Vgl. KOM(2005) 604: 10] Um dies zu erreichen, müssen beschäftigungspolitische Maßnahmen durch hochwertige Unterstützungs- und Betreuungsleistungen ergänzt und eine – auf die Bedürfnisse behinderter Frauen und Männer abgestimmte – ausgezeichnete Gesundheitsversorgung und Pflege gewährleistet werden.

»Im Mittelpunkt der Maßnahmen der EU zur Einbeziehung von Behinderungsfragen in alle relevanten Politikbereiche steht die Förderung hochwertiger, erschwinglicher und leicht zugänglicher Sozialdienste und Unterstützungsleistungen für behinderte Menschen durch konsolidierte Sozialschutz- und Eingliederungsbestimmungen. Angesichts der vielen gesellschaftlichen Veränderungen, die sich auf die Haushaltsstrukturen auswirken und neue Anforderungen an die Familien mit sich bringen, stellen sich viele Fragen bezüglich der besten Strategien und Maßnahmen zur Bereitstellung von Langzeitbetreuungs- und -unterstützungsleistungen, auch für ältere behinderte Menschen.« [KOM(2005) 604, 11]

Insbesondere die Privatisierung der sozialen Dienstleistungen soll – so die politische Hoffnung – zu einer Flexibilisierung des Angebots, zu individuellen Lösungen und zu wohnortnaher Unterstützung führen. Da soziale Dienst- und Unterstützungsleistungen für die Gestaltung eines selbstbestimmten Lebens häufig unverzichtbar sind, müssen sie allgemein zugänglich, finanzierbar und durch stabile rechtliche Rahmenbedingungen abgesichert sein. Die systematische Information über das Leistungsangebot und die aktive Einbindung sozial benachteiligter und beeinträchtigter Personen, sollen den Nutzerinnen und Nutzern größtmögliche Wahlfreiheit und Selbstbestimmung ermöglichen. Vor dem Hintergrund der strukturellen Veränderung nationaler Sozialpolitiken, die mit der Privatisierung sozialer Dienstleistungen ›zwangsläufig‹ einhergehen, muss auch auf politischer Ebene geklärt werden, welche Qualitätskriterien die Anbieter gewährleisten müssen. Sie sollen sich durch den direkten Vergleich und im Wettbewerb profilieren können, wobei – angesichts sozialstaatlicher Sparmaßnahmen – völlig ungeklärt bleibt, von welcher finanziellen Basis aus benachteiligte Personen das Leistungsangebot tatsächlich nutzen können. Realpolitisch überwiegen gegenwärtig allerdings – trotz vehementer Forderungen nach dezentralen, wohnortnahen Einrichtungen – nach wie vor die Angebote institutionalisierter Großeinrichtungen.

»Auf der einen Seite wird unter dem Titel ›Subsidiarität‹ Selbsthilfe, Regionalisierung, mehr Verantwortung für den Einzelnen, Eigenvorsorge und Familienunterstützung unterstützt, wobei diese Politik deutlich unter der Priorität von Sparpolitik steht. Auf der anderen Seite ist unter dem Titel ›Solidarität‹ ein ›Sachleistungs‹-Ausbau bis zu einer Monopolisierung der institutionalisierten Versorgung zu beobachten. Gegenüber der Forderung von Selbsthilfeorganisationen nach einem radikalen Umbau der Sozialen Dienste von zentralen Großinstitutionen zu dezentralen, kleinen und flexiblen Einrichtungen und zum Prinzip Selbstbestimmung und persönliche Assistenz sind sehr unterschiedliche Reaktionen zu bemerken, von völliger Ablehnung bis zur Ratlosigkeit und vorsichtiger Diskussionsbereitschaft.« (Schönwiese 2009: 4)

»[I]n der Überzeugung, dass die Familie die natürliche Kernzelle der Gesellschaft ist und Anspruch auf Schutz durch Gesellschaft und Staat hat« und sich der Verantwortung bewusst, »dass Menschen mit Behinderungen und ihre Familien [...] die notwendige Unterstützung erhalten sollen, um [...] zum vollen und gleichberechtigten Genuss der Rechte der Menschen mit Behinderungen beizutragen« (BRK, Präambel: 3), schreibt die UN-Behindertenrechtskonvention der Familie im Bereich der Begleitung, Betreuung und Pflege behinderter Personen einen besonderen Stellenwert zu[3]. Vor dem Hintergrund der Zielvorstellung, die institutionalisierte Unterbringung von behinderten Personen in Heimen und Pflegeeinrichtungen weit-

3 Der Konventionstext verpflichtet die Vertragsstaaten ausschließlich »in Fällen, in denen die nächsten Familienangehörigen nicht in der Lage sind, für ein Kind mit Behinderungen zu sorgen, alle Anstrengungen zu unternehmen, um andere Formen der Betreuung innerhalb der weiteren Familie, und falls dies nicht möglich ist, innerhalb der Gemeinschaft in einem familienähnlichen Umfeld zu gewährleisten« (BRK, Artikel 23: 12).

gehend zu vermeiden, ist dies zwar durchaus verständlich, dennoch ist dieses Forderung aus mehreren Gründen kritisch zu hinterfragen. Angesichts des steigenden Abbaus von Sozialleistungen nämlich, besteht tendenziell die Gefahr, dass die innerfamiliäre Unterstützung von Menschen mit Behinderungen zur (finanziellen) Notwendigkeit und Verpflichtung werden könnte, die real meist den Frauen[4] zugewiesen wird. Dabei wäre es als hoch problematisch zu bewerten, wenn Personen mit Behinderungen und deren Angehörige nicht (relativ) frei über Pflege- und Versorgungstätigkeiten entscheiden könnten und wenn keine Alternativen zur innerfamiliären Begleitung offen stünden. Denn zum einen sind mit der Begleitung von beeinträchtigten Personen nicht nur positive und intensive Erfahrungen, sondern häufig auch Dynamiken verbunden, die (familiäre) Beziehungen erheblich belasten, Abhängigkeiten erhöhen und Gewaltrisiken steigern können. Zum anderen haben das Ausmaß an Pflegetätigkeit und die Höhe der Pflegegelder einen bedeutenden – und meist negativen – Einfluss auf das Familieneinkommen und die Alterssicherung der Pflegenden. Dem entsprechend ist es unverzichtbar, Beratungsmöglichkeiten und das Angebot an unterstützenden Dienstleistungen auszubauen, auf Einkommensersatz- und Sachleistungen zu bestehen und ausreichende Regenerationsmöglichkeiten für pflegende Personen sicherzustellen. Darüber hinausreichend müssen die notwendigen gesellschaftlichen Rahmenbedingungen geschaffen werden, um adäquate, finanziell zugängliche und auf die Bedürfnisse von Menschen mit Behinderungen abgestimmte, Wohn- und Lebensmöglichkeiten weiterzuentwickeln und ein bedarfsgerechtes Angebot an sozialen Dienstleistungen aufzubauen. Viele Mitgliedstaaten der Europäischen Gemeinschaft haben sich – vor dem Hintergrund unterschiedlicher sozialstaatlicher Modelle – dafür entschieden, Familien durch die Erweiterung des Angebots an privatisierten Dienstleistungen in der Versorgung behinderter, alter und/oder pflegebedürftiger Personen zu unterstützen. Dabei ist der Europäischen Gemeinschaft durchaus bewusst, dass in diesem Zusammenhang gegenwärtig

4 In der Bundesrepublik Deutschland übernehmen Frauen - meist Töchter oder Schwiegertöchter - 80% aller privaten Pflegearbeiten für alte, kranke und behinderte Menschen. Die meisten Pflegenden waren 1997 zwischen 45 und 60 Jahre alt, fast ein Viertel der Personen waren 55-60 Jahre alt- Frauen werden bei Pflegebedürftigkeit übrigens viel seltener zu Hause gepflegt als Männer. (Vgl. Notz 2004: 421)

ein großer Markt an ungeschützten, informellen Beschäftigungsverhältnissen entsteht, in dem vor allem Migrantinnen – für ein geringes Einkommen und weitgehend ohne soziale Sicherung – arbeiten.» [D]ie Position der Migrantinnen« wird »aufgrund ihres immer noch im Anstieg begriffenen mehrheitlichen Anteils unter den informellen Pflegekräften immer heikler« (European Commission 2010: 31), konstatieren kritische Stimmen und fordern die Nationalstaaten dringlich dazu auf, transnationale Dienstleistungen im Bereich der häuslichen Pflege zu kontrollieren und die damit verbundenen Arbeitsverhältnisse auf der sozialpolitischen und arbeitsrechtlichen Ebene abzusichern.

Auch wenn in der Europäischen Gemeinschaft grundsätzliche Einigkeit über die Relevanz von Antidiskriminierungsmaßnahmen besteht, die – bis zu einem gewissen Ausmaß – vor Benachteiligung schützen und individuelle bürgerliche Rechte sicherstellen, machen die politischen Auseinandersetzungen über deren konkrete Zielvorstellungen und damit verbundene Strategien deutlich, wie unterschiedlich das das dahinter liegende Verständnis von sozialer Gleichheit tatsächlich ist. Als zentraler Ausgangspunkt sozialpolitischer Kontroversen gilt, »dass weder alle Gleichheiten bzw. Ungleichheiten gleichermaßen wichtig sind noch gleichermaßen angestrebt bzw. behoben werden können, weil zwischen mehreren Gleichheiten *Zielkonflikte* bestehen und/oder weil aufgrund von Ressourcenknappheiten *Prioritätensetzungen* unausweichlich sind.« (Schmidt 2004: 88) Welche politischen Anliegen letztlich als besonders relevant gelten und umgesetzt werden, hängt einerseits von der politischen Bewertung sozialer Konflikte bzw. Interessensgegensätze ab, andererseits aber auch von ökonomischen Faktoren, die einen möglichst effizienten Einsatz von finanziellen Ressourcen und die Reduktion sozialstaatlicher Leistungen nahe legen.

Da sich nur wenige Mitgliedstaaten der Europäischen Gemeinschaft darum bemühen, systematisch jene strukturellen Barrieren zu beseitigen, die einer uneingeschränkten gesellschaftlichen Partizipation von Menschen mit Behinderungen im Wege stehen, zielen Antidiskriminierungsstrategien meist darauf ab, beeinträchtigte Personen in bestehende Strukturen einzugliedern, statt den Status Quo zu verändern. Die daraus folgende Stabilität gesellschaftlicher Hindernisse und die – ökonomisch legitimierte – schwache Implementierung konkreter Maßnahmen deuten demzufolge »eher auf eine Auf-Dauer-Stellung von Differenz- und Diskriminierungsstrukturen«

(Sauer 2012, 10) hin, als auf einen Prozess nachhaltiger gesellschaftlicher Veränderung.

Die Leitgedanken der europäischen Diskriminierungspolitik zielen darauf ab, möglichst viele Personen am Arbeitsmarkt zu beschäftigen und bringen durch die damit verbundene Verengung der politischen Perspektiven weitreichende Folgen mit sich. Der, im Rahmen der Disability Action Plans als verbindlich vorgeschriebene, politische Einsatz dafür, auch beeinträchtigten Personen den Zugang zum Arbeitsleben zu ermöglichen und gesellschaftliche Barrieren abzubauen, führt zu einer gewissen Neuorganisation des Beschäftigungsbereichs, die – insbesondere vor dem Hintergrund einer alternden Gesellschaft – die möglichst effiziente Nutzung der Arbeitskraft *aller* sicherstellen soll. Der Schwerpunkt der damit verbundenen, arbeitsmarktpolitischen Maßnahmen liegt gegenwärtig darin, »die Beschäftigungsfähigkeit einzelner Personen zu sichern und zu steigern. Eckpfeiler bestehen in der ›passgenauen‹ und ›fallbezogenen‹ Qualifizierung, der Gewährung von Lohnersatzleistungen zum Anreiz der Eigeninitiative sowie der Intensivierung des Drucks auf Arbeitslose bei fehlender Kooperationsbereitschaft und einer Steigerung der Vermittlungstätigkeit durch Arbeitsämter und Beschäftigungsträger« (Pieper 2003: 150), während ›leistungsloses‹ Einkommen allgemeingesellschaftlich zunehmend verhindert werden soll. (Vgl. Reinmann nach Siegert 2006: 40) Dass der (Wieder-)Eingliederung in den Arbeitsmarkt höchste politische Priorität zugemessen wird und sie als wirksamste Strategie zur Verbesserung der Lebenssituation behinderter Personen gilt, erweist sich – angesichts der europaweiten Zunahme atypischer Beschäftigungsverhältnisse – allerdings mehr als zwiespältig. Denn die Mechanismen des aktivierenden Sozialstaats nehmen bewusst eine Deregulierungen sozialer Rechte und das Absinken sozialer Sicherungsniveaus in Kauf und machen eine Form des ›Selbstmanagements‹ erforderlich, das auf die Steigerung der persönlichen Leistungsbereitschaft und auf die individuelle Bewältigung sozialer Risiken abzielt. Vor dem Hintergrund allgemeingesellschaftlicher Konflikte und ökonomischer Krisen und angesichts der angespannten Situation am Arbeitsmarkt, stellt sich allerdings grundsätzlich die Frage, welche beschäftigungs- und sozialpolitischen Anliegen sich im Rahmen der Europäischen Gemeinschaft in Zukunft als besonders relevant herausstellen werden. Da in diesem Zusammenhang massive Interessensgegensätze zu erwarten sind, müssen einerseits Initiativen zur Förderung des integrativen Arbeitsmarktes politisch unterstützt werden, andererseits erfordern die, noch nicht zur Gänze absehbaren, Effekte der damit verbundenen Maßnahmen – vor allem im Bereich des Sozialschutzes und bezogen auf ›neue‹ Mechanismen der sozialen Ausgrenzung – besondere Aufmerksamkeit.

Absehbar ist allerdings schon jetzt, dass im Zuge der Privatisierung sozialer Dienstleistungen die Begleitung, Versorgung und Pflege alter, kranker und behinderter Personen zunehmend in den Verantwortungsbereich familiärer Netzwerke (zurück)verlagert und damit in die Hände von Frauen gelegt werden könnte. Die Notwendigkeit, pflegende Personen umfassend zu unterstützen und sozialrechtlich abzusichern, der Bedarf an Konzepten, die Menschen mit Behinderungen ein selbstbestimmtes Leben und gesellschaftliche Teilhabe ermöglichen und vor allem die Dringlichkeit eines *bedarfsgerechten, qualitätsvollen und finanzierbaren* Angebots an sozialen Dienstleistungen sind offenkundig. Um die Reichweite der gegenwärtigen behinderungspolitischen Entwicklungen analytisch fassen und ihren Einfluss auf die Lebenswirklichkeiten beeinträchtigter Personen realistisch einschätzen zu können, müssen politische Forderungen mit zirkulären Reflexionsprozessen verbunden bleiben, die sich kritisch, und immer wieder neu, auf die Ziele, Schwerpunkte und Strategien der damit verbundenen Initiativen beziehen und Wechselwirkungsprozesse auf unterschiedlichen gesellschaftlichen Ebenen systematisch mit berücksichtigen.

7. Fazit

Vor dem Hintergrund gegenwärtiger gesellschaftlicher und ökonomischer Entwicklungen vervielfältigen sich einerseits Lebensstile und individuelle Möglichkeiten, andererseits verschärfen sich aber auch soziale Ungleichheitsverhältnisse und Risiken. Im Rahmen kritischer Analysen und in unterschiedlichen politischen Kontexten werden die politischen Herausforderungen, die sich auf soziale Gerechtigkeit, auf existenzielle Sicherheit und/oder die Möglichkeit beziehen, den eigenen Vorstellungen entsprechend zu leben, kontrovers diskutiert. Zunehmend wird dabei deutlich, dass der Bezug auf einzelne Kriterien der Analyse – also auf subjektive Erfahrungswirklichkeiten, Identitäten oder Interaktionen, auf Kultur, Diskurs oder auf die strukturelle Organisation der Gesellschaft – zu kurz greift, um der Komplexität und Interdependenz gesellschaftlicher Problemlagen gerecht zu werden. Denn die Auseinandersetzung mit politischen, sozialen und gesellschaftlichen Prozessen erfordert mehr als die Forderung nach Anerkennung von Differenz, mehr als die Artikulation und Vertretung konkreter Interessen und/oder die Mitwirkung an formaldemokratischen Prozessen. Auch die Dekonstruktion kulturell verankerter Deutungsmuster und Wissenssysteme und die In-Frage-Stellung von sozio-kulturellen Normen und Identitätsvorstellungen werden kaum in der Lage sein, Gesellschaft und ihre ökonomischen Grundlagen zu verändern und Lebensverhältnisse nachhaltig zu verbessern. Dem Modell der Intersektionalität folgend, geht es bezogen auf gesellschaftliche Macht- und Herrschaftsverhältnisse und im Hinblick auf soziale Ungleichheiten politisch nicht um ein ›*Entweder-oder*‹, sondern um ein ›*Sowohl-als auch*‹: Nur die Analyse der Wechselwirkungen zwischen *Ökonomie, Recht, Politik, Kultur, Identität und Körper* verspricht eine Antwort auf die Frage, wie strukturelle Dominanzverhältnisse gesellschaftlich (re-)produziert werden, wie eng sie miteinander verknüpft sind, sich institutionell verdichten und – vor allem – wie sie verändert werden könnten. Darüber hinausreichend betonen intersektionelle Perspektiven, dass Mechanismen sozialer Benachteiligung und Privilegierung bezogen auf unterschiedliche soziale Kategorien je spezifisch wirken. Der Versuch, sie beispielsweise im Zusammenhang mit ›Behinderung‹ und/oder Geschlecht zu konkretisieren, ist dementsprechend von den gewählten Fragestellungen und den kontextbezogenen Hintergründen der Analyse abhängig.

Fragen nach den konkreten Effekten der, mit Benachteiligung und Privilegierung verbundenen, politischen Prozesse werden im Rahmen der Gender und Disability Studies durch kritische Stellungnahmen zu Macht- und Herrschaftsverhältnissen, durch die In-Frage-Stellung ökonomischer Grundprinzipien, durch Kulturkritik und konkretes, widerständiges politisches Handeln beantwortet. Als Grundlage beider Perspektiven gilt, dass körperbezogene Differenzmerkmale nicht ›zwangsläufig‹ zu gesellschaftlichen Benachteiligungen und eingeschränkten Zugangs- und Teilhabemöglichkeiten führen (müssen) – auch dann nicht, wenn soziale Ungleichheiten durch einen (kausalen) Zusammenhang zwischen Natur und Kultur und/oder durch funktionale gesellschaftliche Notwendigkeiten legitimiert werden. Eine kritische Analyse muss sich der Herausforderung stellen, dass soziale ›Gewissheiten‹ bezogen auf Geschlecht und Behinderung – auf je spezifische Art und Weise – in Identitätsvorstellungen ebenso verankert sind, wie in kulturellen Erwartungsmustern und den Strukturen der gesellschaftlichen Organisation. Durch den individuellen Bezug *auf* und die Identifikation *mit* den damit verbundenen soziokulturellen Normen, durch die institutionell abgesicherte, ständige Wiederholung dominierender Erklärungsmuster und Handlungsformen und durch die strukturell verankerte funktionale Differenzierung gesellschaftlicher Systeme etablieren sich (Macht-)Asymmetrien, die mit relativ stabilen sozialen Ungleichheitsverhältnissen einhergehen.

Während sich gesellschaftliche Strukturkategorien wie Rasse/Ethnie, Klasse und Geschlecht in erster Linie auf die Funktionsbereiche Ökonomie, Politik, Staatlichkeit und Privatheit beziehen, kann ›Behinderung‹ als *spezifische Form der Vergesellschaftung* konzipiert werden, die auf Prozessen der Normierung und Disziplinierung beruht. Als relativ flexible soziale Kategorie, deren Bedeutung und Reichweite vor dem Hintergrund medizinischer Klassifizierung festgelegt wird – und prinzipiell jederzeit umgedeutet werden kann – beschreibt ›Behinderung‹ nicht nur individuelle und soziale Risiken in Zusammenhang mit Beeinträchtigungen, sondern ist darüber hinausreichend auch untrennbar mit gesellschaftlichen Leistungserwartungen verknüpft. Die politische Bedeutung der klinischen Grundorientierungen, die der sozialen Kategorie ›Behinderung‹ zugrunde liegen, zeigt sich einerseits in der Stabilität defizitorientierter und individualisierender Erklärungsmuster, andererseits aber auch darin, dass das Ausmaß und die Ursache der Beeinträchtigungen bzw. der Grad der Arbeits- und Erwerbsfähigkeit als *die* entscheidenden Grundlagen für den Anspruch auf soziale, rehabilitative und finanzielle (Dienst-)Leistungen gelten.

Sich von einer Sichtweise abzugrenzen, die ›Behinderung‹ ausschließlich als medizinische, therapeutische, pädagogische oder rehabilitative Herausforderung und/oder als Schicksalsschlag interpretiert, trägt wesentlich dazu bei, die politischen Forderungen von Menschen mit Behinderungen nicht als Spezialinteressen einer Randgruppe zu interpretieren, sondern sie in ihrer grundlegenden gesellschaftlichen Relevanz anzuerkennen. Insbesondere im Rahmen der Entwicklung der UN-Behindertenrechtskonvention wurden (Lebens-)Erfahrungen von Menschen mit Behinderungen selbst problematisiert und sichtbar gemacht. Die Repräsentation ihrer Interessen und Anliegen wurde dazu genutzt, Diskriminierungsprozesse zu analysieren, um Benachteiligungen noch vor der Implementierung von politischen Reformen ausschließen zu können. Der Austausch über gesellschaftliche Wirklichkeiten, politische Erwartungen und Prioritäten sollte dazu beitragen, die Rechtssicherheit von Menschen mit Behinderungen zu gewährleisten und den politischen Dialog fördern. Auch wenn die Perspektiven, das Wissen und die Kompetenzen behinderter Personen in diesem Zusammenhang explizit als wesentliche Bereicherung der Diskussion bewertet wurden, konnte eine nachhaltige Veränderung der gesellschaftspolitischen Verhältnisse bislang nicht erreicht werden. Kritisch betrachtet tragen nicht nur soziale Barrieren und Hindernisse, sondern auch der identitätspolitische Bezug auf die Masterkategorie ›Behinderung‹ – der grundsätzlich von vergleichbaren Lebensrealitäten und ähnlichen Interessen *aller* beeinträchtigten Personen ausgeht – dazu bei, dass in diesem Zusammenhang insbesondere Differenzen *zwischen* Menschen mit Behinderungen kaum wahrgenommen werden und meist ausgeblendet bleiben.

Weder Antidiskriminierungsstrategien noch die politischen Forderungen der Behindertenbewegung werden der Tatsache gerecht, dass sich Lebenschancen und Teilhabemöglichkeiten von Menschen mit Behinderungen aufgrund des Geschlechts und des Alters, je nach Art der Beeinträchtigung, abhängig von ethnischen und sozialen Hintergründen und von ökonomischen Ressourcen, unterschiedlich gestalten. Eine am Modell der Intersektionalität orientierte Analyse von Prozessen der Mehrfachdiskriminierung könnte – als Projekt der Zukunft – die Auseinandersetzung mit den Unterschieden *zwischen* den Lebensrealitäten von Menschen mit Behinderungen entscheidend erweitern. Den analytischen Schwerpunkt auf die Wechselwirkungen zwischen Macht- und Herrschaftsverhältnissen in unterschiedlichen gesellschaftlichen Bereichen zu legen, statt von additiven Wirkungen unterschiedlicher Diskriminierungserfahrungen auszugehen, würde – freilich unter der Voraussetzung einer deutlichen Erweiterung empirischer Forschung – die Relevanz der Erkenntnisse und Argumentationsmuster zweifellos erhöhen und könnte dazu beitragen, die Wirksamkeit des politischen Handelns erheblich zu steigern.

Mit der Ratifizierung der UN-Behindertenrechtskonvention haben die Mitgliedsstaaten der Europäischen Gemeinschaft die Verpflichtung anerkannt, behinderungspolitische Forderungen in gesetzlichen Regelungen und politischen Programmen zu verankern und sie durch konkrete Maßnahmen umzusetzen. Vor dem Hintergrund national unterschiedlicher sozialpolitischer Traditionen soll für Menschen mit Behinderungen insbesondere der Zugang zum Arbeitsmarkt erleichtert werden, um deren individuelle Handlungsmöglichkeiten zu erweitern und existenzsichernde Lebensbedingungen zu sichern. Die damit verbundenen arbeitsmarktpolitischen Maßnahmen, sind eng mit dem europäischen Modell des aktivierenden Sozialstaats verbunden, das auf Vollbeschäftigung und die Eingliederung aller aus dem Arbeitsmarkt ausgegliederten Gruppen abzielt und sollen dazu beitragen, die Wettbewerbsfähigkeit und das Wirtschaftswachstum der Europäischen Gemeinschaft zu steigern und das Potenzial der aus dem Arbeitsmarkt exkludierten Personen nutzbar zu machen. Insbesondere die Absicht der Europäischen Gemeinschaft, entschieden gegen die Sozialhilfeabhängigkeit von Menschen mit Behinderungen vorzugehen, ist in diesem Zusammenhang als höchst ambivalent zu bewerten: denn auch wenn die Teilhabe am Arbeits- und Berufsleben individuell immer auch größere Lebenschancen und Handlungsmöglichkeiten eröffnet, repräsentiert sie hier vor allem die Möglichkeit, staatliche Ausgaben für Sozialleistungen deutlich zu verringern. Der potenziell damit verbundene weitere Rückgang arbeits- und sozialrechtlicher Schutzbestimmungen könnte das Verhältnis von Ökonomie, Staatlichkeit und Privatheit in gewisser Weise gesamtgesellschaftlich neu ordnen und verdeutlicht, dass an sich emanzipatorische politische Forderungen im Rahmen ihrer Implementierung mit neuen sozialen Risiken einhergehen und häufig mit – unerwarteten – Konsequenzen verbunden sind. Auch wenn in Betracht gezogen werden muss, dass politischen Forderungen gesellschaftlich vereinnahmt werden können, engagieren sich Vertreter_innen der Behindertenbewegung – trotz Widerständen und Rückschlägen – mit erstaunlichem Optimismus dafür, handlungsleitende Ideen für Prozesse des sozialpolitischen Wandels zu entwickeln und an der Konzeption staatlicher Programme mitzuwirken.

Bezogen auf die Zweite Frauenbewegung, die persönliche Weiterentwicklung und Emanzipation vorwiegend mit Erwerbsarbeit in Verbindung setzte, verweist Nancy Fraser (2009) darauf, dass entsprechende politische Forderungen zu einer gesellschaftlichen Entwicklung beigetragen haben, die gegenwärtig mit einer zunehmenden Hierarchisierung von Frauen über Leistung, Konkurrenz und Wettbewerb konfrontiert. Nach wie vor ist die ›Doppelte Vergesellschaftung‹ von Frauen, volkswirtschaftlich und politisch gesehen, ein entscheidender Faktor gesellschaftlicher Stabilität, der sich – trotz bestehender Antidiskriminierungsgesetze und vor dem Hintergrund unzureichender arbeits- und sozialrechtlicher Absicherungen – meist zum Nachteil von Frauen auswirkt. Angesichts der demographischen und ökonomischen Entwicklung ist zu erwarten, dass sich die Herausforderungen für Fragen im Reproduktionsbereich – insbesondere bezogen auf Pflege- und Versorgungstätigkeiten für beeinträchtigte, ältere und pflegebedürftige Personen – weiter erhöhen und Doppelbelastungen sich steigern werden. Dass in diesem Zusammenhang ein qualitativ hochwertiges Angebot an Sozialdiensten und Unterstützungsleistungen ebenso gesichert sein muss wie eine hinreichende Existenz- und Alterssicherung der Pflegenden, ist evident, wenn politisch verhindert werden soll, dass soziale und gesellschaftliche Risiken als private Herausforderungen umgedeutet und individuell gelöst werden müssen.

Diskurse im Zusammenhang mit Behinderung, Geschlecht und sozialer Ungleichheit werden in den Bereichen Ökonomie, Recht, Politik und Kultur aus unterschiedlichsten Perspektiven und häufig vor dem Hintergrund gegensätzlicher Interessen und gesellschaftspolitischer Kontroversen geführt. Die Auseinandersetzung mit und die Implementierung von behinderungspolitischen Forderungen sollten – aufgrund der Wechselwirkungen zwischen sozialen Feldern und der Unvorhersagbarkeit der damit verbundenen Effekte und Wirkungen – mit zirkulären Reflexionsprozessen verbunden bleiben, die sich immer wieder neu auf politische Ziele und Schwerpunkte, auf (Macht-)Strategien, Dominanz- und Herrschaftsverhältnisse beziehen. Ob damit entscheidende gesellschaftliche und kulturelle Veränderungen erreicht werden können, bleibt offen und wird sich erst in zukünftigen politischen Auseinandersetzungen, Entscheidungsprozessen und Entwicklungen zeigen.

Literatur

Allen, Barry (2005): Foucault' s Nominalism. In: Tremain, Shelly (Hg.): Foucault and the Gouvernement of Disability. University of Michigan, 93-107.

Asch, Adrienne (2004): Critical Race Theory, Feminism, and Disability: Reflections on Social Justice and Personal Identity. In: Smith, Bonnie G./Hutchison, Beth (Hg.): Gendering Disability. New Brunswick, New Jersey and London: Rutgers University Press, 9-44.

Bach, Heinz (1975): Sonderpädagogik im Grundriss. Berlin: Mahrhold Verlag.

Baier, Andrea (2004): Subsistenzansatz: Von der Hausarbeitsdebatte zur »Bielefelder Subsistenzperspektive«. In: Becker, Ruth/Kortendiek, Beate (Hg.): Handbuch Frauen- und Geschlechterforschung. Theorie, Methoden, Empirie. Wiesbaden: VS Verlag für Sozialwissenschaften, 72-77.

Barlösius, Eva (2005): Die Macht der Repräsentation. Common Sense über soziale Ungleichheiten. Wiesbaden: VS Verlag für Sozialwissenschaften.

Barnes, Colin/Oliver, Mike/Barton, Len (2002) (Hg.): Disability Studies Today. Cambridge: Polity Press.

Beauvoirs, Simone de (1951): Das andere Geschlecht. Sitte und Sexus der Frau. Reinbek bei Hamburg: Rowohlt Verlag GmbH.

Becker, Ruth/Kortendiek, Beate (2004) (Hg.): Handbuch Frauen- und Geschlechterforschung. Theorie, Methoden, Empirie. Wiesbaden: VS Verlag für Sozialwissenschaften.

Becker-Schmidt, Regina (1993): Geschlechterdifferenz – Geschlechterverhältnis: soziale Dimension des Begriffs »Geschlecht«. In: Zeitschrift für

Frauenforschung & Geschlechterstudien, Jg.11, Heft 1+2. München: Kleine Verlag, 37-46.

Becker-Schmidt, Regina (2004): Doppelte Vergesellschaftung von Frauen: Divergenzen und Brückenschläge zwischen Privat- und Erwerbsleben. In: Becker, Ruth/Kortendiek, Beate (Hg.): Handbuch Frauen- und Geschlechterforschung. Theorie, Methoden, Empirie. Wiesbaden: VS Verlag für Sozialwissenschaften, 62-71.

Becker-Schmid, Regina (2007): »Class«, »gender«, »ethnicity«, »race«: Logiken der Differenzsetzung, Verschränkungen von Ungleichheitslagen und gesellschaftliche Strukturierung. In: Klinger, Cornelia/Knapp, Gudrun-Axeli/ Sauer, Birgit (Hg.): Achsen der Ungleichheit. Zum Verhältnis von Klasse, Geschlecht und Ethnizität. Frankfurt am Main: Campus Verlag, 56-83.

Becker-Schmidt, Regina (2008): Wechselbezüge zwischen Herrschaftsstrukturen und feindseligen Subjektpotentialen. Überlegungen zu einer interdisziplinären Ungleichheitsforschung. In: Klinger Cornelia, Knapp Gudrun-Axeli (Hg.): ÜberKreuzungen. Fremdheit, Ungleichheit, Differenz. Münster: Westfälisches Dampfboot, 112-136.

Becker-Schmidt, Regina/Knapp, Gudrun-Axeli (1995): Einleitung. Das Geschlechterverhältnis als Gegenstand der Sozialwissenschaften. In: Vogel, Ulrike (2007) (Hg.): Meilensteine der Frauen- und Geschlechterforschung. Originaltexte mit Erläuterungen zur Entwicklung in der Bundesrepublik. Wiesbaden: VS Verlag für Sozialwissenschaften, 35-42.

Beer, Ursula (2004): Sekundärpatrialismus: Patriarchat in Industriegesellschaften. In: Becker, Ruth/Kortendiek, Beate (Hg.): Handbuch Frauen- und Geschlechterforschung. Theorie, Methoden, Empirie. Wiesbaden: VS Verlag für Sozialwissenschaften, 56-61.

Berger, Peter L./Luckmann, Thomas (1969): Die gesellschaftliche Konstruktion der Wirklichkeit. Frankfurt am Main: S. Fischer Verlag GmbH.

Berger, Peter A./Schmidt, Volker H. (2004) (Hg.): Welche Gleichheit, welche Ungleichheit? Grundlagen der Ungleichheitsforschung. Wiesbaden: VS Verlag für Sozialwissenschaften.

Bielefeldt, Heiner (2010): Das Diskriminierungsverbot als Menschenrechtsprinzip. In: Hormel, Ulrike/Scherr, Albert (Hg.): Diskriminierung. Grundlagen und Forschungsergebnisse. Wiesbaden: VS Verlag für Sozialwissenschaften, 21-34.

Bieling, Hans-Jürgen (2007): Die neue politische Ökonomie sozialer Ungleichheit. In: Klinger, Cornelia/Knapp, Gudrun-Axeli/Sauer, Birgit (Hg.): Achsen der Ungleichheit. Zum Verhältnis von Klasse, Geschlecht und Ethnizität. Frankfurt am Main: Campus Verlag, 100-115.

Bourdieu Pierre (1979): Entwurf einer Theorie der Praxis auf der Grundlage der kabylischen Gesellschaft. Frankfurt am Main: Suhrkamp Verlag GmbH

Bourdieu Pierre (1989): Satz und Gegensatz. Über die Verantwortung des Intellektuellen. Frankfurt am Main: Fischer Taschenbuchverlag

Bourdieu Pierre (1992): Die verborgenen Mechanismen der Macht. Hamburg: VSA Verlag

Bourdieu Pierre (1993): Soziologische Fragen. Frankfurt am Main: Suhrkamp Verlag GmbH

Braun, Christina von/Stephan, Inge (2005) (Hg.): Gender @ Wissen. Ein Handbuch der Gender-Theorien. Köln, Weimar, Wien: Böhlau Verlag.

Bruner Claudia Franziska (2005): KörperSpuren. Zur Dekonstruktion von Körper und Behinderung in biografischen Erzählungen von Frauen. Bielefeld: transcript Verlag.

Bruner, Claudia Franziska (2005a): Körper und Behinderung im Diskurs. Empirisch fundierte Anmerkungen zu einem kulturwissenschaftlichen Verständnis der Disability Studies. In: Psychologie und Gesellschaftskritik, 29. Jg., Heft 1 (Nr. 113). Eichengrund: Pabst Science Publishers, 33-53.

Bublitz, Hannelore (1999): Foucaults Archäologie des kulturellen Unbewussten. Zum Wissensarchiv und Wissensbegehren moderner Gesellschaften. Frankfurt/New York: Campus Verlag

Bublitz, Hannelore (2001): Geschlecht als historisch singuläres Ereignis: Foucaults poststrukturalistischer Beitrag zu einer Gesellschafts-Theorie der Geschlechterverhältnisse. In: Knapp, Gudrun-Axeli/Wetterer, Angelika (Hg.): Soziale Verortung der Geschlechter. Gesellschaftstheorie und feministische Kritik. Münster: Westfälisches Dampfboot, 256-287.

Bublitz, Hannelore (2002): Judith Butler zur Einführung. Hamburg: Junius Verlag.

Butler, Judith (1991): Das Unbehagen der Geschlechter. Frankfurt am Main: Suhrkamp Verlag.

Butler, Judith (1995): Körper von Gewicht. Frankfurt am Main: Suhrkamp Verlag.

Butler, Judith (2004): Gender-Regulierungen. In: Helduser, Urte/Marx, Daniela/Paulitz, Tanja/Pühl, Katharina (Hg.): Under Construction? Konstruktivistische Perspektiven in feministischer Theorie und Forschungspraxis. Frankfurt/New York: Campus Verlag, 44-57.

Butler, Judith (2009): Die Macht der Geschlechternormen und die Grenzen des Menschlichen. Frankfurt am Main: Suhrkamp Verlag.

Burzan, Nicole (2011): Soziale Ungleichheit. Eine Einführung in die zentralen Theorien. 4. Auflage. Wiesbaden: VS Verlag für Sozialwissenschaften.

Chebout, Lucy N. (2011): Wo ist Intersektionalität in bundesdeutschen Intersektionalitätsdiskursen? – Exzerpte aus dem Reisetagebuch einer Traveling Theory. In: Smykalla, Sandra/Vinz, Dagmar (Hg.): Intersektionalität zwischen Gender und Diversity. Theorien, Methoden und Politiken der Chancengleichheit. Münster: Verlag Westfälisches Dampfboot, 46-60.

Cloerkes, Günther (2001): Soziologie der Behinderten. Eine Einführung, Heidelberg: Universitätsverlag C. Winter, Edition S.

Corker, Marian/French, Sally (1999): Reclaiming discourse in disability studies. In: Corker, Marian/French, Sally (Hg.): Disability Discourse. Serie: Disability, Human Rights & Society, Philadelphia, Buckingham: Open University Press, 1-12.

Corker, Marian/Shakespeare Tom (2002) (Hg.): Disability/Postmodernity. Embodying disability theory. London, New York: Continuum.

Crenshaw, Kimberlé W. (2010): Die Intersektion von »Rasse« und Geschlecht demarginalisieren: Eine Schwarze feministische Kritik am Antidiskriminierungsrecht, der feministischen Theorie und der antirassistischen Politik. In: Lutz, Helma/Herrera Vivar, Maria Teresa/Supik, Linda (Hg.): Fokus Intersektionalität. Bewegungen und Verortungen eines vielschichtigen Konzeptes. Wiesbaden: VS Verlag für Sozialwissenschaften, 33-54.

Crow, Liz (1996): Including all of our lives: Renewing the social model of Disability. In: Barnes, Colin/Mercer, Geof (Hg): Exploring the Divide. Leeds: The Disability Press, 55-72.

Cyba, Eva (2000): Geschlecht und soziale Ungleichheit. Konstellationen der Frauenbenachteiligung. Opladen: Leske + Budrich.

Dannenbeck, Clemens (2007): Paradigmenwechsel Disability Studies? Für eine kulturwissenschaftliche Wende im Blick auf die Soziale Arbeit mit

Menschen mit besonderen Bedürfnissen. In: Waldschmidt, Anne/ Schneider, Werner (Hg.): Disability Studies, Kultursoziologie und Soziologie der Behinderung. Erkundungen in einem neuen Forschungsfeld. Bielefeld: transcript Verlag, 103-125.

Davis, Kathy (2010): Intersektionalität als »Buzzword«. Eine wissenschaftssoziologische Perspektive auf die Frage: »Was macht eine feministische Theorie erfolgreich?« In: Lutz, Helma/Herrera Vivar, Maria Teresa/Supik, Linda (Hg.): Fokus Intersektionalität. Bewegungen und Verortungen eines vielschichtigen Konzeptes. Wiesbaden: VS Verlag für Sozialwissenschaften, 55-68.

Dederich, Markus (2004): Behinderung, Körper und die kulturelle Produktion von Wissen – Impulse der amerikanischen Disability Studies für die Soziologie der Behinderten. In: Forster Rudolf (Hg.): Soziologie im Kontext von Behinderung. Theoriebildung, Theorieansätze und singuläre Phänomene. Bad Heilbrunn: Verlag Julius Klinkhardt, 175-196.

Dederich, Markus (2007): Körper, Kultur und Behinderung. Eine Einführung in die Disability Studies. Bielefeld: transcript Verlag.

Dederich, Markus/Greving, Heinrich/Mürner, Christian/Rödler, Peter (2009) (Hg): Heilpädagogik als Kulturwissenschaft. Menschen zwischen Medizin und Ökonomie. Gießen: Psychosozial-Verlag.

Degele, Nina (2008): Gender/Queer Studies. Paderborn: Wilhelm Fink GmbH & Co., Verlags KG.

Degele, Nina/Winker, Gabriele (2008): Praxeologisch differenzieren. Ein Beitrag zur intersektionalen Gesellschaftsanalyse. In: Klinger, Cornelia/ Knapp, Gudrun-Axeli (Hg.): ÜberKreuzungen. Fremdheit, Ungleichheit, Differenz. Münster: Westfälisches Dampfboot, 194-209.

Degener, Ursula/Rosenzweig, Beate (2006) (Hg.): Die Neuverhandlung sozialer Gerechtigkeit. Feministische Analysen und Perspektiven, Wiesbaden: VS Verlag für Sozialwissenschaften.

Dietze, Gabriele/Hornscheidt, Antje/Palm, Kerstin/Walgenbach, Katharina (2007): Einleitung. In: Walgenbach, Katharina/Dietze, Gabriele/Hornscheid, Antje/Palm, Kerstin (Hg.): Gender als interdependente Kategorie. Neue Perspektiven auf Intersektionalität, Diversität und Heterogenität. Opladen & Farmington Hills: Verlag Barbara Budrich, 7-22.

Dietze, Gabriele/Yekani, Elahe Haschemi/Michaelis, Beatrice (2007): »Checks and Balances.« Zum Verhältnis von Intersektionalität und Queer Theory. In: Walgenbach, Katharina/Dietze, Gabriele/Hornscheid,

Antje/Palm, Kerstin (Hg.): Gender als interdependente Kategorie. Neue Perspektiven auf Intersektionalität, Diversität und Heterogenität. Opladen & Farmington Hills: Verlag Barbara Budrich, 107-139.

Engler, Steffani (2004): Habitus und sozialer Raum: Zur Nutzung der Konzepte Pierre Bourdieus in der Frauen-und Geschlechterforschung. In: Becker Ruth/Kortendiek Beate (Hg.): Handbuch Frauen- und Geschlechterforschung. Theorie, Methoden, Empirie. Wiesbaden: VS Verlag für Sozialwissenschaften, 222-233.

Erel, Umut/Harirawom, Jinthana/Encarnación Gutiérrez Rodríguez/Klesse, Christian (2007): Intersektionalität oder Simultaneität?! – Zur Verschränkung und Gleichzeitigkeit mehrfacher Machtverhältnisse – Eine Einführung. In: Hartmann, Jutta/Klesse, Christian/Wagenknecht, Peter/Fritzsche, Bettina/Hackmann, Kristina (Hg.): Heteronormativität. Empirische Studien zu Geschlecht, Sexualität und Macht. Wiesbaden: VS Verlag für Sozialwissenschaften, 239-250.

Fenstermaker, Sarah/West, Candance (2002): Doing gender, doing difference: inequality, power, and institutional change. New York, London: Routledge.

Ferree, Myra Marx (2010): Die diskursiven Politiken feministischer Intersektionalität. In: Lutz, Helma/Herrera Vivar, Maria Teresa/Supik, Linda (Hg.): Fokus Intersektionalität. Bewegungen und Verortungen eines vielschichtigen Konzeptes. Wiesbaden: VS Verlag für Sozialwissenschaften, 69-82.

Fornefeld, Barbara (2008) (Hg.): Menschen mit Komplexer Behinderung, Selbstverständnis und Aufgabe der Behindertenpädagogik. München/Basel: Ernst Reinhardt Verlag.

Forster, Rudolf (2004): Das Phänomen der Behinderung als soziale Struktur und soziales Verhalten – Erste Aspekte einer ›Soziologie im Kontext von Behinderung‹ zwischen beschreibender ›Sozialkunde‹ und differenzierter Gesellschafts- und Sozialtheorie. In: Forster, Rudolf (Hg.): Soziologie im Kontext von Behinderung. Theoriebildung, Theorieansätze und singuläre Phänomene. Bad Heilbrunn: Verlag Julius Klinkhardt, 20-48.

Foucault, Michel (1976): Überwachen und Strafen. Die Geburt des Gefängnisses. Frankfurt am Main: Suhrkamp Verlag.

Foucault, Michel (1976a): Mikrophysik der Macht. Über Strafjustiz, Psychiatrie und Medizin. Berlin: Merve Verlag.

Foucault, Michel (1977): Der Wille zum Wissen. Sexualität und Wahrheit 1. Frankfurt am Main: Suhrkamp Verlag.

Foucault, Michel (2004): Die Geburt der Biopolitik. Geschichte der Gouvernementalität II. Frankfurt am Main: Suhrkamp Verlag.

Foucault, Michel (2005): Analytik der Macht. Frankfurt am Main: Suhrkamp Verlag.

Fraser, Nancy/Honneth, Axel (2003): Umverteilung oder Anerkennung? Eine politisch-philosophische Kontroverse. Frankfurt am Main: Suhrkamp Verlag.

Fraser, Nancy (2009): Feminismus, Kapitalismus und die List der Geschichte. In: Blätter für deutsche und internationale Politik 8/2009, Berlin: Blätter Verlagsgesellschaft mbH, 43-57.

Friske, Andrea (1995): Als Frau geistig behindert sein. Ansätze zu frauenorientiertem heilpädagogischen Handeln. München/Basel: Ernst Reinhardt Verlag.

Fuchs-Heinritz, Werner/König, Alexandra (2005): Pierre Bourdieu. Eine Einführung, Konstanz: UVK Verlagsgesellschaft mbH.

Garland Thomson, Rosemarie (1997): Feminist Theory, the Body, and the Disabled Figure. In: Davis, Lennard (Hg.): The disability studies reader. New York: Routledge, 279-292.

Garland Thomson, Rosemarie (2004): Integrating Disability, Transforming Feminist Theory. In: Smith, Bonnie G./Hutchison, Beth (Hg.): Gendering Disability. New Brunswick, New Jersey and London: Rutgers University Press, 73-103.

Geller, Alex (2005): Diskurs von Gewicht? Erste Schritte zu einer systematischen Kritik an Judith Butler. Köln: PapyRossa Verlag.

Genschel, Corinna (2000): Wann ist ein Körper ein Körper mit (Bürger-) Rechten? In: Beger, Nico J./Hark, Sabine/Engel, Antke/Genschel, Corinna/Schäfer, Eva (Hg.): Queering Demokratie [sexuelle politiken]. Berlin: Querverlag GmbH, 113-129.

Gerhard, Ute (1999): Frausein und Feminismus: Über die Möglichkeiten politischen Handelns von Frauen. In: Scarbarth, Horst/Schlottau, Heike/Straub, Veronika/Waldmann, Klaus (Hg.): Geschlechter. Zur Kritik und Neubestimmung geschlechterbezogener Sozialisation und Bildung. Opladen: Verlag Leske + Budrich, 87-100.

Gerschick, Thomas J. (2008): Toward a Theory of Disability and Gender. In: Rosenblum, Karen E./Travis, Toni-Michelle C. (Hg.): The Meaning of Difference. American Constructions of Race, Sex and Gender, Social Class, Sexual Orientation, and Disability, Fifth Edition. New York: Mc Graw Hill Higher Education, 360-372.

Gildemeister, Regine (2001): Soziale Konstruktion von Geschlecht. Fallen, Missverständnisse und Erträge einer Debatte – Auszüge als Zitate. In: Vogel, Ulrike (2007) (Hg.): Meilensteine der Frauen- und Geschlechterforschung. Originaltexte mit Erläuterungen zur Entwicklung in der Bundesrepublik. Wiesbaden: VS Verlag für Sozialwissenschaften, 169-178.

Gildemeister, Regine (1992): Die Soziale Konstruktion von Geschlechtlichkeit. In: Hark, Sabine (2007) (Hg.): Dis/Kontinuitäten: Feministische Theorie. 2., aktualisierte und erweitere Auflage, Wiesbaden: VS Verlag für Sozialwissenschaften, 55-72.

Gomolla, Mechtild (2010): Institutionelle Diskriminierung. Neue Zugänge zu einem alten Problem. In: Hormel, Ulrike/Scherr, Albert (Hg.): Diskriminierung. Grundlagen und Forschungsergebnisse. Wiesbaden: VS Verlag für Sozialwissenschaften, 61-94.

Gottschall, Karin (2000): Soziale Ungleichheit und Geschlecht. Kontinuitäten und Brüche, Sackgassen und Erkenntnispotentiale im deutschen, soziologischen Diskurs. Opladen: Leske + Budrich.

Gottschall, Karin (2004): Soziale Ungleichheit: Zur Thematisierung von Geschlecht in der Soziologie. In: Becker, Ruth/Kortendiek, Beate (Hg.): Handbuch Frauen- und Geschlechterforschung. Theorie, Methoden, Empirie. Wiesbaden: VS Verlag für Sozialwissenschaften, 188-195.

Grossberg, Lawrence (2002): Die Definition der Cultural Studies. In: Musner, Lutz/Wunberg, Gotthart (Hg.): Kulturwissenschaften. Forschung – Praxis – Positionen. Wien: WUV Universitätsverlag, 46-68.

Gugutzer, Robert (2004): Soziologie des Körpers. Bielefeld: transcript Verlag.

Gugutzer, Robert/Schneider, Werner (2007): Der ›behinderte‹ Körper in den Disability Studies. Eine körpersoziologische Grundlegung. In: Waldschmid, Anne/Schneider, Werner (Hg.): Disability Studies, Kultursoziologie und Soziologie der Behinderung. Erkundigungen in einem neuen Forschungsfeld. Bielefeld: transcript Verlag, 31-53.

Hacking, Ian (1999): Was heißt »soziale Konstruktion«. Zur Konjunktur einer Kampfvokabel in den Wissenschaften. Frankfurt am Main: Fischer Taschenbuch Verlag.

Hagemann-White, Carol (1988): Wir werden nicht zweigeschlechtlich geboren ... In: Sabine, Hark (2007) (Hg.): Dis/Kontinuitäten: Feministische Theorie. 2., aktualisierte und erweiterte Auflage. Wiesbaden: VS Verlag für Sozialwissenschaften, 27-37.

Hagemann-White, Carol (2001): Was bedeutet »Geschlecht« in der Frauenforschung? Ein Blick zurück und ein Entwurf für heute. In: Vogel, Ulrike (2007) (Hg.): Meilensteine der Frauen- und Geschlechterforschung. Originaltexte mit Erläuterungen zur Entwicklung in der Bundesrepublik. Wiesbaden: VS Verlag für Sozialwissenschaften, 151-158.

Hark, Sabine (2007): Dis/Kontinuitäten: Feministische Theorie. 2., aktualisierte und erweitere Auflage. Wiesbaden: VS Verlag für Sozialwissenschaften.

Hark, Sabine (2007a): Symbolisch-diskursive Ordnungen: Geschlecht und Repräsentation: Kommentar. In: Hark, Sabine (Hg.): Dis/Kontinuitäten: Feministische Theorie. 2., aktualisierte und erweitere Auflage. Wiesbaden: VS Verlag für Sozialwissenschaften, 165-171.

Hark, Sabine (2007b): »Überflüssig«: Negative Klassifikationen – Elemente symbolischer Delegitimierung im soziologischen Diskurs? In: Klinger, Cornelia/Knapp, Gudrun-Axeli/Sauer, Birgit (Hg.): Achsen der Ungleichheit. Zum Verhältnis von Klasse, Geschlecht und Ethnizität. Frankfurt am Main: Campus Verlag, 151-162.

Hartmann, Jutta/Klesse, Christian/Wagenknecht, Peter/Fritzsche, Bettina/Hackmann Kristina (2007) (Hg.): Heteronormativität. Empirische Studien zu Geschlecht, Sexualität und Macht. Wiesbaden: VS Verlag für Sozialwissenschaften.

Hausen, Karin (1976): Die Polarisierung der »Geschlechtscharaktere«. Eine Spiegelung der Dissoziation von Erwerbs- und Familienleben. In: Hark, Sabine (2007) (Hg.): Dis/Kontinuitäten: Feministische Theorie. 2., aktualisierte und erweitere Auflage. Wiesbaden: VS Verlag für Sozialwissenschaften, 173-196.

Heite, Catrin (2008): Soziale Arbeit im Kampf um Anerkennung. Professionstheoretische Perspektiven. Weinheim und München: Juventa Verlag.

Heitmeyer, Wilhelm/Imbusch, Peter (2005): Integrationspotenziale einer modernen Gesellschaft. Analysen zu gesellschaftlicher Integration und Desintegration. Wiesbaden: VS Verlag für Sozialwissenschaften.

Helduser, Urte/Marx, Daniela/Paulitz, Tanja/Pühl, Katharina (2004) (Hg.): Under Construction? Konstruktivistische Perspektiven in feministischer

Theorie und Forschungspraxis. Frankfurt am Main: Campus Verlag GmbH.

Hey, Georg (2004): Soziale Probleme: Konstrukt der Soziologie und der Sozialen Arbeit. In: Wüllenweber, Ernst (Hg.): Soziale Probleme von Menschen mit geistiger Behinderung. Fremdbestimmung, Benachteiligung und soziale Abwertung. W. Stuttgart: Kohlhammer GmbH, 18-33.

Holzleithner, Elisabeth (2010): Mehrfachdiskriminierung im europäischen Rechtsdiskurs. In: Hormel, Ulrike/Scherr, Albert (Hg.): Diskriminierung. Grundlagen und Forschungsergebnisse. Wiesbaden: VS Verlag für Sozialwissenschaften, 95-114.

Hormel, Ulrike/Scherr, Albert (2010) (Hg.): Diskriminierung. Grundlagen und Forschungsergebnisse. Wiesbaden: VS Verlag für Sozialwissenschaften.

Hradil, Stefan (2001): Soziale Ungleichheit in Deutschland. 8. Auflage. Wiesbaden: VS Verlag für Sozialwissenschaften.

Hughes, Bill (2002): Disability and the Body. In: Barnes, Colin/Oliver, Mike/Barton, Len (Hg.): Disability Studies Today. Cambridge: Polity Press, 58-76.

Hughes, Bill (2005): What Can a Foucauldian Analysis Contribute to Disability Theory? In: Tremain, Shelly (Hg.): Foucault and the Gouvernement of Disability. University of Michigan, 78-92.

Hutson, Christiane (2010): mehrdimensional verletzbar. Eine schwarze Perspektive auf Verwobenheiten zwischen Ableism und Sexismus. In: Jacob, Jutta/Köbsell, Swantje/Wollrad, Eske (Hg.): Gendering Disability. Intersektionale Aspekte von Behinderung und Geschlecht. Bielefeld: transcript Verlag, 61-72.

Jacob, Jutta/Köbsell, Swantje/Wollrad, Eske (2010) (Hg.): Gendering Disability. Intersektionale Aspekte von Behinderung und Geschlecht. Bielefeld: transcript Verlag.

Junge, Torsten/Schmincke, Imke (2007) (Hg.): Marginalisierte Körper. Beiträge zur Soziologie und Geschichte des anderen Körpers. Münster: Unrast Verlag.

Jurczyk, Karin/Schier, Michaela/Szymenderski, Peggy/Lange, Andreas/Voß, Gunter G. (2009) (Hg.): Entgrenzte Arbeit – entgrenzte Familie. Grenzmanagement im Alltag als neue Herausforderung. Berlin: edition sigma.

Kantola, Johanna/Nousiainen, Keväl (2009): Institutionalizing Intersectionality. In: International Feminist Journal of Politics, 11/4, London: Routledge, 459-477.

Keller, Reiner (2005): Wissenssoziologische Diskursanalyse. Grundlegung eines Forschungsprogramms. Wiesbaden: VS Verlag für Sozialwissenschaften.

Kerner, Ina (2009): Alles intersektional? Zum Verhältnis von Rassismus und Sexismus. In: Feministische Studien 1/09, Stuttgart: Lucius & Lucius, 36-50.

King, Vera (2008): Jenseits von Herkunft und Geschlechterungleichheiten? Biographische Vermittlungen von class, gender, ethnicity in Bildungs- und Identitätsbildungsprozessen. In: Klinger, Cornelia/Knapp, Gudrun-Axeli (Hg.): ÜberKreuzungen. Fremdheit, Ungleichheit, Differenz. Münster: Westfälisches Dampfboot, 87-111.

Klinger, Cornelia (2003): Ungleichheit in den Verhältnissen von Klasse, Rasse und Geschlecht. In: Knapp, Gudrun-Axeli/Wetterer, Angelika (Hg.): Achsen der Differenz. Gesellschaftstheorie und feministische Kritik II. Münster: Westfälisches Dampfboot, 14-48.

Klinger, Cornelia (2008): Überkreuzende Identitäten – Ineinandergreifende Strukturen. Plädoyer für einen Kurswechsel in der Intersektionalitätsdebatte. In: Klinger, Cornelia/Knapp, Gudrun-Axeli (Hg.): ÜberKreuzungen. Fremdheit, Ungleichheit, Differenz. Münster: Westfälisches Dampfboot, 38-67.

Klinger, Cornelia/Knapp, Gudrun-Axeli (2007): Achsen der Ungleichheit – Achsen der Differenz. Verhältnisbestimmungen von Klasse, Geschlecht, »Rasse«/Ethnizität. In: Klinger, Cornelia/Knapp, Gudrun-Axeli/Sauer, Birgit (Hg.): Achsen der Ungleichheit. Zum Verhältnis von Klasse, Geschlecht und Ethnizität. Frankfurt am Main: Campus Verlag, 19-41.

Klinger, Cornelia/Knapp, Gudrun-Axeli (2008) (Hg.): ÜberKreuzungen. Fremdheit, Ungleichheit, Differenz. Münster: Westfälisches Dampfboot.

Klinger, Cornelia/Knapp, Gudrun-Axeli/Sauer, Birgit (2007) (Hg.): Achsen der Ungleichheit. Zum Verhältnis von Klasse, Geschlecht und Ethnizität. Frankfurt am Main: Campus Verlag.

Knapp, Gudrun-Axeli (1992): Macht und Geschlecht. Neuere Entwicklungen in der feministischen Macht- und Herrschaftsdiskussion. In: Knapp,

Gudrun-Axeli/Wetterer Angelika (Hg.): TraditionenBrüche. Entwicklungen feministischer Theorie. Freiburg im Breisgau: Kore Verlag, 287-325.

Knapp, Gudrun-Axeli (2001): Kein Abschied von Geschlecht. Thesen zur Grundlagendiskussion in der Frauen- und Geschlechterforschung. In: Vogel, Ulrike (2007) (Hg.): Meilensteine der Frauen- und Geschlechterforschung. Originaltexte mit Erläuterungen zur Entwicklung in der Bundesrepublik. Wiesbaden: VS Verlag für Sozialwissenschaften, 94-99.

Knapp, Gudrun-Axeli (2008): Verhältnisbestimmungen: Geschlecht, Klasse, Ethnizität in gesellschaftstheoretischer Perspektive. In: Klinger, Cornelia/Knapp, Gudrun-Axeli (Hg.): ÜberKreuzungen. Fremdheit, Ungleichheit, Differenz. Westfälisches Dampfboot, Münster, 138-170.

Knapp, Gudrun-Axeli (2010): »Intersectional Invisibility«: Anknüpfungen und Rückfragen an ein Konzept der Intersektionalitätsforschung. In: Lutz, Helma/Herrera Vivar, Maria Teresa/Supik, Linda (Hg.): Fokus Intersektionalität. Bewegungen und Verortungen eines vielschichtigen Konzeptes. Wiesbaden: VS Verlag für Sozialwissenschaften, 223-243.

Knapp, Gudrun-Axeli/Wetterer, Angelika (2001) (Hg.): Soziale Verortung der Geschlechter. Gesellschaftstheorie und feministische Kritik. Münster: Westfälisches Dampfboot.

Knapp, Gudrun-Axeli/Wetterer Angelika (2003) (Hg.): Achsen der Differenz. Gesellschaftstheorie und feministische Kritik II. Münster: Westfälisches Dampfboot.

Köbsell, Swantje (2010): Gendering Disability: Behinderung, Geschlecht und Körper. In: Jacob, Jutta/Köbsell, Swantje/Wollrad, Eske (Hg.): Gendering Disability. Intersektionale Aspekte von Behinderung und Geschlecht. Bielefeld: transcript Verlag, 17-33.

Koller, Peter (2004): Gleichheit und Pluralismus in politikphilosophischer Perspektive. In: Berger, Peter A./Schmidt, Volker H. (Hg.): Welche Gleichheit, welche Ungleichheit? Grundlagen der Ungleichheitsforschung. Wiesbaden: VS Verlag für Sozialwissenschaften, 49-71.

Korte, Hermann/Schäfers, Bernhard (2006) (Hg.): Einführung in Hauptbegriffe der Soziologie, 6. Auflage, Wiesbaden: VS Verlag für Sozialwissenschaften.

Kreckel, Reinhard (2004): Politische Soziologie der sozialen Ungleichheit. 3. erweiterte Auflage. Frankfurt am Main: Campus Verlag.

Krondorfer, Birge (2007): Gendermainstraming – ein politisches Placebo? Streitbare Skizzierungen. In: Krondorfer, Birge (Hg.): Gender im Mainstream? Kritische Perspektiven. Ein Lesebuch. Wien: Edition Frauenhetz, 39-47.

Krüger-Fürnhoff, Irmela Marei (2005): Körper. In: Braun, Christina von/Stephan, Inge (Hg.): Gender @ Wissen. Ein Handbuch der Gender-Theorien. Köln, Weimar, Wien: Böhlau Verlag, 66-80.

Ladwig, Bernd (2011): Intersektionalität und Liberalismus – Mesaillance oder glückliche Verbindung? Eine Auseinandersetzung mit Patricia Hill Collins. In: Smykalla Sandra/Vinz, Dagmar (Hg.): Intersektionalität zwischen Gender und Diversity. Theorien, Methoden und Politiken der Chancengleichheit. Münster: Verlag Westfälisches Dampfboot, 34-45.

Langreiter, Nikola/Timm, Elisabeth (2011): Ein e-mail-Interview mit Nina Degele und Gabriele Winker. In: Hess, Sabine/Langreiter, Nikola/Timm, Elisabeth (Hg.): Intersektionalität revisted. Empirische, theoretische und methodische Erkundigungen. Bielefeld: transcript Verlag, 55-75

Lemke, Thomas (1997): Eine Kritik der politischen Vernunft. Foucaults Analyse der modernen Gouvernementalität. Berlin – Hamburg: Argument Verlag.

Link, Jürgen (1999): Versuch über den Normalismus. Wie Normalität produziert wird. 2., aktualisierte und erweiterte Auflage. Opladen, Wiesbaden: Westdeutscher Verlag GmbH.

Linton, Simi (1998): Claiming Disability. Knowledge and Identity. New York: University Press.

Lombardo, Emanuela/Verloo, Mieke (2009): Institutionalizing Intersectionality in the European Union? In: International Feminist Journal of Politics, 11/4, London: Routledge, 478-495.

Lorber, Judith (1999): Gender Paradoxien, Opladen: Leske + Budrich. .

Ludvig, Alice (2001): Kritik des Black Feminism an feministischer Theoriebildung In: SWS-Rundschau (41. Jg.), Heft 1/2001, Wien: Sozialwissenschaftliche Studiengesellschaft, 38-52.

Ludwig-Mayerhofer, Wolfgang (2004): Ungleichheit, welche Ungleichheit? In: Berger, Peter A./Schmidt, Volker H. (Hg.): Welche Gleichheit, welche Ungleichheit? Grundlagen der Ungleichheitsforschung. Wiesbaden: VS Verlag für Sozialwissenschaften, 93-113.

Lutter, Christina/Reisenleitner, Markus (1998): Cultural Studies. Eine Einführung. Wien: Löcker.

Lutz, Helma (2007): »Die 24-Stunden-Polin« – Eine intersektionelle Analyse transnationaler Dienstleistungen. In: Klinger, Cornelia/Knapp, Gudrun-Axeli/Sauer, Birgit (Hg.): Achsen der Ungleichheit. Zum Verhältnis von Klasse, Geschlecht und Ethnizität. Frankfurt am Main: Campus Verlag, 210-234.

Lutz, Helma/Herrera Vivar, Maria Teresa/Supik, Linda (2010) (Hg.): Fokus Intersektionalität. Bewegungen und Verortungen eines vielschichtigen Konzeptes. Wiesbaden: VS Verlag für Sozialwissenschaften.

Macha, Hildegard/Fahrenwald, Claudia (2003): Körper, Identität und Geschlecht zwischen Natur und Kultur. In: Macha, Hildegard/Fahrenwald, Claudia (Hg.): Körperbilder zwischen Natur und Kultur. Interdisziplinäre Beiträge zur Genderforschung. Opladen: Leske + Budrich, 15-41.

Mahnkopf, Birgit (2001): Modernes Regieren im 21. Jahrhundert. Zur Neuinterpretation der sozialen Frage im globalen Kapitalismus. In: Ralser, Michaela (Hg.): Egalitäre Differenz. Ansätze, Einsätze und Auseinandersetzungen im Kampf um Anerkennung und Gerechtigkeit. Innsbruck: Studia Universitätsverlag, 63-85.

Maihofer, Andrea (2004): Geschlecht als soziale Konstruktion – eine Zwischenbetrachtung. In: Helduser, Urte/Marx, Daniela/Paulitz, Tanja/Pühl, Katharina (Hg.): Under Construction? Konstruktivistische Perspektiven in feministischer Theorie und Forschungspraxis. Frankfurt am Main: Campus Verlag, 33-43.

Marchart, Oliver (2008): Cultural Studies. Konstanz: UVK Verlagsgesellschaft mbH.

Maschke, Michael (2007): Behinderung als Ungleichheitsphänomen – Herausforderung an Forschung und politische Praxis. In: Waldschmidt, Anne/Schneider, Werner (Hg.): Disability Studies, Kultursoziologie und Soziologie der Behinderung. Erkundungen in einem neuen Forschungsfeld. Bielefeld: transcript Verlag, 299-320.

Maschke, Michael (2008): Behindertenpolitik in der Europäischen Union. Lebenssituation behinderter Menschen und nationale Behindertenpolitik in 15 Mitgliedstaaten. Wiesbaden: VS Verlag für Sozialwissenschaften.

McCall, Leslie (2005): The complexity of intersectionality. In: Signs: Journal of Women in Culture and Society. Volume 3 (3), University of Chicago Press, 1771-1800.

Neckel, Sighard/Dröge, Kai/Somm, Irene (2004): Welche Leistung, welche Leistungsgerechtigkeit? Soziologische Konzepte, normative Fragen und einige empirische Befunde. In: Berger, Peter A./Schmidt, Volker H. (Hg.): Welche Gleichheit, welche Ungleichheit? Grundlagen der Ungleichheitsforschung. Wiesbaden: VS Verlag für Sozialwissenschaften, 137-164.

Nirje, Bengt (1994): Das Normalisierungsprinzip – 25 Jahre danach: In: Vierteljahreszeitschrift für Heilpädagogik und ihre Nebengebiete VHN 63, München: Ernst-Reinhardt Verlag, 12-32.

Notz, Gisela (2004): Arbeit: Hausarbeit, Ehrenamt, Erwerbsarbeit. In: Becker, Ruth/Kortendiek, Beate (Hg.): Handbuch Frauen- und Geschlechterforschung. Theorie, Methoden, Empirie. Wiesbaden: VS Verlag für Sozialwissenschaften, 420-428.

O'Toole Corbett, Joan (2004): The Sexist Inheritance of the Disability Movement. In: Smith, Bonnie G./Hutchison, Beth (Hg.): Gendering Disability. New Brunswick, New Jersey and London: Rutgers University Press, 294-300.

Pieper, Marianne (2003): Regierung der Armen oder Regierung von Armut als Selbstsorge. In: Pieper, Marianne/Encarnación Gutiérrez Rodríguez (Hg.): Gouvernementalität. Ein sozialwissenschaftliches Konzept in Anschluss an Foucault. Frankfurt, New York: Campus Verlag, 136-160.

Pieper, Marianne/Encarnación Gutiérrez Rodríguez (Hg.) (2003): Gouvernementalität. Ein sozialwissenschaftliches Konzept in Anschluss an Foucault. Frankfurt, New York: Campus Verlag.

Pohlen, Carola (2010): Kategorien, die fiesen Biester. Identitäten. Bedeutungsproduktionen und politische Praxis. In: Jacob, Jutta/Köbsell, Swantje/Wollrad, Eske (Hg.): Gendering Disability. Intersektionale Aspekte von Behinderung und Geschlecht. Bielefeld: transcript Verlag, 95-111.

Prengel, Annedore (1995): Pädagogik der Vielfalt. Verschiedenheit und Gleichberechtigung in Interkultureller, Feministischer und Integrativer Pädagogik. 2. Auflage. Opladen: Leske + Budrich.

Prengel, Annedore (2001): Egalitäre Differenz – eine Denkfigur demokratischer Bildung. In: Ralser, Michaela (Hg.): Egalitäre Differenz. Ansätze, Einsätze und Auseinandersetzungen im Kampf um Anerkennung und Gerechtigkeit. Innsbruck: Studia Universitätsverlag, 25-36.

Priestley, Mark (2003): Worum geht es bei den Disability Studies? Eine britische Sichtweise. In: Waldschmidt, Anne (Hg.): Kulturwissenschaftliche Perspektiven der Disability Studies. Tagungsdokumentation. Kassel: bifos Schriftenreihe, 23-35.

Pühl, Katharina (2003): Der Bericht der Hartz-Kommission und die ›Unternehmerin ihrer selbst‹: Geschlechterverhältnisse, Gouvernementalität und Neoliberalismus. In: Pieper, Marianne/Encarnación Gutiérrez Rodríguez (Hg.): Gouvernementalität. Ein sozialwissenschaftliches Konzept in Anschluss an Foucault. Frankfurt, New York: Campus Verlag, 111-135.

Pühl, Katharina/Sauer, Birgit (2004): Geschlechterverhältnisse im Neoliberalismus. Konstruktion, Transformation und feministisch-politische Perspektiven. In: Helduser, Urte/Marx, Daniela/Paulitz, Tanja/Pühl, Katharina (Hg.): Under Construction? Konstruktivistische Perspektiven in feministischer Theorie und Forschungspraxis. Frankfurt am Main: Campus Verlag, 165-179.

Raab, Heike (2007): Intersektionalität in den Disability Studies. Zur Interdependenz von Behinderung, Heteronormativität und Geschlecht. In: Waldschmidt, Anne/Schneider, Werner (Hg.): Disability Studies, Kultursoziologie und Soziologie der Behinderung. Erkundungen in einem Forschungsfeld. Bielefeld: transcript Verlag, 127-148.

Raab, Heike (2010): Shifting the Paradigm: »Behinderung, Heteronormativität und Queerness«. In: Jacob, Jutta/Köbsell, Swantje/Wollrad, Eske (Hg.): Gendering Disability. Intersektionale Aspekte von Behinderung und Geschlecht. Bielefeld: transcript Verlag, 73-94.

Räthzel, Nora (2004): Rassismustheorien: Geschlechterverhältnisse und Feminismus. In: Becker, Ruth/Kortendiek, Beate (Hg.): Handbuch Frauen- und Geschlechterforschung. Theorien, Methoden und Empirie. Wiesbaden: VS Verlag für Sozialwissenschaften, 248-256.

Rommelspacher, Birgit (1995): Dominanzkultur. Texte zu Fremdheit und Macht. Berlin: Orlanda Frauenverlag.

Ruoff, Michael (2007): Foucault-Lexikon. Paderborn: Wilhelm Fink Verlag.

Sander, Alfred (1988): Behinderungsbegriffe und ihre Konsequenzen für die Integration. In: Eberwein, Hans (Hg.): Integrationspädagogik. Kinder mit und ohne Behinderung lernen gemeinsam. Ein Handbuch. Weinheim und Basel: Beltz Verlag, 99-107.

Sauer, Birgit (2001): Die Asche des Souveräns. Staat und Demokratie in der Geschlechterdebatte. Frankfurt am Main: Campus Verlag.

Sauer, Birgit/Wöhl, Stefanie (2008): Governing intersectionality. In: Klinger, Cornelia/Knapp, Gudrun-Axeli (Hg.): ÜberKreuzungen. Fremdheit, Ungleichheit, Differenz. Münster: Westfälisches Dampfboot, 249-273.

Schäfers, Bernhard (2006): Soziales Handeln und seine Grundlagen: Normen, Werte, Sinn. In: Korte, Herrmann/Schäfers, Bernhard (Hg.): Einführung in die Hauptbegriffe der Soziologie. 6. Auflage. Wiesbaden: VS Verlag für Sozialwissenschaften, 25-43.

Scherr, Albert (2010): Diskriminierung und soziale Ungleichheiten. Erfordernisse und Perspektiven einer ungleichheitsanalytischen Fundierung von Diskriminierungsforschung und Antidiskriminierungsstrategien. In: Hormel, Ulrike/Scherr Albert (Hg.): Diskriminierung. Grundlagen und Forschungsergebnisse. Wiesbaden: VS Verlag für Sozialwissenschaften, 35-60.

Schildmann, Ulrike (1996): Integrationspädagogik und Geschlecht. Theoretische Grundlegung und Ergebnisse der Forschung. Opladen: Leske + Budrich.

Schildmann, Ulrike (1997): Sonderpädagogik. Kritische Reflexionen über ein Fach aus der Sicht der feministischen Frauenforschung. In: Warzecha, Birgit (Hg.): Geschlechterdifferenz in der Sonderpädagogik: Forschung – Praxis – Perspektiven. Münster – Hamburg – London: Lit Verlag, 6-23.

Schildmann, Ulrike (2001) (Hg.): Normalität, Behinderung und Geschlecht. Ansätze und Perspektiven der Forschung. Opladen: Leske + Budrich.

Schildmann, Ulrike (2004): Geschlecht und (geistige) Behinderung. In: Wüllenweber, Ernst (Hg.): Soziale Probleme von Menschen mit geistiger Behinderung. Fremdbestimmung, Benachteiligung, Ausgrenzung und soziale Abwertung. Stuttgart: W. Kohlhammer GmbH, 36-45.

Schildmann, Ulrike/Bretländer, Bettina (2000) (Hg.): Frauenforschung in der Behindertenpädagogik. Systematik – Vergleich – Geschichte – Bibliographie. Ein Arbeitsbuch. Münster – Hamburg – London: Lit Verlag.

Schillmeier, Michael (2007): Zur Politik des Behindert-Werdens. Behinderung als Erfahrung und Ereignis. In: Waldschmidt, Anne/Schneider, Werner (Hg.): Disability Studies, Kultursoziologie und Soziologie der

Behinderung. Erkundungen in einem neuen Forschungsfeld. Bielefeld: transcript Verlag, 79-99.

Schlücker, Karin (1997): Differenz, Diskriminierung, Ausgrenzung ... Über Begriffe, Diskurslinien und offene Fragen. In: Warzecha, Birgit (Hg.): Geschlechterdifferenz in der Sonderpädagogik: Forschung – Praxis – Perspektiven. Münster – Hamburg – London: Lit Verlag, 24-48.

Schmidt, Volker H. (2004): Ungleichgewichtige Ungleichheiten. In: Berger, Peter A./Schmidt, Volker H. (Hg.): Welche Gleichheit, welche Ungleichheit? Grundlagen der Ungleichheitsforschung. Wiesbaden: VS Verlag für Sozialwissenschaften, 73-92.

Schmincke, Imke (2007): Außergewöhnliche Körper. Körpertheorie als Gesellschaftstheorie. In: Junge, Torsten/Schmincke Imke (Hg.): Marginalisierte Körper. Beiträge zur Soziologie und Geschichte des anderen Körpers. Münster: Unrast Verlag, 11-26.

Schmincke, Imke (2009): Gefährliche Körper an gefährlichen Orten. Eine Studie zum Verhältnis von Körper, Raum und Marginalisierung. Bielefeld: transcript Verlag.

Smith, Bonnie G./Hutchison Beth (2004) (Hg.): Gendering Disability, New Brunswick, New Jersey and London: Rutgers University Press.

Schneider, Wolfgang Ludwig (2005): Grundlagen der soziologischen Theorie Band 1, Weber – Parsons – Mead – Schütz. 2. Auflage. Wiesbaden: VS Verlag für Sozialwissenschaften.

Schneider, Wolfgang Ludwig (2005a): Grundlagen der soziologischen Theorie Band 2, Garfinkel – RC – Habermas – Luhmann. 2. Auflage. Wiesbaden: VS Verlag für Sozialwissenschaften.

Schroer, Markus (2005) (Hg.): Soziologie des Körpers. Frankfurt am Main: Suhrkamp Verlag.

Schroer, Markus (2007): Defizitäre Reziprozität: Der Raum der Überflüssigen und ihr Kampf um Aufmerksamkeit. In: Klinger, Cornelia/Knapp, Gudrun-Axeli/Sauer, Birgit (Hg.): Achsen der Ungleichheit. Zum Verhältnis von Klasse, Geschlecht und Ethnizität. Frankfurt am Main: Campus Verlag, 257-270.

Schwingel, Markus (1995): Pierre Bourdieu zur Einführung. Hamburg: Junius Verlag.

Schwinn, Thomas (2007): Soziale Ungleichheit. Bielefeld: transcript Verlag. .

Schwinn, Thomas (2007a): Komplexe Ungleichheitsverhältnisse: Klasse, Ethnie und Geschlecht. In: Klinger, Cornelia/Knapp, Gudrun-Axeli/Sauer, Birgit (Hg.): Achsen der Ungleichheit. Zum Verhältnis von Klasse, Geschlecht und Ethnizität. Frankfurt am Main: Campus Verlag, 271-286.

Shakespeare, Tom (1994): Cultural Representation of Disabled People: dustbins or disavowal? In: Barton, Len/Oliver, Mike (Hg.): Disability Studies: Past Present and Future. Leeds: The Disability Press, 217-233.

Shakespeare, Tom (1996): Disability, Identity and Difference. In: Barnes, Colin/Mercer, Geof (Hg.): Exploring the Divide. Leeds: The Disability Press, 94-113.

Singer, Mona (2003): Feministische Epistemologien: Was folgt aus der feministischen »Identitätskrise«? In: Knapp, Gudrun-Axeli/Wetterer, Angelika (Hg.): Achsen der Differenz. Gesellschaftstheorie und feministische Kritik II. Münster: Westfälisches Dampfboot, 228-239.

Smykalla Sandra/Vinz, Dagmar (2011) (Hg.): Intersektionalität zwischen Gender und Diversity. Theorien, Methoden und Politiken der Chancengleichheit. Münster: Verlag Westfälisches Dampfboot.

Snyder, Sharon L./Mitchell, David T. (2004): Die Aufmerksamkeit wieder auf den Körper richten. Disability Studies und der Widerstand gegen Verkörperung. In: Weisser, Jan/Renggli, Cornelia (Hg.) : Disability Studies. Ein Lesebuch. Band 11 der Reihe ISP-Universität Zürich des Instituts für Sonderpädagogik, Luzern, 77-105.

Soiland, Tove (2007): Gender. In: Krondorfer Birge (Hg.): Gender im Mainstream. Kritische Perspektiven. Ein Lesebuch. Wien: Edition Frauenhetz – Feministische Bildung, Kultur und Politik, 48-52.

Sommerbauer, Jutta (2003): Differenzen zwischen Frauen. Zur Positionsbestimmung und Kritik des postmodernen Feminismus. Münster: Unrast Verlag.

Squires, Judith (2009): Intersecting Inequalities. International Feminist Journal of Politics, 11/4, London: Routledge, 496-512.

Tervooren, Anja (2003): Der verletzliche Körper. Überlegungen zu einer Systematik der Disability Studies. In: Anne, Waldschmidt (Hg.): Kulturwissenschaftliche Perspektiven der Disability Studies. Tagungsdokumentation. Kassel: bifos-Schriftenreihe, 37-48.

Thomas, Carol (1999): Narrative identity and the disabled self. In: Corker, Marian/French, Sally (Hg.): Disability Discourse. Philadelphia, Buckingham: Open University Press, 47-55.

Thomas, Carol (2002): Disability theory: Key Ideas, Issues and Thinkers. In: Barnes, Colin/Oliver, Mike/Barton, Len (Hg.): Disability Studies Today. Cambridge: Polity Press, 38-57.

Thomas, Carol (2004): Theorien der Behinderung. Schlüsselkonzepte, Themen und Personen. In: Weisser, Jan/Renggli, Cornelia (Hrsg): Disability Studies. Ein Lesebuch. Band 11 der Reihe ISP-Universität Zürich des Instituts für Sonderpädagogik, Luzern, 31-56.

Thomas, Carol/Corker, Marian (2002): A Journey around the Social Model. In: Corker, Marian/Shakespeare, Tom (Hg.): Disability/Postmodernity: Embodying disability theory. London, New York: Continuum, 18-31.

Treibel, Anette (2006): Einführung in soziologische Theorien der Gegenwart. 7., aktualisierte Auflage. Wiesbaden: VS Verlag für Sozialwissenschaften.

Tremain, Shelly (2002): On the Subject of Impairment. In: Corker, Marian/Shakespeare, Tom (Hg.): Disability/Postmodernity: Embodying disability theory. London, New York: Continuum, 32-47.

Tremain, Shelly (2005) (Hg.): Foucault and the Gouvernement of Disability. University of Michigan.

Tuider, Elisabeth (2003): Körpereventualitäten. Der Körper als kultureller Konstruktionsschauplatz. In: Macha, Hildegard/Fahrenwald, Claudia (Hg.): Körperbilder zwischen Natur und Kultur. Interdisziplinäre Beiträge zur Genderforschung, Opladen: Leske + Budrich, 43-67.

Verloo, Mieke (2006): Multiple Inequalities, Intersectionality and the European Union. In: European Journal of Women's Studies, Vol. 13/3, Sage Publications, 211-228.

Villa, Paula-Irene (2006): Sexy Bodies. Eine soziologische Reise durch den Geschlechtskörper. 3., aktualisierte Auflage. Wiesbaden: VS Verlag für Sozialwissenschaften.

Villa, Paula-Irene (2007): Soziale Konstruktion: Wie Geschlecht gemacht wird. In: Hark, Sabine (Hg.): Dis/Kontinuitäten: Feministische Theorie. 2., aktualisierte Auflage. Wiesbaden: VS Verlag für Sozialwissenschaften, 19-26.

Villa, Paula-Irene (2010): Verkörpern ist immer mehr: Intersektionalität, Subjektivierung und der Körper. In: Lutz, Helma/Herrera Vivar, Maria

Teresa/Supik, Linda (Hg.): Fokus Intersektionalität. Bewegungen und Verortungen eines vielschichtigen Konzeptes. Wiesbaden: VS Verlag für Sozialwissenschaften, 203-221.

Vinz, Dagmar (2011): Klasse und Geschlecht – eine umkämpfte Verbindung in Theorien zu Intersektionalität und Diversity. In: Smykalla Sandra/Vinz, Dagmar (Hg.): Intersektionalität zwischen Gender und Diversity. Theorien, Methoden und Politiken der Chancengleichheit. Münster: Verlag Westfälisches Dampfboot, 61-75.

Vogel, Ulrike (2007) (Hg.): Meilensteine der Frauen- und Geschlechterforschung. Originaltexte mit Erläuterungen zur Entwicklung in der Bundesrepublik. Wiesbaden: VS Verlag für Sozialwissenschaften.

Wagenknecht, Peter (2007): Was ist Heteronormativität? Zur Geschichte und Gehalt des Begriffs. In: Hartmann, Jutta/Klesse, Christian/Wagenknecht, Peter/Fritzsche, Bettina/Hackmann Kristina (Hg.): Heteronormativität. Empirische Studien zu Geschlecht, Sexualität und Macht. Wiesbaden: VS Verlag für Sozialwissenschaften, 17-34.

Wagner, Gabriele (2005): Die zwei Seiten der Anerkennung – Geschlechtergerechtigkeit und die Pluralisierung sozialer Wertschätzung. In: Heitmeyer, Wilhelm/Imbusch, Peter (Hg.): Integrationspotenziale einer modernen Gesellschaft. Analysen zu gesellschaftlicher Integration und Desintegration. Wiesbaden: VS Verlag für Sozialwissenschaften, 133-155.

Waldschmidt, Anne (1997): Interessenvertretung und politische Partizipation von Frauen mit Behinderungen: Forschungsdefizite – Forschungsperspektiven. In: Warzecha, Birgit (Hg.): Geschlechterdifferenz in der Sonderpädagogik: Forschung – Praxis – Perspektiven. Münster – Hamburg – London: Lit Verlag, 49-66.

Waldschmidt, Anne (1999): Selbstbestimmung als Konstruktion. Alltagstheorien behinderter Frauen und Männer. Opladen: Leske + Budrich.

Waldschmidt, Anne (Hg.) (2003): Kulturwissenschaftliche Perspektiven der Disability Studies. Tagungsdokumentation. Kassel: bifos-Schriftenreihe.

Waldschmidt, Anne (2005): Disability Studies: Individuelles, soziales und/oder kulturelles Modell von Behinderung? In: Psychologie und Gesellschaftskritik, 29. Jg., Heft 1/113. Gießen: Psychosozial Verlag, 9-31.

Waldschmidt, Anne (2007): Macht – Wissen – Körper. Anschlüsse an Michel Foucault in den Disability Studies. In: Waldschmidt, Anne/Schneider, Werner (Hg.): Disability Studies, Kultursoziologie und Soziologie der Behinderung. Erkundungen in einem neuen Forschungsfeld. Bielefeld: transcript Verlag, 55-77.

Waldschmidt, Anne (2007a): Behinderte Körper: Stigmatheorie, Diskurstheorie und Disability Studies im Vergleich. In: Junge, Torsten/Schmincke, Imke (Hg.): Marginalisierte Körper. Beiträge zur Soziologie und Geschichte des anderen Körpers. Münster: Unrast Verlag, 27-43.

Waldschmidt, Anne (2010): Das Mädchen Ashley oder: Intersektionen von Behinderung, Normalität und Geschlecht. In: Jacob, Jutta/Köbsell, Swantje/Wollrad, Eske (Hg.): Gendering Disability. Intersektionale Aspekte von Behinderung und Geschlecht. Bielefeld: transcript Verlag, 35-60.

Waldschmidt, Anne/Schneider, Werner (2007) (Hg.): Disability Studies, Kultursoziologie und Soziologie der Behinderung. Erkundungen in einem neuen Forschungsfeld. Bielefeld: transcript Verlag.

Walgenbach, Katharina (2007): Gender als interdependente Kategorie. In: Walgenbach, Katharina/Dietze, Gabriele/Hornscheid, Antje/Palm, Kerstin (Hg.): Gender als interdependente Kategorie. Neue Perspektiven auf Intersektionalität, Diversität und Heterogenität. Opladen & Farmington Hills: Verlag Barbara Budrich, 23-64.

Walgenbach, Katharina (2010): Postscriptum: Intersektionalität – Offenheit, interne Kontroversen und Komplexität als Ressourcen eines gemeinsamen Orientierungsrahmen. In: Lutz, Helma/Herrera Vivar, Maria Teresa/Supik, Linda (Hg.): Fokus Intersektionalität. Bewegungen und Verortungen eines vielschichtigen Konzeptes. Wiesbaden: VS Verlag für Sozialwissenschaften, 245-256.

Walgenbach, Katharina (2014): Heterogenität – Intersektionalität – Diversity in der Erziehungswissenschaft. Opladen und Toronto: Verlag Barbara Budrich.

Walgenbach, Katharina/Dietze, Gabriele/Hornscheid, Antje/Palm, Kerstin (2007) (Hg.): Gender als interdependente Kategorie. Neue Perspektiven auf Intersektionalität, Diversität und Heterogenität. Opladen & Farmington Hills: Verlag Barbara Budrich.

Warzecha, Birgit (1996) (Hg.): Geschlechterdifferenz in der Sonderpädagogik: Eine erste Annäherung. Bielefeld: Kleine Verlag GmbH.

Warzecha, Birgit (1997) (Hg.): Geschlechterdifferenz in der Sonderpädagogik: Forschung – Praxis – Perspektiven. Münster – Hamburg – London: Lit Verlag.

Weinmann, Ute (2001): Normalität im wissenschaftlichen Diskurs verschiedener Fachdisziplinen. In: Schildmann, Ulrike (Hg.): Normalität, Behinderung und Geschlecht. Ansätze und Perspektiven der Forschung. Opladen: Leske + Budrich, 17-41.

Weiss, Alexandra (2007): Zwischen Männerbund und Gender Mainstreaming. Bedingungen und Perspektiven von Frauenpolitik. In: Krondorfer Birge (Hg): Gender im Mainstream? Kritische Perspektiven. Ein Lesebuch. Wien: Edition Frauenhetz, 29-37.

Weisser, Jan (2010): Behinderung als Fall von Diskriminierung – Diskriminierung als Fall von Behinderung. In: Hormel, Ulrike/Scherr, Albert (Hg.): Diskriminierung. Grundlagen und Forschungsergebnisse. Wiesbaden: VS Verlag für Sozialwissenschaften, 307-322.

Wendell, Susan (1996): The Rejected Body. Feminist philosophical reflections on Disability. New York, London: Routledge.

West, Candance/Zimmermann Don (1987): »Doing Gender«. In: Gender & Society I, Sage Publications, 125-151.

West, Candance/Fenstermaker, Sarah (1995): Doing Difference. In: Gender & Society 9, Sage Publications, 8-37.

Wetterer, Angelika (2003): Rhetorische Modernisierung: Das Verschwinden der Ungleichheit aus dem zeitgenössischen Differenzwissen. In: Knapp, Gudrun-Axeli/Wetterer, Angelika (Hg.): Achsen der Differenz. Gesellschaftstheorie und feministische Kritik II. Münster: Westfälisches Dampfboot, 286-319.

Wetterer, Angelika (2004): Widersprüche zwischen Diskurs und Praxis. Gegenstandsbezug und Erkenntnispotenziale einer sozialkonstruktivistischen Perspektive. In: Helduser, Urte/Marx, Daniela/Paulitz, Tanja/Pühl, Katharina (Hg.): Under Construction? Konstruktivistische Perspektiven in feministischer Theorie und Forschungspraxis. Frankfurt am Main: Campus Verlag, 58-67.

Wimmer, Andreas (2005): Kultur als Prozess. Zur Dynamik des Aushandelns von Bedeutungen. Wiesbaden: VS Verlag für Sozialwissenschaften.

Windisch, Monika (2001): Wer, wenn nicht wir? Wann, wenn nicht jetzt? Gedanken zu feministischen Handlungs- und Politikkonzeptionen. In: Gensluckner, Lisa/Regensburger, Christine/Schlichtmeier, Verena/Treichl, Helga/Windisch, Monika (Hg.): Vielstimmig, Mancherorts. Die Neue Frauenbewegung in Tirol seit 1970, Innsbruck, Wien, München, Bozen: StudienVerlag, 29- 44.

Winker, Gabriele/Degele, Nina (2009): Intersektionalität. Zur Analyse sozialer Ungleichheit. Bielefeld: transcript Verlag.

Wüllenweber, Ernst (2004) (Hg.): Soziale Probleme von Menschen mit geistiger Behinderung. Fremdbestimmung, Benachteiligung und soziale Abwertung. Stuttgart: W. Kohlhammer GmbH.

Wüllenweber, Ernst/Ruhnau-Wüllenweber, Marion (2004): Soziale Probleme und geistige Behinderung – Einleitung in die Thematik. In: Wüllenweber, Ernst (Hg.): Soziale Probleme von Menschen mit geistiger Behinderung. Fremdbestimmung, Benachteiligung und soziale Abwertung. Stuttgart: W. Kohlhammer GmbH, 12-17.

Young, Iris Marion (2001): Gleichheit von wem? Gesellschaftliche Gruppen und Urteile über Gerechtigkeit. In: Ralser Michaela (Hg.): Egalitäre Differenz. Ansätze, Einsätze und Auseinandersetzungen im Kampf um Anerkennung und Gerechtigkeit. Innsbruck: Studia Universitätsverlag, 39-62.

Yuval-Davis, Nira (2010): Jenseits der Dichotomie von Anerkennung und Umverteilung: Intersektionalität und soziale Schichtung. In: Lutz, Helma/Herrera Vivar, Maria Teresa/Supik, Linda (Hg.): Fokus Intersektionalität. Bewegungen und Verortungen eines vielschichtigen Konzeptes. Wiesbaden: VS Verlag für Sozialwissenschaften, 185-201.

Zapf, Wolfgang (2006): Entwicklung und Sozialstruktur moderner Gesellschaften. In: Korte, Hermann/Schäfers, Bernhard (Hg): Einführung in Hauptbegriffe der Soziologie. 6. Auflage. Wiesbaden: VS Verlag für Sozialwissenschaften, 251-265.

Zinsmeister, Julia (2010): Diskriminierung ist (fast) immer mehrdimensional: »Rasse«, Geschlecht und Behinderung aus rechtlicher Sicht. In: Jacob, Jutta/Köbsell, Swantje/Wollrad, Eske (Hg.): Gendering Disability. Intersektionale Aspekte von Behinderung und Geschlecht. Bielefeld: transcript Verlag, 113-128.

BIDOK – VOLLTEXTARCHIV

Bruner, Claudia Franziska (2000): Die Herstellung von Behinderung und Geschlecht – Sozialisations- und Lebensbedingungen von Mädchen und Frauen mit (Körper-) Behinderungen. In: Gemeinsam Leben – Zeitschrift für integrative Erziehung Nr.2-00. Online unter: http://bidok.uibk.ac.at/library/gl2-00-geschlecht.html [01.12.2012].

Erlinger, Gudrun (2004): Selbstbestimmung und Selbstvertretung von Menschen mit Lernschwierigkeiten. Diplomarbeit am Institut für Erziehungswissenschaften der Geisteswissenschaftlichen Fakultät der Leopold-Franzens-Universität Innsbruck. Online unter: http: //bidok.uibk.ac.at /library/erlinger-selbstbestimmung.html#id3033588 [01.12.2012].

Exner, Karsten (2000): Das politische Selbstverständnis der Selbstbestimmt-leben-Bewegung in Deutschland. Vortrag im Zentrum für selbstbestimmtes Leben behinderter Menschen (ZsL) Mainz e.V. Online unter: http://bidok.uibk.ac.at/library/exner-leben.html [01. 12.2012].

Grüber, Katrin (2007) : Disability Mainstreaming. In: IMEW konkret Nr. 10, Dezember 2007. Online unter: http://bidok.uibk.ac.at/library/grueber-mainstreaming.html [01.12.2012].

Hagleitner, Doris (2008): »You need to talk to people themselves«. Selbstbestimmung und Selbstvertretung von Menschen mit Lernschwierigkeiten. Diplomarbeit am Institut für Erziehungswissenschaften der Geisteswissenschaftlichen Fakultät der Leopold-Franzens-Universität Innsbruck. Online unter: http://bidok.uibk.ac.at/library/hagleitner-selbstbestimmung-dipl.html#id3012561 [01.12. 2012].

Herrmenegilde, Ferrares (2001): Behinderte Frauen und Mutterschaft. Eine Bestandsaufnahme. In: Behinderte in Familie, Schule und Gesellschaft. Nr. 1/2001. Online unter: http://bidok.uibk.ac.at/library/beh1-01-ferrares-mutterschaft.html [01.12.2012].

König, Oliver/Pinetz, Petra (2008): Das Recht auf Arbeit und Beschäftigung von Menschen mit Behinderung in Österreich. Vision und Realität des aktuellen Standes der Umsetzung des Artikels 27 der UN-Konvention – eine kritische Annäherung. In: Behinderte Menschen, Zeitschrift für gemeinsames Leben, Lernen und Arbeiten, Nr. 1/2008, Thema: Menschenrechte, 35-49. Online unter: http://bidok.uibk.ac.at/library/beh109koenigrecht.html [01.12.2012].

Lindmeier, Bettina/Lindmeier Christian (2002): Professionelles Handeln in der Arbeit mit geistig behinderten Erwachsenen unter der Leitidee der Selbstbestimmung. In: Behinderte in Familie, Schule und Gesellschaft. Nr. 4/5/2002. Online unter: http://bidok.uibk.ac.at/library/beh4-5-02-lindmeier-arbeit.html [01.12. 2012].

Lingenauber, Sabine (2008): Normalität. In: Lingenauber Sabine (Hg.): Handlexikon der Integrationspädagogik, Band 1, Kindertageseinrichtungen. Online unter: http://bidok.uibk.ac.at/library/lingenauber-normalitaet.html [01.12.2012].

Nielsen, Astrid/Ruhnau, Erwin (2007): Behinderung und Geschlecht. Gender Mainstreaming als Querschnittsaufgabe. In: impulse Nr. 44/2007, 34-36. Online unter: http://bidok.uibk.ac.at/library/imp-44-07-nielsen-geschlecht.html [01.12. 2012].

Schönwiese, Volker (1995): Behinderung – Rehabilitation – Integration. Referat beim Symposium »Rehabilitation – Integration. 20 Jahre Kinderneurologie am Rosenhügel«, Neurologisches Krankenhaus der Stadt Wien, 5. Mai 1995. Online unter: http://bidok.uibk.ac.at/library/ schoenwiese-rehabilitation.html [01.12. 2012].

Schönwiese, Volker (2009): Paradigmenwechsel in der Behindertenhilfe: Von der Rehabilitation zu Selbstbestimmung und Chancengleichheit, Einleitungsreferat zur Veranstaltung »Auf dem Weg zu einem Tiroler Chancengleichheitsgesetz für Menschen mit Behinderung«, Landhaus Innsbruck 28. Jänner 2009. Online unter: http://bidok.uibk.ac.at/li brary/schoenwiese-paradigmenwechsel.html [01.12.2012].

Siegert, Juliane (2006): Leistungsprinzip und soziale Positionierung behinderter Menschen, Magisterarbeit an der Martin-Luther-Universität Halle-Wittenberg, Philosophische Fakultät Fachbereich Erziehungswissenschaften, Institut für Rehabilitationspädagogik. Online unter: http:// bidok.uibk.ac.at/library/siegert-leistung-dipl.html [01.12. 2012].

Tervooren, Anja (2003a): Disability Studies – Vom Defizit zum Kennzeichen. In: Impulse. Newsletter zur Gesundheitsförderung. 2/2003, Nr. 39, 17. Online unter: http://bidok.uibk.ac.at/library/tervooren-defizit. html [01.12.2012].

Theunissen, Georg (2006): Die Independent Living Bewegung. Empowerment-Bewegungen machen mobil (I). In: Behinderte in Familie, Schule und Gesellschaft. Nr. 3/4/2001; 13-20. Online unter: http:// bidok.uibk.ac.at/library/beh3-4-01-theunissen-independent.html [01.12. 2012].

Wocken, Hans (2009): Disability Studies contra Integration. In: Zeitschrift für Inklusion, Ausgabe 02/2009. Online unter: http://bidok.uibk.ac.at/library/inkl-02-09-wocken-contra.html [01.12. 2012].

Zinsmeister, Julia (2006): Staatliche Unterstützung behinderter Mütter und Väter bei der Erfüllung ihres Erziehungsauftrages. Rechtsgutachten im Auftrag des Netzwerks behinderter Frauen Berlin e.V. mit Unterstützung der Aktion Mensch, Fakultät für Angewandte Sozialwissenschaften der Fachhochschule Köln Nürnberg/Köln. Online unter: http://bidok.uibk.ac.at/library/zinsmeister-rechtsgutachten.html [01.12. 2012].

Ziemen, Kerstin (2002): Das integrative Feld – ein Feld der Anerkennung?! Online unter: http://bidok.uibk.ac.at/library/ziemen-anerkennung.html [01.12. 2012].

INTERNETDOKUMENTE

Arnade, Sigrid/Häfner, Sabine (2005): Towards Visibility of Women with Disabilities in the UN Convention. Online unter: http://www.dpi.org/ [01.12.2012].

Arnade, Sigrid/Häfner, Sabine (2006): Gendering the Draft Comprehensive and Integral International Convention on the Protection and Promotion of the Rights and Dignity of Persons with Disabilities. Online unter: http://www.netzwerk-artikel-3.de/un-konv/doku/papier-02.pdf [01.12. 2012].

Aulenbacher, Brigitte/Riegraf, Birgit (2012): Intersektionalität und soziale Ungleichheit.Online unter: http://www.portal-intersektionalität.de [01. 12.2012].

Becker-Schmidt, Regina (2003): Zur doppelten Vergesellschaftung von Frauen. Online unter: http://web.fu-berlin.de/gpo/pdf/becker_schmidt/becker_schmidt_ohne.pdf [01.12.2012].

Bergmann, Nadja/Gindl, Karoline (2004): »Geschlechterrollen und Behinderung – Wunsch und Realität« GeM-Koordinationsstelle, L&R Sozialforschung, Wien. Online unter: http://www.lrsocialresearch.at/files/Langtext_Geschlechterrollen_Behinderung.pdf [01.12.2012].

Bielefeldt, Heiner (2009): Zum Innovationspotenzial der UN-Behindertenrechtskonvention. 2., aktualisierte Auflage. Deutsches Institut für Menschenrechte. Online unter: http://www.institut-fuer-menschenrechte.de [01.12.2012].

Buchkremer, Jenny/Zirra, Sascha (2007): Die Offene Methode der Koordinierung. Ein Beitrag zur Modernisierung nationaler Sozial- und Beschäftigungspolitiken? Abschlussbericht. Deutsche Forschungsgemeinschaft. Online unter: http://www.sozialstruktur.uni-oldenburg.de/ mitarbeiter/zirra/omk_bericht.pdf [01.12.2012].

Bude, Heinz (2004): Das Phänomen der Exklusion. Der Widerstreit zwischen gesellschaftlicher Erfahrung und soziologischer Rekonstruktion. In: Mittelweg 36, 4/2004. Online unter: http://www.his-online.de/file admin/verlag/leseproben/9783936096156.pdf [01.12.2012].

Chebout, Lucy (2012): Back to the roots! Intersectionality und die Arbeiten von Kimberlé Crenshaw. Online unter: URL: www.portal-intersektionalität.de [01.12.2012].

Crenshaw, Kimberlé (1989): Demarginalizing the Intersection of Race and Sex: A Black Feminist Critique of Antidiscrimination Doctrine. Online unter: http://www.yale.edu/wff/pdf/Crenshaw_article.pdf [01.12.2012].

Crisp, Ross (2002): A counselling Framework for Understanding Individual Experiences of Socially Constructed Disability. In: Disability Studies Quarterly, Society for Disability Studies, Volume 22/3, 20-32. Online unter: http://dsq-sds.org/article/view/357/462 [01.12.2012].

Degele, Nina/Winker, Gabriele (2007): Intersektionalität als Mehrebenenanalyse. Online unter: http://www.tu-hamburg.de/agentec/winker/pdf/ Intersektionalitaet_Mehrebenen.pdf [01.12.2012].

Degener, Theresa (2003): Eine UN-Menschenrechtskonvention für Behinderte als Beitrag zur ethischen Globalisierung. In: Bundeszentrale für politische Bildung (Hg.) : Aus Politik und Zeitgeschichte: Menschen mit Behinderungen B8/2003,37-45.Online unter: http://www.bpb.de/ shop/zeitschriften/apuz/27781/menschen-mit-behinderungen [01.12. 2012].

Degener, Theresa (2009): Die UN-Behindertenrechtskonvention als Inklusionsmotor. RdJB 2/2009, 200-219. Online unter: http://www.studentenwerke.de/pdf/UN_Behindertenrechtskonvention_Degener2.pdf [01. 12.2012].

Duvefelt, Sabine/Sjölander, Carolina (2008): Multiple Discrimination. Addressing Complex Discrimination in a Complex Society, Bachelor Thesis, Örebro University, Department of Behavioural, Social and Legal Sciences. Online unter: http://oru.diva-portal.org/smash/get/diva2:135637/FULLTEXT01 [01. 12.2012].

Fracer, Nancy (2002): Soziale Gerechtigkeit in der Wissensgesellschaft: Umverteilung, Anerkennung und Teilhabe Aus : Heinrich-Böll-Stiftung (Hg.): Gut zu Wissen – Links zur Wissensgesellschaft, Westfälisches Dampfboot, Münster. Online unter: http://www.wissensgesellschaft.org/themen/orientierung/gerechtigkeit.pdf [01.12.2012].

Grüber, Katrin (2007): »Disability Mainstreaming« als Gesellschaftskonzept. Annäherungen an einen viel versprechenden Begriff. Erschienen in Sozialrecht + Praxis 17, 7/2007, S. 437-444. Online unter: http://www.imew.de/index.php?id=317 [01.12.2012].

Hill Collins, Patricia (1990): Black Feminist Thought in the Matrix of Domination. Online unter: http://www.hartford-hwp.com/archives/45a/252.html [01.12.2012]

Hill Collins, Patricia (o.J.): Intersecting Oppressions. Online unter: http://www.uk.sagepub.com/upm-data/13299_Chapter_16_Web_Byte_Patricia_Hill_Collins.pdf [01.12.2012].

ICD-10: Online unter: http://www.dimdi.de/static/de/klassi/diagnosen/icd10/ [01.12.2012]

Institut Mensch, Ethik und Wissenschaft (2009): Jahresbericht 2007/08. Online unter: http://www.imew.de/ [01.12.2012].

International Classification of Functioning, Disability and Health – ICF (2005): Online unter: http://www.dimdi.de/dynamic/de/klassi/ downloadcenter/icf/endfassung/icf_endfassung-2005-10-01.pdf [01.12.2012]

INWWD (2010): 15-Year review of the Beijing Declaration and Platform for Action. Comments from the International Network of Women with Disabilies (INWWD). Online unter: http://www.internationaldisabilityalliance.org/ [01.12.2012].

Kaufmann, Inge/Schwan, Alexander (2007): Flexicurity auf Europas Arbeitsmärkten – Der schmale Grat zwischen Flexibilität und sozialer Sicherheit, Friedrich-Ebert-Stiftung. Online unter: www.fes.de/internationalepolitik [01. 12.2012].

Keller, Berndt/Seifert, Hartmut (2008): Flexicurity: Ein europäisches Konzept und seine nationale Umsetzung, Friedrich-Ebert-Stiftung. Online unter: http://library.fes.de/pdf-files/wiso/05317.pdf [01.12.2012].

Kerchner, Brigitte (2011): Vielfalt, Komplexität oder Intersektionalität? Zum Einsatz der Diskurstheorie in der neueren Geschlechterforschung, gender ... politik ... online. Online unter: http://web.fu-berlin.de/gpo/pdf/kerchner/kerchner.pdf [01.12.2012].

Klinger, Cornelia (2012): Für einen Kurswechsel in der Intersektionalitätsdebatte. Online unter: URL: www.portal-intersektionalität.de. [01.12.2012].

Lorey, Isabell (2012): Konstituierende Kritik. Die Kunst, den Kategorien zu entgehen. In: Mennel, Birgit/ Nowotny, Stefan/Raunig, Gerald (2010) (Hg.): Kunst der Kritik. Turia+Kant, Wien, 47-64. Online unter: URL: www.portal-intersektionalität.de [01.12.2012].

Lutz, Helma (2001): Differenz als Rechenaufgabe: Über die Relevanz der Kategorien Race, Class und Gender. Formal überarbeitete Version der Originalveröffentlichung. In: Lutz, Helma/Wenning, Norbert (Hg.): Unterschiedlich verschieden. Differenz in der Erziehungswissenschaft. Leske + Budrich, Opladen, 215-230. Online unter URL: www.portal-intersektionalität.de [01.12.2012]

Meekosha, Helen (2004): Gender and Disability. Online unter: http://www.handicap-international.fr/bibliographie-handicap/4PolitiqueHandicap/groupes_particuliers /Femmes_Genre/meekosha.pdf [01.12.2012]

Paierl, Silvia (2009): Gender und Behinderung. Benachteiligungskonstellationen von Frauen mit Behinderungen am Arbeitsmarkt. Eine Literaturstudie im Auftrag des Bundessozialamts, Landesstelle Steiermark, Institut für Arbeitsmarktbetreuung und -forschung Steiermark. Online unter: http://www.joballianz.at/fileadmin/user_upload/_temp_/Bericht_Geschlecht_und_Behinderung_Letzfassung.pdf [01.12.2012]

Rommelspacher, Birgit (2006a): Wie wirkt Diskriminierung? Am Beispiel der Behindertenfeindlichkeit. Vortrag auf der Tagung Ethik und Behinderung – Theorie und Praxis. Institut Mensch, Ethik und Wissenschaft, 12.5.2006, Katholische Akademie zu Berlin. Online unter: http://www.birgit-rommelspacher.de/wie_wirkt_diskriminierung.pdf [01.12.2012]

Rommelspacher, Birgit (2006b): »Interdependenzen – Geschlecht, Klasse und Ethnizität« Beitrag zum virtuellen Seminar Justus-Liebig-Universität Gießen, Christian-Albrechts-Universität zu Kiel, Humbold Universität zu Berlin. Online unter: http://www.birgit-rommelspacher.de/ intedependenzen.pdf [01.12. 2012]

Rommelspacher, Birgit (2009): Intersektionalität. Über die Wechselwirkung von Machtverhältnissen. In: Kurz-Scherf, Ingrid/Lepperhoff, Julia/Scheele Alexandra (Hg).: Feminismus; Kritik und Intervention. Westfälisches Dampfboot, Münster, 81-96. Online unter: http:// www.birgit-rommelspacher.de/pdfs/Intersektionalität.pdf [01.12.2012]

Sauer, Birgit (2012): Intersektionalität und Staat. Ein staats- und hegemonietheoretischer Zugang zu Intersektionalität. Online unter: URL: www.portal-intersektionalität.de [01.12.2012]

Schildmann, Ulrike (2003): Geschlecht und Behinderung. In: Politik und Zeitgeschichte B 8/2003, 29-35. Online unter: http://www.bpb.de/files/ Q72JKM.pdf [01.12.2012]

Shakespeare, Tom/Watson, Nicholas (2002): The social model of disability: an out-dated ideology? In: Research in Social Science and Disability, Volume 2, 9-28. Online unter: http://www.leeds.ac.uk/disability-studies/ [01.12.2012]

Soiland, Tove (2012): Die Verhältnisse gingen und die Kategorien kamen. Intersectionality oder Vom Unbehagen an der amerikanischen Theorie. Online unter: URL: www.portal-intersektionalität.de [01.12.2012]

Tervooren, Anja (2002): Der verletzliche Körper als Grundlage einer pädagogischen Anthropologie. In: Lemmermöhle, Doris/Fischer, Dietlind/Klika, Dorle/Schlüter, Anne (Hg.): Lesarten des Geschlechts. Zur De-Konstruktionsdebatte in der erziehungswissenschaftlichen Geschlechterforschung. Leske + Budrich, Opladen, 245-255. Wiederabdruck in: Heilpädagogik online, 1/2002, 28-43. Online unter: http:// www.sonderpaedagoge.de/hpo/heilpaedagogik_online_0102.pdf [01.12. 2012]

Überschär, Urban (2010): Weiblich, behindert – diskriminiert? Die Rechte behinderter Frauen und Mädchen stärken! Zusammenfassung der Konferenz vom 19. November 2009, Berlin. Online unter: http://library.fes.de/pdf-files/do/06987.pdf [01.12.2012].

Verloo, Mieke (2001): Another velvet revolution? Gender Mainstreaming and the politics of implementation, IWM Working Paper, No.5/2001, Vienna. Online unter:http://www.aletta.nu/epublications/2001/Another-VelvetRevolution.pdf #search= Verloo 2001 [01.12.2012]

Walgenbach, Katharina (2012): Intersektionalität – eine Einführung. Online unter: URL: www.portal-intersektionalität.de [01.12.2012]

Waldschmidt, Anne (2003): Selbstbestimmung als behindertenpolitisches Paradigma – Perspektiven der Disability Studies. APuZ B8/2003, 13-20. Online unter: http://www.bpb.de [01.12.2012]

Waldschmidt, Anne (2004): Die Selbstbestimmung behinderter Menschen heute – Verheißung oder Verpflichtung? Online unter: http://www.beratungszentrum-alsterdorf.de/cont/Waldschmidt(3).pdf [01.12.2012]

Wrase, Michael (2008): Zum Umgang mit Mehrfachdiskriminierung in Europa. Beitrag zur Konferenz »Diskriminierung: einfach – doppelt – mehrfach?«, 12. November 2008 in Olten, Schweiz. Online unter: http://www.mehrfachdiskriminierung.ch/ [01.12.2012]

VEREINTE NATIONEN

BRK Deutsche Arbeitsübersetzung der Konvention über die Rechte von Menschen mit Behinderungen Zusatzprotokollen. Online unter: https://www.bmask.gv.at/ [01.12.2012]

Commission on Human Rights (2001): Specific groups and individuals: other vulnerable groups and individuals. Written statement submitted by Inclusion International, a non-governmental organization in special consultative status. Online unter: http://daccess-dds-ny.un.org/ [01.12. 2012]

Commission for Social Development (2008): Mainstreaming disability in the development agenda. Online unter: http://www.un.org/disabilities/ [01.12.2012]

EUROPÄISCHE GEMEINSCHAFT

Cermi (2008): European Conference. Recognising the Rights of Girls and Women with Disabilities. An added Value for Tomorrow's Society, Madrid November 2007. Online unter: http://www.cedro.org [01.12. 2012].

Council of Europe (2009): Fact Sheet on Gender Mainstreaming, Online unter: http://www.coe.int/t/dghl/standardsetting/equality/03themes/gender-mainstreaming/index_en.asp [01.12.2012].

Council of Europe (2009a): Fact Sheet Gender budgeting. Online unter: https://wcd.coe.int/wcd/ViewBlob.jsp?id=1477705&SourceFile=1&BlobId=1337197&DocId=1434482 [01.12.2012].

European Commission (2010): Gender mainstreaming active inclusion policies, Publications Office of the European Union, Luxembourg. Online unter: http://bookshop.europa.eu [01.12.2012].

European Commission (2010a): Actions to implement the Strategy for Equality between Women and Men 2010-2015. Online unter: http://eur-lex.europa.eu [01.12.2012].

Europäische Kommission (2007): Bekämpfung von Mehrfachdiskriminierung. Praktiken, Politikstrategien und Rechtsvorschriften, Amt für amtliche Veröffentlichungen der Europäischen Gemeinschaften, Luxemburg. Online unter: http://bookshop.europa.eu [01.12.2012].

Europäische Kommission (2007a): Gemeinsame Grundsätze für den Flexicurity-Ansatz herausarbeiten: Mehr und bessere Arbeitsplätze durch Flexibilität und Sicherheit. Amt für amtliche Veröffentlichungen der Europäischen Gemeinschaften, Luxemburg. Online unter: http:// ec.europa.eu/ [01.12.2012].

Europäische Kommission (2008): Empfehlung der Kommission vom 3. Oktober 2008 zur aktiven Eingliederung der aus dem Arbeitsmarkt ausgegrenzten Personen. Online unter: http://eur-lex.europa.eu [01.12.2012].

Europäische Kommission (2009): Antidiskriminierungsmaßnahmen der EU. Tätigkeitsbericht 2007-2008, Amt für amtliche Veröffentlichungen der Europäischen Gemeinschaften, Luxemburg. Online unter: http:// bookshop.europa.eu [01.12.2012].

Europäische Kommission (2009a): Gemeinsamer Bericht 2009 über Sozialschutz und Soziale Eingliederung. Zusammenfassung Soziale Eingliederung, Renten, Gesundheitsversorgung und Langzeitpflege, Amt für amtliche Veröffentlichungen der Europäischen Gemeinschaften, Luxemburg. Online unter: http://ec.europa.eu/ [01.12.2012].

Europäische Kommission (2009b): Zwischenbewertung des Europäischen Aktionsplans für Menschen mit Behinderungen 2003-2010 – Schlussbericht. Centre for Strategy & Evaluation. Online unter: http://ec.europa.eu/ [01.12. 2012].

Europäische Kommission (2011): Progress in Aktion: Das EU-Programm für Beschäftigung und soziale Solidarität 2007-2013, Amt für amtliche

Veröffentlichungen der Europäischen Gemeinschaften, Luxemburg. Online unter: http://ec.europa.eu [01.12.2012].

Europäischer Rat (2000): Lissabon. Schlussfolgerungen des Vorsitzes. Online unter: www.ktn.gv.at/213183_DE-Texte-Lissabon-Strategie.doc [01.12.2012].

EU-US Seminar on Employment of Persons with Disabilities (2009): Report. Online unter: http://ec.europa.eu/ [01.12.2012].

Jones, Daniel/Webster Li (2006): A Handbook on mainstreaming Disability. Online unter: http://www.asksource.info/pdf/33903_vsomainstreamingdisability_2006.pdf [01.12.2012].

K(2008) 5737: Empfehlung der Kommission vom 3. Oktober 2008 zur aktiven Eingliederung der aus dem Arbeitsmarkt ausgegrenzten Personen. Online unter: http://eur-lex.europa.eu [01.12.2012].

KOM(2001) 428: Europäisches Regieren. Ein Weißbuch. Online unter: http://eur-lex.europa.eu [01.12.2012].

KOM (2003)650: Mitteilung der Kommission an den Rat, das Europäische Parlament, den Europäischen Wirtschafts- und Sozialausschuss und den Ausschuss der Regionen. Chancengleichheit für Menschen mit Behinderungen: Ein Europäischer Aktionsplan. Online unter: http://eurlex.europa.eu [01.12. 2012].

KOM (2003)/16: Mitteilung der Kommission an den Rat, das Europäische Parlament, den Europäischen Wirtschafts- und Sozialausschuss und den Ausschuss der Regionen. Auf dem Weg zu einem rechtsverbindlichen Instrument der Vereinten Nationen zur Förderung und zum Schutz der Rechte und der Würde von Menschen mit Behinderungen. Online unter: http://eur-lex.europa.eu [01.12.2012].

KOM(2005) 706: Mitteilung der Kommission an den Rat, das Europäische Parlament, den Europäischen Wirtschafts- und Sozialausschuss und den Ausschuss der Regionen. Zusammenarbeiten, zusammen mehr erreichen: ein neuer Rahmen für die offene Koordinierung der Sozialschutzpolitik in der Europäischen Union. Online unter: http://eur-lex.europa.eu [01.12.2012].

KOM(2005) 604: Mitteilungen der Kommission an den Rat, das Europäische Parlament, den Europäischen Wirtschafts- und Sozialausschuss und den Ausschuss der Regionen: Situation behinderter Menschen in der erweiterten Europäischen Union: Europäischer Aktionsplan 2006-2007. Online unter: http://eur-lex.europa.eu [01.12.2012].

KOM(2007) 738: Mitteilung der Kommission an den Rat, das Europäische Parlament, den Europäischen Wirtschafts- und Sozialausschuss und den Ausschuss der Regionen: Situation von Menschen mit Behinderungen in der Europäischen Union: Europäischer Aktionsplan 2008-2009. Online unter: http://eur-lex.europa.eu [01.12.2012].

KOM(2008) 426: Vorschlag für eine Richtlinie des Rates zur Anwendung des Grundsatzes der Gleichbehandlung ungeachtet der Religion oder der Weltanschauung, einer Behinderung, des Alters oder der sexuellen Ausrichtung. Online unter: http://eur-lex.europa.eu [01.12.2012).

KOM(2009)269: Durchführung, Ergebnisse und allgemeine Bewertung des Europäischen Jahres der Chancengleichheit für alle (2007). Online unter: http://eur-lex.europa.eu [01.12.2012].

KOM(2010) 636: Mitteilung der Kommission an den Rat, das Europäische Parlament, den Europäischen Wirtschafts- und Sozialausschuss und den Ausschuss der Regionen: Europäische Strategie zugunsten von Menschen mit Behinderungen 2010-2010: Erneuertes Engagement für ein barrierefreies Europa. Online unter: http://eur-lex.europa.eu [01.12. 2012].

KOM(2010) 2020: Mitteilung der Kommission. Europa 2020. Eine Strategie für intelligentes, nachhaltiges und integratives Wachstum. Online unter: http://eur-lex.europa.eu [01.12.2012].

MEMO/07/24: Europäisches Jahr der Chancengleichheit für alle – Eurobarometer-Umfrage zum Thema Diskriminierung. Online unter: http://europa.eu/ [01.12.2012].

Richtlinie 2000/78/EG des Rates zur Festlegung eines allgemeinen Rahmens für die Verwirklichung der Gleichbehandlung in Beschäftigung und Beruf. Online unter: http://eur-lex.europa.eu [01.12.2012].

The Social Protection Committee (2010): Solidarity in Health: Reducing health inequalities in the EU. Online unter: http://ec.europa.eu/ [01.12. 2012].

Waddington, Lisa/Lawson, Anna (2010): Behinderung und europäisches Recht zur Nichtdiskriminierung. Eine Analyse des Rechts zur Nichtdiskriminierung wegen Behinderung im Bereich der Beschäftigung und darüber hinaus. Europaische Union, Luxemburg. Online unter: http://bookshop.europa.eu [01.12.2012].

2001/903/EG: Beschluss des Rates vom 3. Dezember 2001 über das Europäische Jahr der Menschen mit Behinderungen 2003. Online unter: http://eur-lex.europa.eu [01.12.2012].

Gesellschaft der Unterschiede

Tina Denninger, Silke van Dyk,
Stephan Lessenich, Anna Richter
Leben im Ruhestand
Zur Neuverhandlung des Alters
in der Aktivgesellschaft

April 2014, 464 Seiten, kart., 29,99 €,
ISBN 978-3-8376-2277-5

Johanna Klatt, Franz Walter
Entbehrliche der Bürgergesellschaft?
Sozial Benachteiligte und Engagement
(unter Mitarbeit von David Bebnowski,
Oliver D'Antonio, Ivonne Kroll,
Michael Lühmann, Felix M. Steiner
und Christian Woltering)

2011, 254 Seiten, kart., 19,80 €,
ISBN 978-3-8376-1789-4

Hannes Krämer
Die Praxis der Kreativität
Eine Ethnografie kreativer Arbeit

August 2014, 422 Seiten, kart., 34,99 €,
ISBN 978-3-8376-2696-4

Leseproben, weitere Informationen und Bestellmöglichkeiten finden Sie unter www.transcript-verlag.de

Gesellschaft der Unterschiede

Oliver Marchart
Die Prekarisierungsgesellschaft
Prekäre Proteste. Politik und Ökonomie im Zeichen der Prekarisierung

2013, 248 Seiten, kart., 22,99 €,
ISBN 978-3-8376-2192-1

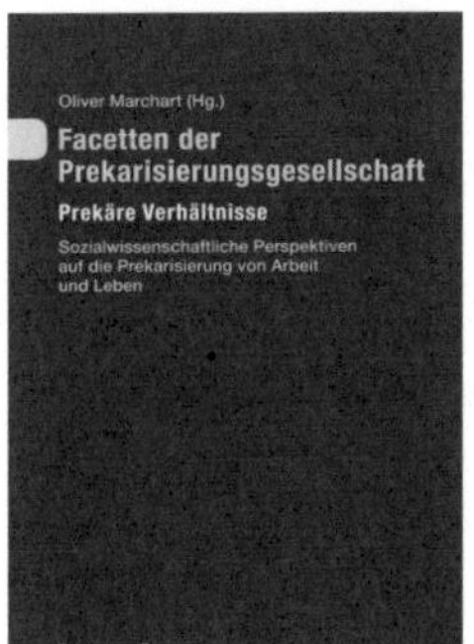

Oliver Marchart (Hg.)
Facetten der Prekarisierungsgesellschaft
Prekäre Verhältnisse. Sozialwissenschaftliche Perspektiven auf die Prekarisierung von Arbeit und Leben

2013, 224 Seiten, kart., 24,99 €,
ISBN 978-3-8376-2193-8

Franz Schultheis, Berthold Vogel, Kristina Mau (Hg.)
Im öffentlichen Dienst
Kontrastive Stimmen aus einer Arbeitswelt im Wandel

Juli 2014, 296 Seiten, kart., 29,99 €,
ISBN 978-3-8376-2770-1

Leseproben, weitere Informationen und Bestellmöglichkeiten finden Sie unter www.transcript-verlag.de

Gesellschaft der Unterschiede

Kay Biesel
Wenn Jugendämter scheitern
Zum Umgang mit Fehlern im Kinderschutz
2011, 336 Seiten, kart., 32,80 €,
ISBN 978-3-8376-1892-1

Kay Biesel, Reinhart Wolff
Aus Kinderschutzfehlern lernen
Eine dialogisch-systemische Rekonstruktion des Falles Lea-Sophie
April 2014, 184 Seiten, kart., 24,99 €,
ISBN 978-3-8376-2386-4

Susanna Brogi, Carolin Freier, Ulf Freier-Otten, Katja Hartosch (Hg.)
Repräsentationen von Arbeit
Transdisziplinäre Analysen und künstlerische Produktionen
2013, 538 Seiten, kart., 42,99 €,
ISBN 978-3-8376-2242-3

Christian Brütt
Workfare als Mindestsicherung
Von der Sozialhilfe zu Hartz IV. Deutsche Sozialpolitik 1962 bis 2005
2011, 394 Seiten, kart., 29,80 €,
ISBN 978-3-8376-1509-8

Christoph Hoeft, Johanna Klatt, Annike Klimmeck, Julia Kopp, Sören Messinger, Jonas Rugenstein, Franz Walter
Wer organisiert die »Entbehrlichen«?
Viertelgestalterinnen und Viertelgestalter in benachteiligten Stadtquartieren
April 2014, 290 Seiten, kart., 24,99 €,
ISBN 978-3-8376-2731-2

Adrian Itschert
Jenseits des Leistungsprinzips
Soziale Ungleichheit in der funktional differenzierten Gesellschaft
2013, 300 Seiten, kart., 29,80 €,
ISBN 978-3-8376-2233-1

Carolin Kölzer
»Hauptsache ein Job später«
Arbeitsweltliche Vorstellungen und Bewältigungsstrategien von Jugendlichen mit Hauptschulhintergrund
September 2014, 486 Seiten, kart., 44,99 €,
ISBN 978-3-8376-2848-7

Alexandra Krause, Christoph Köhler (Hg.)
Arbeit als Ware
Zur Theorie flexibler Arbeitsmärkte
2012, 366 Seiten, kart., 32,80 €,
ISBN 978-3-8376-1984-3

Alexandra Manske
Kapitalistische Geister in der Kultur- und Kreativwirtschaft
Kreative zwischen wirtschaftlichem Zwang und künstlerischem Drang (unter Mitarbeit von Angela Berger, Theresa Silberstein und Julian Wenz)
Dezember 2014, ca. 320 Seiten, kart., ca. 29,80 €,
ISBN 978-3-8376-2088-7

Nancy Richter
Organisation, Macht, Subjekt
Zur Genealogie des modernen Managements
2013, 344 Seiten, kart., 34,99 €,
ISBN 978-3-8376-2363-5

Kathrin Schrader
Drogenprostitution
Eine intersektionale Betrachtung zur Handlungsfähigkeit drogengebrauchender Sexarbeiterinnen
2013, 452 Seiten, kart., 34,80 €,
ISBN 978-3-8376-2352-9